影响世界的 100 个 经典管理定律

领悟人类智慧经典，把握管理思想的精髓

戴维斯 ◎ 编著

| 融汇世界管理大师的思想精华
| 浓缩世界著名企业的管理智慧

中国华侨出版社

图书在版编目（CIP）数据

影响世界的 100 个经典管理定律 / 戴维斯编著. —北京：中国华侨出版社，2017. 5
ISBN 978-7-5113-6815-7

Ⅰ．①影… Ⅱ．①戴… Ⅲ．①管理学 Ⅳ．①C93

中国版本图书馆 CIP 数据核字（2017）第 114134 号

● 影响世界的 100 个经典管理定律

编　　著 / 戴维斯
责任编辑 / 胡可嘉
责任校对 / 吕栋梁
装帧设计 / 环球互动
经　　销 / 新华书店
开　　本 / 710 毫米×1000 毫米 1/16　印张 /18　字数 /249 千字
印　　刷 / 香河利华文化发展有限公司
版　　次 / 2017 年 8 月第 1 版　2017 年 8 月第 1 次印刷
书　　号 / ISBN 978-7-5113-6815-7
定　　价 / 39.80 元

中国华侨出版社　北京市朝阳区静安里 26 号通成达大厦 3 层　邮编：100028
法律顾问：陈鹰律师事务所　　　编辑部：(010) 64443056　　64443979
发行部：(010) 64443051　　　　传　真：(010) 64439708
网　址：www.oveaschin.com　　E - mail：oveaschin@sina.com

前言
PREFACE

无规矩不成方圆，无管理就不成组织。小到个人，大至团队、企业、国家，只要是有组织的地方，"管理"都是一个沉甸甸的话题。管理的重大意义在于，任何一位管理者，唯有通过有效的管理，才能在组织当中构建出有序、良好的工作环境与文化氛围，带领组织内部的成员更高效地开展各项活动，以适应不断变化的外部形势，迎接层出不穷的竞争挑战，为组织的存续和发展奠定稳固的基础。

1911年，有"科学管理之父"之称的弗雷德里克·温斯洛·泰勒发表了著名的《科学管理原理》；1916年的时候，法国的法约尔也发表了著作《工业管理和一般管理》。这两件事情标志着现代管理学的诞生。作为一门新兴的学科，现代管理学的诞生正体现了人类社会对管理的重视与迫切需求。经过长达一个世纪的不断发展，管理学的内容也不断地得到补充、丰富，并且"开枝散叶"，分化出各种学术派系。

管理是一项全方位、多层次、宽领域的工作，在管理的各个环节，都需要管理者倍加注意。在现代管理学漫长的发展过程中，根据管理方向、领域和环节的不同，学者们也总结出了许多在实际管理工作中大放光彩、堪称金科玉律的管理定律。纵观各大企业地兴衰成败，其间也很好地印证了这些管理定理的伟大先见性。可以说，不论时代如何发展，这些由前人毕生经验与心血总结而成的道理，仍会在今后的管理工作中大放异彩，乃至影响整个世界。

正是为了帮助广大读者能对这些管理概念有初步的认识了解，我们特意编著了这本《影响世界的100个经典管理定律》。根据实际管理工作当中的侧重点，本书将内容初步划分为决策、创新、营销、危机、制度、激励、人才、团队这八大章节,并从浩如烟海的管理学定律中,精心择取了 100 个最浅显易懂、也最富实用性和指导意义的定律。不仅如此,为了更好地阐明这些定律,本书又对各个定律精心挑选,最终选出 100 个最具说服力的国外知名企业经典案例,使读者在阅读的过程中,能够避开枯燥的理论说教,并且通过这 100 个结局迥异的企业成败与兴衰的故事,更加准确地把握定律的丰富内涵。我们衷心地希望,通过对本书的阅读,所有管理者都能在今后的实际管理工作当中,进一步提升自己的管理水平,带领组织和企业,不断追求更为高远和卓越的未来;我们也希望借由此书,能够为广大读者掀开管理学这一博大精深学科的神秘面纱,并使广大读者对管理学产生浓厚的兴趣。

目录
CONTENTS

第一章　计划与决策管理

1. 沃尔森法则：信息与金钱永远成正比　/2
2. 咸鸭蛋理论：资金周转比利润更重要　/4
3. 鳄鱼法则：该舍弃时就要果断放手　/7
4. 二八定律：打蛇打七寸，管理抓关键　/9
5. 马太效应：通吃才是大赢家　/12
6. 吉格勒定理：确定目标要取法于上　/15
7. 获利第一法则：获利是企业的头等大事　/17
8. 卡贝定理：放弃是为了更好的得到　/20
9. 舍恩定理：成功诞生于信念的土壤　/22
10. 巴菲特定律：不从大流，方见通达之路　/25
11. 普赛尔定律：行动上的矮子向来想太多　/27
12. 隧道视野效应：短视之人眼中没有成功　/29
13. 吉宁定理：拒绝犯错就是铸下大错　/32
14. 史密斯原则：融入强者，与之共存　/34

第二章　创新管理

15. 达维多定律：勇做创新第一人　/38
16. 莫尔斯法则：竞争要比对手多一点"新花样"　/40
17. 路径依赖效应：惯性是把双刃剑　/43
18. 波特法则：不走寻常路，让对手效仿无门　/46
19. 柯美雅定律：企业应随时代而流变　/48

1

20. 韦特莱法则:做别人不愿做的事 /51

21. 柏林定律:小心自己被成功绊倒 /54

22. 格瑞斯特定理:好点子也要好执行 /56

23. 杜根定律:真正的强大蕴藏在心中 /59

24. 零和游戏原理:从零和走向双赢 /62

第三章　营销管理

25. 250定律:得一人之心如得百人之心 /66

26. 福特法则:顾客回头金不换 /69

27. 阿尔巴德定理:顾客要什么,就给他什么 /71

28. 零分法则:不合格,即废品 /74

29. 奥美原则:服务第一,利润第二 /76

30. 雅各布斯定理:名声再好,质量撂倒 /79

31. 布里特定理:酒香也怕巷子深 /81

32. 蝴蝶效应:大祸降临,多因忽略了细节 /83

33. 纳尔逊原则:完美的小事成就大事 /86

34. 格雷定理:信誉是企业牟利的必然选择 /89

35. 弗里德曼定律:优质生产最获利,削减成本即盈余 /91

第四章　危机管理

36. 里杰斯特论断:面对危机要坦然自若 /96

37. 史华兹论断:坏事也可以成为成功的踏板 /98

38. 布伦尼曼法则:危机即商机 /101

39. 卡蒂埃定理:死胡同里怎能有生机 /104

40. 微软破产论:危机只在眼前 /106

41. 本尼斯第一定律:别让意外打乱了步调 /109

42. 戴伯尔法则:管理者要适当"独裁" /111

43. 崔西法则:工作流程要一减再减 /114

第五章　规章制度

44. 热炉法则:火烈则人畏,宽待则多难 /118

45. 破窗理论:大道不诛,诛首恶 /121

46. 权威暗示效应:打造领导力 /123

47. 萨盖定律:管理标准要一致 /126

48. 责任分散效应:一个和尚抬水喝,三个和尚没水喝 /129

49. 赫勒法则:监督,让工作更为高效 /132

50. 奥卡姆剃刀定律:越简单就越有效 /134

51. 蜕皮效应:打破局限,超越自我 /137

52. 潘恩定理:制度面前,领导也要低头 /140

53. 洛克忠告:规矩要少,执行要严 /143

54. 金鱼缸法则:把管理者关进笼子里 /146

第六章　员工激励管理

55. 德西效应:物质奖励不能滥用 /150

56. 罗森塔尔效应:期许的力量 /152

57. 霍桑效应:除了"物质激励","心理按摩"也很重要 /155

58. 坎特法则:管理员工,尊重先行 /158

59. 蓝斯登定律:让员工开开心心地工作 /161

60. 蓝伯格定理:用压力给员工加油 /164

61. 奖励失败论:嘉奖失败换来成功 /167

62. 麦克莱兰定理:让员工做一回管理者 /169

63. 戴伊定理:不给权力,何来义务 /172

64. 洛伯定理:懂得放权,让员工自主当家 /175

65. 古狄逊定理:通过授权放松自己 /177

66. 史坦普定理:授权也要有个限度 /180

67. 波特定理:批评员工要讲究方法 /183

68. 南风法则:南风之薰兮,可解员工之愠 /185

69. 马蝇效应:给员工不失时机地"挠痒痒" /188

第七章　人才管理

70. 晕轮效应:管理中勿以偏概全,一叶遮目 /192

71. 斜坡球体定理:员工素质决定企业成败 /194

72. 不值得定律:值得去做,才能做好 /197

73. 蘑菇管理:不经风雨,就没有彩虹 /199

74. 卢维斯定理:管理者要虚怀若谷 /202

75. 松下论断:用人怎能不苦恼 /205

76. 彼得原理:岗位合适,才能发挥所长 /208

77. 维勒斯定理:员工要一专多能 /210

78. 拜伦法则:疑人不用,用人不疑 /213

79. 横山法则:最好的管理是员工自觉 /215

80. 皮京顿定理:没有明确的方向等于原地踏步 /218

81. 托利得定理:无法接纳不同,怎能容纳成功 /221

82. 懒蚂蚁效应:"蚂蚁"一思考,老板就发笑 /223

83. 韦尔奇原则:既无择人之明,何来企业之兴 /226

84. 贝尔原则:先有知人,后有成效 /229

85. 皮尔斯定律:后继无人则后继无力 /231

第八章 团队建设

86. 螃蟹效应:"内耗"是企业最高的成本 /236

87. 凯利法则:没有团队,还谈什么成功 /238

88. 踢猫效应:别把坏情绪传染给团队 /240

89. 酒与污水定律:务必清除害群之马 /243

90. 费斯诺定理:管理者要多听少说 /246

91. 奥格尔维定理:找到比自己更好的员工 /248

92. 皮尔·卡丹定理:合理搭配,工作不累 /251

93. 史洛伊特定理:上下齐心,其利断金 /254

94. 史提尔定律:人和乃繁荣之本 /257

95. 贝尼斯定理:员工培训是风险最小的投资 /260

96. 管理沟通论:沟通,让管理更加顺畅 /262

97. 夏皮罗法则:领导团队,沟通先行 /266

98. 古德定律:沟通从心灵开始 /268

99. 上下车法则:有能者来,无能者去 /271

100. 艾德华定理:领导互信是企业稳定之基 /274

第一章
计划与决策管理

在诸多管理职能中,计划与决策是一项最基本的职能,也是所有管理者都必须要做好的基本工作。不论是个人还是企业,唯有确定了未来的发展方向,才能找到自己前行的道路。因此,计划与决策是一项具有"先验性"的管理工作。

不论是制定计划,还是为了实现计划而作出决策,都不是一件轻松的事情。要知道,未来的发展趋势究竟如何,是一个众说纷纭的话题,没有人能够拍着胸脯保证自己一定准确。因此,对于企业的管理者来说,重要的并不在于结果万分准确,而是方向要基本正确。

首先唯有保证大方向上的正确,企业才能够从根本上保证"追求利益"的宗旨不动摇。接着,管理者才能考虑接下来的问题:如何让目标的实施更加顺利、高效等等。在计划与决策的过程中,管理者必须明确最基本的大是大非问题,才能带领企业朝着正确的方向前进。

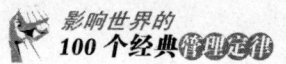

1. 沃尔森法则：信息与金钱永远成正比

一个企业的发展壮大，是内外多种因素共同作用的结果，对于管理者来说，把握并整合这些要素，是一项根本性的工作。在这些要素之中，有哪些是万万不能错过的呢？形形色色的人才固然是十分重要的，但无形无质的信息，同样也是一个企业在激烈的市场竞争中，打败对手、获取更大利益的关键。在西方的企业界甚至有这么一句话："控制了信息就控制了企业的命运，失去了信息，也就意味着失去一切。"

有一种观点认为，市场经济的本质就是竞争。对于企业之间的竞争，我们可以浅显地将它看作是两军交锋，而企业的管理者就是军队的"统帅"。一个优秀的统帅应该具备哪些素质呢？识人用人、善于治理、把握全局等等，这些都是必不可少的。其中，把握全局更是对管理者智慧的检验。在竞争中，各种信息纷繁错杂，往往让人不辨真伪、是非和轻重，但制胜的关键却隐藏在其中。如果能够比对手掌握更多的信息，也就意味着夺取了先机，胜利也就唾手可得了。

管理界有一条著名的沃尔森法则，是对信息之于企业的重要性的阐述。提出沃尔森法则的，是美国的著名企业家 S·M·沃尔森。沃尔森在这一法则中指出：一个企业在竞争的最后究竟能获得多少利益，与他们在事前掌握了多少关键信息是成正比的。一个优秀的企业管理者要想让自己的企业在竞争中屹立不倒、处处抢先，就必须把各种信息都了然于胸。不论是自家企业的优势劣势、竞争对手的计划策略、整个市场的发展动向等等这些都是企业管理者不能错过的信息。

从以上内容中，我们很容易就能提炼出这一法则带给企业管理者的核心启示：信息和情报，是计划决策的首位因素。这一启示对于那些在竞争中陷入迷惘的管理者来说，不亚于一盏指路明灯。

任何一个成功的企业，都离不开管理者的运筹帷幄；管理者的运筹帷幄，更离不开对信息的掌握、运用。一个优秀的管理者，必然是善于从微小的信息中发现蛛丝马迹，并果断有效地利用的人。这一点不论何时都不会改变。

韩国三星集团，曾经发生过这么一件事：

有一天，三星驻美国办事处的一位员工在无意间听说了这样一个消息：由于美国市场上出现大量韩国进口的廉价商品，美国的最后一家吉他厂也即将倒闭。于是，他便将这一消息传回了位于韩国的总部。接到这一消息后，总部的竞争情报机构当即展开了周详精密的分析。最终，他们得出了一个结论，并且将它上报给管理层。该结论说：吉他对于美国人民来说，是自由和独立精神的象征。本土吉他厂的消失，必然像牛仔那样导致美国人民内心的失落。为了扭转这一局面，为了保护美国这一具有独特精神象征的本土产业，美国很可能会采取限制韩国吉他进口的措施，美国国会也很可能会通过提高关税的法案。

接到这一汇报，韩国的管理层当即作出了应对。他们发出指令：用最快的速度将吉他运往美国，全数储存在仓库里。果然，没过多久，美国就提高了吉他进口的关税。由于三星抢先一步采取了有效的应对措施，不仅避免了巨大的损失，反而还赚取了高额的利润。

成功的企业不打无准备之仗，只有在事前对各种信息进行了解与分析，才能制定相应的策略。三星公司的案例，就是对这一观点的最佳佐证。从这一案例中，管理者们能够轻易地看出了解信息、掌握信息、分析信息、利用信息的重要性。

信息对于一个企业所能起到的作用是多方面的，为制定战略提供参考也只是作用之一。透过市场上的各种信息，优秀的企业管理者还能够看到更多攸关自身利害的关键。对于纷繁复杂的信息，管理者们只要详加辨别，必然能对企业自身所处的情境有更加清醒的认识，在掌舵的时候，也能避免驶入凶险的港湾。在企业需要转型的危急存亡的时刻，通过对市场

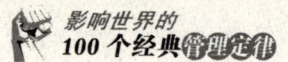

信息的了解运用，管理者可以更好地引领企业的未来。这就是我们对管理者的第一点建议：重视情报信息。

当然我们也必须意识到，仅仅重视显然是不够的，只有真正地利用到了信息，管理者才能称得上是合格。我们必须明确地指出：以管理者个人的智慧和精力，显然不足以圆满达成这一艰巨而神圣的使命。还是以之前案例中的三星公司为例，相信细心的管理者们已经注意到了一个关键词——竞争情报机构。在企业界大力强调精简机构、撤销冗员的今天，为了与对手竞争而专门组建一个情报分析部门，想必很多管理者都无法理解。当然，我们也不讳言，这与三星作为一家世界知名企业，财力雄厚是分不开的。但比这更重要的是，也是我们给管理者的第二点建议：善用情报信息。

以上就是沃尔森法则给管理者的建议。不过我们还要给管理者们提个醒：获取情报要注意方式方法。不要通过非法、不道德的方式去获取情报。当今市场竞争虽然激烈，但商场与战场终究还是有所区别，商场道义还是要遵守的。用不正当手段来攫取情报的做法，只能搅乱整个市场的秩序，最终自己也在劫难逃。

2. 咸鸭蛋理论：资金周转比利润更重要

咸鸭蛋理论的提出者，是台湾宏碁电脑公司的创始人施振荣。关于咸鸭蛋理论的由来，施振荣曾讲过这样一个故事：

在施振荣小的时候，由于家贫，他的母亲便四处借贷做生意。当时，可供选择的生意有两种，一种是卖咸鸭蛋，一种是卖笔记本。从利润的角度来看，一斤咸鸭蛋的零售价是3元，毛利率是10%，也就是说卖一斤咸鸭蛋，净赚3毛钱；而咸鸭蛋还有很多缺点，容易破，容易烂，容易坏，不容易运输，不容易贮存。

相比之下，笔记本的毛利率就很高了，每卖出一本，都有50%的毛利率，而且笔记本不吃草料又不易坏，单从利润上来看，卖笔记本划算多了。

但事实上，施振荣的母亲还是选择了卖咸鸭蛋。因为卖咸鸭蛋有两个好处：第一，咸鸭蛋是现金生意，现金生意是最好的；第二，资金周转快。咸鸭蛋每两天就能卖一次，而笔记本却长达半年。半年下来，利润早被贷款的利息拖垮，最后仍旧是分文不挣。

做生意是为了什么？如果拿着这个问题去问经营者，他们必然会异口同声地回答："为了赚钱啊！"但事实上，做生意有人赚就有人赔，很多商人意气风发地举家下海，结果却是不尽人意，甚至经营惨淡。个中原因自然有很多，但其中非常重要的一点，就是他们忽视了资金周转率这一关键。说起什么生意最赚钱，很多人都会列举房地产、眼镜、能源、医疗等所谓的"十大暴利行业"，但在真正经营有道的人看来，最赚钱的生意，就是资金周转快的生意——这也是对那些浮沉商海、急于谋利的经营者与管理者的重要启示。

说起笔记本电脑，很多人都会想到世界排名第一的计算机系统公司——戴尔电脑公司。据统计显示，戴尔公司在《财富》杂志美国500强企业中排名第48位，《财富》杂志全球500强企业中排名第122位，并且在《财富》杂志全球"最令人仰慕的"公司中位列第7。戴尔之所以能够取得这样瞩目的成就，与经营者的管理有道、运筹有方紧密相关。

戴尔公司采取的是直销的经营模式，每一位顾客都可以根据自己的喜好，要求戴尔直接发送他们需要的产品。但与此同时，戴尔也有一个规定：每位顾客在订购电脑之后，都必须在成功收货之前，用信用卡来支付全部金额。根据调查发现，戴尔的库存一般只维持6天时间，也就是说，一台电脑，从戴尔收到供货商配件、成功组装电脑再到发货，只需要6天就能完成；但是，戴尔向供货商支付货款，通常都到了收到配件的30个工作日以后——这样一来，在特定的时间内，戴尔公司的现金流入就远远大于现金流出。公司规模的增长越快，产出的现金就越多，因此戴尔被人们戏称为"现金机器"。据数据显示，1999—2000 财年，戴尔的资本收益率竟达 243%！

戴尔的高收益并不是偶然的，而是戴尔本人参透了资金周转率意义的结果。对中国那些想要壮大自身实力、扩大经营规模的经营者来说，戴尔的成功无疑是一个值得参考的例子。

与戴尔这样的大型企业做法不同，许多国内的经营管理者们，却被利润蒙蔽了双眼。他们总是把自己的目光死死地盯在了利润上，满脑子都是无用的数据，却很少注意资金的周转快慢，也会在很大程度上影响收益。对一心追求高利润、只知盲目扩大生产经营规模的中国经营者们而言，看似一点也不高端大气的咸鸭蛋理论，真的是一枚可口的"咸鸭蛋"。在咀嚼这枚咸鸭蛋的时候，我们建议他们，务必谨记以下要点：

(1) **蚊子腿再小也是肉。**

这是咸鸭蛋理论最最关键的核心要点，在当今商业竞争激烈的时代，要是没有对这一点的把握，国内的生产经营者们想要做到戴尔那种世界一流的水平，完全就是痴人说梦，遑论与其一较雄雌了。尽管资金总是在流入与流出之间循环，不可能一直握在同一个人的手里；但只要利用得当，那些有头脑的经营者们，就总是能够在有限的时间里，充分利用手中的资金，创造出更大的价值。事实上也确实如此。像戴尔这样的企业之所以能够成为商业界的巨头，也与他们善用有限的流入资金有关。

(2) **不要盲目扩大规模。**

这是与把握资金周转相辅相成的一条。国内的生产经营者们，很容易就被国外名企的巨无霸规模影响了判断，失去经营管理者最该有的冷静头脑。他们更会进一步在生产和流通等各个环节，盲目追求同样的规模——这显然是不自量力又不切实际的做法。抛开对方数十年来所建立的稳固根基和积蓄的庞大经济实力不谈，一味地扩大生产，只是消耗资金的不智之举，一旦决策失误或是遇上风险，整个资金链都有可能因此熔断。到了那个时候，亏本就是板上钉钉的结果。

3. 鳄鱼法则：该舍弃时就要果断放手

鳄鱼法则又称鳄鱼效应，是经济学交易技术的法则之一。对一家企业的掌舵人来说，鳄鱼法则同样是必须谨记于心的要点。

所谓的鳄鱼法则指的是：人一旦被鳄鱼咬住一只脚，最明智的做法就是忍痛舍去那只脚。如果这个人伸出手去试图挣脱，凶残的鳄鱼必然会连同他的手也一起咬住。越是挣扎，被咬住的地方也就越多，最后彻底沦为鳄鱼腹中之物。因此，万一被鳄鱼咬住，唯一的选择就是彻底舍去被咬的部分，弃车保帅，保全最大的利益。

把这一原理用在投资界，就成为了鳄鱼法则，又称为止损。止损，是投资者在面对市场未知风险时，确保生存的唯一法则。用在经营管理之中，仍然是行之有效的策略。

对任何一个经营者来说，舍弃，都是一个沉甸甸的话题。面对自己付出巨大心血的成果，从来没有哪个管理者能够说放就放，内心不起一丝波澜。但面对机遇转眼即逝、风险瞬息万变的市场，任何一个企业想要生存发展，对于已经不符合市场需求的产业结构，明智的管理者必须懂得取舍之道，做出合理的决断。如果固守己见、不知妥协或跟从时代变化，想着以一己之力来阻碍、扭转局面，结果必然是自讨苦吃。

说起国外企业破产的例子，人们常常会不无叹息地提到柯达公司。自1878年成立以来，柯达在影像的拍摄、分享、输出和显示领域一直处于世界领先地位，一百多年来，一直是人们眼中留住美好回忆、交流重要信息、享受欢乐时光的代名词。但由于市场战略的重大失误，这家有着久远历史、为人们的生活增添了无数乐趣的公司，最终黯然宣布破产。

对于柯达公司的破产，一直都是众说纷纭，但其中有一点是不可否认的：柯达败给了自己的固执。尽管自己在传统胶片制作方面，有着无与伦比的巨大优势，但这种优势也成为了柯达管理层无法割舍的巨大负担。正是由于柯达管理层的犹豫，他们一次次地葬送了改变的机会，最终，柯达公司被拖入了深渊。

进入数字时代以后，逐渐成长壮大的数字科技，给传统的部门带来了巨大冲击。就以日本为例，虽然在胶片市场无法与柯达相争，但日本的厂商都不约而同地把目光转向了数码成像技术，并为此投入大量精力，最终开发出了镜头防抖、CCD防抖、同底叠加等技术。反观柯达，却沉溺在传统胶片的巨大成功里，仅把数码成像技术当成储备技术，没有足够的重视。

比起没能及时重视，更致命的是没能及时改变。到了2003年，柯达公司已经意识到了数码技术的先进性，也提出了转型的口号，但他们的转型之路却尤为艰难。这一艰难并非由于他们缺乏资金与技术，而是在于执行的犹豫与缓慢。柯达既舍不得就此放弃传统的胶片业务，又被股东的意见所绑架，身为决策者的管理层，也没有足够的魄力。最终，机会一次次擦身而过，在强大的市场面前，看似巨无霸的柯达公司，最终宣布破产。

无独有偶，诺基亚CEO在同意微软的收购时，说了这样一句话：我们并没有做错什么，不知为什么，我们输了！但是，真的没有做错什么吗？面对变化的局势固执己见，不懂得壮士断腕以自保，这对管理决策者而言，根本就是不可推卸的重大过错！

波动性和不可预测性，是市场最根本的特征，为企业方向掌舵的管理决策人，无论何时，都不能失去面对风险的气度和理智。固守陈旧的观念而不做出改变，面对巨大的风险却不果断扬弃，因为犹豫不决而导致企业深陷泥潭之中，这种管理决策者的存在，本身就是企业的一大悲剧。管理者不仅要了解这一法则，更要从这一法则中有所领悟。

(1) 舍弃是不可避免的。

"两利相权取其重，两害相权取其轻"，这是一句充满了智慧的古语，也是身为管理决策人必须掌握的一门课程。美国船王老哈利，曾经特意把儿子小哈利带入赌场，借此教他懂得收手的道理，这一故事相信很多人都曾经听过。对于管理决策层而言，这个故事更是具有巨大的意义。鳄鱼法则的核心就在于，当损失已经出现且不可避免时，最该做的就是彻底放弃。如果像小哈利最开始进赌场那样，因为一时的脑热就死死咬住不肯松手，结果必然是血本无归。

(2) 决断是不可犹豫的。

舍小取大的决断不仅是必要的，更要及时做出。从柯达决策层由于犹疑而导致覆亡的教训中可以看出，这一点十分突出。被鳄鱼咬住脚的时候，就应该趁着鳄鱼尚未吞完嘴边的肉，迅速断腕求生，如果等到鳄鱼再次张开血盆大口才想着逃跑，显然是悔之晚矣。

以上两点，是鳄鱼法则中最为关键的点。对中国的企业家而言，也是值得深思的。比起国外那些延续了很久的企业，中国的企业起步较晚，也没有经历足够的风浪，在面对市场风险的时候，缺乏"舍"的气度与觉悟。爱惜自己好不容易创下的基业，确实是人之常情，但比起常情，理智与魄力是管理者更重要的素质。

4. 二八定律：打蛇打七寸，管理抓关键

但凡是研究管理学的人，一定不会对维弗雷多·帕累托这个名字感到陌生。帕累托是19世纪意大利著名的经济学家，1897年，他在研究英国的财富和收益模式时，偶然注意到这样一个现象：在英国，大部分的财富都集中在少数人手里。不仅是英国，在研究其他国家的经济模式时，他也多次发现了这一现象。并且经过研究表明，这种财富收益关系也表现得非常稳定。通过对这些事实的大量研究，帕累托最终发现，财富在人口中的分配，表现得十分不平衡。其中，20%的人竟然占据有80%的社会财富。

在帕累托发现这一经济模式之后，人们又陆陆续续在生活中的其他领域，发现了同样的现象。虽然这种不平衡的关系，也并非每次都恰好停留在20%与80%的分界线上，但"二八定律"的称呼也沿用了下来。尽管二八定律的发现是一件十分偶然的事，但它的发现，却对社会学和企业管理学产生了不可估量的影响。直至今日，二八定律仍然广泛适用于企业管理和社会生活的各个方面，并发挥着巨大的作用。当然，人们对于二八定律的研究和运用，主要是着眼于最顶端的20%，对于底层的80%则不会过多看重。

如果觉得以上的描述有些空泛，我们还可以把它换成一句极为通俗的话，用来描述人们在管理当中，对这一定律的运用——"打蛇打七寸"。任何一件庞大无比的事情，也一定会有一个需要着重把握的关键。对经营者而言，抓住了管理工作的关键，也就等于成功了一半。

也许有人会觉得这一说法略显夸张，或是摸不着头脑，不知该如何具体运用。别急，在这个问题上，我们只需要看看前人是怎么做的，就大有收获了。

美国有一位刚毕业的大学生，在初入职场的时候，他给自己定下了月薪1万美元的目标。但他的第一份工作，却是当时大街小巷随处可见的推销，月薪也只有1千美金。这位大学生在做了一段时间的销售以后，对自己的销售业绩进行了详尽的分析，最终发现，其中20%左右的销售额都来自80%的客户，而剩余80%的销售额却源自20%的客户。发现这一现象以后，他毅然把其余小客户都交给公司去跟进，只保留了36个最大的客户，由自己亲自负责联络和突破。距离自己把全部精力集中在大客户后仅仅3个月，他的月薪就真的达到了1万美元。这时，他已经实现了自己在毕业之初的薪酬目标，但他却并不满足，而是有了新的人生规划。

很快，这位大学生就从公司辞职，自己开了一家公司经营。在经营的过程中，他始终牢记自己在之前公司做销售时总结出来的二八定律，并将它运用在生产、经营、管理等各个环节。最终，他的公司成为了美国西海岸最大的一家油漆制造公司，他的名字就叫摩尔。

摩尔取得成功的故事，就是运用二八定律的最佳例证。但二八定律的运用范围，却远远不止于此。对管理者而言，二八定律更是一件制胜的法宝。不论是企业管理还是生产管理、财务管理还是人力资源管理、时间管理还是战略目标制定，二八定律都是管理者不可忘的关键。

在现实中，很多管理者经常会因手头的事情手忙脚乱，失去应有的条理。出现这类情况，与他们不善用二八定律有着很大的关系。二八定律的核心，说白了就是分清先后、抓住重点，围绕关键之处进行管理活动。比起下属，管理者更需要宏观的眼光，更需要整体看待与把握，其中最重要的是抓住重点，而不是大事小事一个不漏地去管理。像诸葛亮那样不分大小"事必躬亲"的做法，最终只能是耗费精力，却无益于推动大局。对于不同的管理者而言，二八定律所揭示的道理都一样重要。

（1）对战略目标制定而言。

不同的战略目标会有不同的结果导向，同时也承担着不同的风险。为了做出合理的决策，管理人员可以运用二八定律，识别并确立每种策略的最优结果，以及相应策略的主要风险。通过比较，就可以把握关键信息，在宏观上对战略目标的制定有所熟稔了。

（2）对人力资源管理而言。

员工跳槽，是每个企业公司都会遇到的问题，但并不是所有员工的离去，对企业都是一件好事。任何一家单位都有着20%的核心员工，这些人也是撑起单位的中流砥柱。对于他们的离去如果不加重视、挽留，对公司必然是一种巨大的损失。秦末汉初项羽与萧何对韩信的不同态度，就是人力资源管理最生动的一课。

（3）对营运资金管理而言。

许多公司都有20%左右的核心客户，在处理应收账款的时候，只要稍加留心就会发现，大部分账款都集中在这部分关键客户的手里。如果是一个明智的管理者，就会意识到要对这部分客户"另眼相看"。不论采取何种策略，在确保低风险的前提下，给予这些客户更大的优惠，显然会更有利于账务处理。

(4) 对投资经营管理而言。

西方经济学中有一句著名的谚语：不要把鸡蛋放在同一个篮子里。这句话阐述了分散投资的观点。但资金并不是越分散越好，在投资活动中，经营管理者对自己投资的项目，也应该充分了解、抓住关键，对于投资小但收益大、投资大但收益小的项目做出取舍。如此一来，自己的投资活动才不会是盲目之举。

(5) 对时间管理而言。

常言道：事有轻重缓急。这一句话所体现出来的，就是二八定律在时间管理方面的运用准则。管理者需要处理的事情再多，一天的时间也总是有限，这个时候就考验管理者能否分清先后主次了。无论何时，管理者都要优先处理那20%最重要的事情，不论对人还是对事。

5. 马太效应：通吃才是大赢家

长久以来，在西方一直流传着这么一则寓言故事：

有一位国王要外出远游，临行之前，他分别给了自己的三位奴仆1锭银子，并且告诉他们说："你们去做生意吧。等我回来的时候，再向我报告生意的情况。"等到国王回来之后，第一位奴仆向他汇报说："陛下，我已经利用您给我的1锭银子赚回了10锭银子。"国王听后，便奖给这位奴仆10座城池，让他负责管理。第二位奴仆上前汇报说："陛下，通过您给我的1锭银子，我现在赚到了5锭银子。"国王也把5座城池交由这位奴仆管理。最后，第三名奴仆走上前来，向国王汇报说："陛下，您给我的1锭银子还在这里。为了怕他丢失，我一直把他包在手帕里没有拿出来。"这位仆人以为自己至少也可以得到1座城池。孰料国王不仅没有奖赏他，反而发出命令,要求把这名奴仆的1锭银子也交给第一名奴仆。这位仆人大为不解,而国王只是淡淡地说了一句:"凡是少的,就连他所有的,也要夺过来。凡是多的,还要给他,这叫多多益善。"这则故事出自《马太福音》,因此也被西方人称为是马太效应。

马太效应最早是用来描述一种社会心理现象,由美国科学史研究者罗伯特·莫顿于1968年提出。罗伯特·莫顿发现,在工作成果相同的情况下,知名的学者比起默默无闻的研究者,总是能够收获更多的声誉。据此他给马太效应下了定义:任何个体、群体或地区,只要在某一方面取得成功和进步,就会产生一种积累优势,就会有更多的机会取得更大的成功和进步。这一定义反映在经济学中,就是所谓的"赢家通吃",即市场竞争的胜利者能够握有绝大部分的市场份额。马太效应提出以后,在经济、社会、教育等诸多领域都得到了充分的体现,因此深受管理者的重视。

相信任何一家企业的管理者,都有着做大做强、冲击500强的宏图伟愿,但要把梦想变为现实,可是一点儿也不轻松。除了垄断的行业外,一个行业即使再冷门,也一定会有同行之间的竞争,有一个占据主要市场的"龙头老大"。将其取代、使自己成为行业的最大赢家,是任何一家企业的梦想,要想实现这一点,管理者就要善用马太效应所揭示的道理。

说起微软公司,人人都知道它是当今世界上最大的电脑软件供应商。自1975年创立以来,微软逐渐成长为电脑软件开发行业的标杆,与此同时,也一直因垄断问题饱受质疑。从微软的垄断问题上,人们就能够看到马太效应。

微软自创立以来,先后开发了多款电脑操作系统,从最初的DOS到现在的Windows,微软公司目前已经占据了个人电脑操作系统90%以上的市场份额。这一数据可谓是惊人之极。由于微软的强大,市场上出现了一种"有趣"的现象:其余的硬件、软件开发商不论开发什么新产品,都不会选择那些与微软无法兼容的系统或产品,因为一旦这样做了,就等于是自取灭亡。与之相反的是,微软从来不用考虑自己的产品能否与人兼容,因

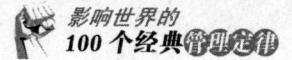

为别人自然而然就会向它靠拢。之所以会出现这种情况,就是由于微软在市场上占据了绝对优势,有着无与伦比的影响力。即使再优秀的产品,如果没有微软这样的声望,也只能乖乖地与之相匹配。这样一来,最大的赢家还是微软。

马太效应在微软成功上的体现,可以归纳为一点:谁掌握了标准,谁就是最大的赢家。追求更优是消费者的天然心理,发展至今日,不论哪一个行业,消费者们必然都会把目光投注于最顶端的商家及其产品上。这就启示管理者力求做到最优。

早在几千年前,中国伟大的思想家老子就在《道德经》中提到:"天之道,损有余而补不足;人之道则不然,损不足以奉有余。"这可以看作是道家先贤对马太效应的另一种阐述,也是对人类社会发展的高度总结。这句话也提醒管理者们,要明确认识强者更强、弱者淘汰的市场规则。管理者要掌握马太效应、应用马太效应,就不能忽视以下两点:

(1) 注重品牌的影响力。

马太效应最为直观的体现,就在于社会上人们对名望的推崇。即使是质量相同的产品,很多时候也会给企业带来不同的价值,其中很大一个原因,就在于二者的品牌影响力。越是有名气的企业,产品就越是受人追捧,利用这一心理,全力提升品牌的知名度,是企业追求成功的必然选择。

(2) 发挥核心竞争优势。

任何一个企业都有薄弱的环节,相应的,也有着优势相对突出的方面。在优势与劣势之间如何取舍、平衡,是对管理者决策智慧的一大考验。从马太效应的角度来讲,一个企业想要壮大,就必须集中力量专攻优势——没有优势,那就发掘优势。总而言之,一个成功的企业,必然要在某一方面达到同行业无法企及的高度,拥有无法被取代的地位,这样自身才能迅速壮大。

6. 吉格勒定理：确定目标要取法于上

对任何一位管理者而言，目标管理都是计划与决策工作的重要内容。同时，这也是一个企业想要发展就绝不能忽略的问题。围绕着目标管理，一个核心的问题就是：管理者应该确定怎样的发展目标？说到这里，也许很多管理者都陷入了严肃的思考中。对此，我们不妨听听学者们是怎么说的吧。

成功，是人类社会一个永恒的话题。对于如何取得成功，不同的人有不同的表述。其中，来自美国的行为学家吉格勒明确指出：目标越是远大，人生就越是容易成功。吉格勒之所以这么说，是因为在他看来，有了确定的人生目标，人生也就有了前进的方向，同时也就明确了自己所处的阶段。而且，目标越是宏大，就越能给人以持续的鼓舞。在目标的激励下，前进的动力也就越大。因此可以这么说：在设定出一个高远目标的同时，本身也就意味着达成了部分目标。这一理论就是著名的吉格勒定理。

尽管这一理论是作为行为学的理论而诞生的，但从那些知名企业的成功案例中人们却惊讶地发现，吉格勒定理竟然同样适用于管理学！不论是个人行为还是企业管理，目标二字都是极为关键的，只要是有目标的地方，吉格勒定理就拥有一席之地。对于工作作风偏向务实的管理者而言，吉格勒定理的启示也许过于空泛、不现实，不值得在计划与决策中采纳。但通过摩托罗拉的例子，我们就可以明确表示，这种观点是错误的。

说起美国国家质量奖，企业界可谓无人不知、无人不晓。一直以来，美国国家质量奖都被美国的企业视为业界最高荣誉，也只有那些能够生产出全国最佳质量产品的企业，才能获得这一殊荣。

1981年，著名的手机公司摩托罗拉也盯上了这一重大奖项。可是，尽管摩托罗拉是业界的一大巨头，但比起其余几位竞争对手，如IBM、柯达、惠普等，不论是从资历上还是从实力上，摩托罗拉都没有足够的优势。但是，公司的管理层还是毅然决然地向这一高目标发起了挑战。为了达成这一目标，摩托罗拉还做出了一个重大的决定：以整个公司作为单位去参与角逐。要知道，其余的对手都只是派出了个别部门来参加，摩托罗拉的这一投入可谓巨大。

为了实现这一目标，摩托罗拉成立了一支小队，负责考察全球各地表现优异的制造机构。一方面是看他们如何做，另一方面也是督促他们精益求精。摩托罗拉还专门组织了一批按时计薪的工人，而他们的工作只有一项——指出其余工人工作时的错误。不仅如此，每指出一项错误，他们还有额外的奖励。在这种巨大的投入下，摩托罗拉的生产错误率很快就降低了90%。

到了这一地步，摩托罗拉仍然不肯罢休，又提出了更为严格的要求：产品的合格率必须达到99.997%！为此，公司特意制作了录像带，用真实的数据告诉每一位员工：能够让个人引以为傲的99%的合格率，一旦放大到全国，仍旧会带来巨大的损失！

到了1988年，竞争角逐开始。此时令所有人意外的是，尽管参加竞争的足足有66家著名企业，摩托罗拉却以绝对的优势轻松夺魁！就在同年，摩托罗拉的收入增加了23%，利润提高了44%，这一纪录堪称前所未有。在谈到成功的原因时，一位主管明确表示，这都归功于摩托罗拉当时设定的高目标。

为什么非要像摩托罗拉那样，制定一个高不可攀的目标？对于这个问题，很多管理者也许还没有想明白。在此，我们可以用中国的一句古话来说明。唐太宗李世民，曾在《帝范》一书中说过一句耐人寻味的话："取法于上，仅得为中，取法于中，故为其下。"毫不讳言地说，我们的确要承认这样一个现实：很多时候，那些高远的目标，确确实实并不能完全达成。可即便如此，为了这一目标而努力的过程，也不是毫无意义的。甚至可以这么说，为了遥不可及的目标而努力的过程，才是我们要制定这样一个目标的原因。就像李世民说的那样,理想和现实之间总有一定的差距,目标定100,也许只能做到50;目标定50,搞不好只能做到0——既然如此,干吗不把目标定得高一点儿?这样一来,就算自己最后仍没有达到终点,也可以在无意间走得更远。

因此,在这里,请所有的管理者们都好好地考虑下我们给出的建议:把目标抬高一点儿、再抬高一点儿。不论是个人还是企业,很多时候,自身在最后所能取得的成就,都与自己的眼界和追求密切相关。只有站在更为宏观的角度去看待全局,才能更好地引领自己的企业和团队走向成功。

除了以上原因,制定高目标还有另一番用意:让员工更加积极。如果组织的整体目标没有什么难度,与之相应的,员工们的工作任务也会毫无压力可言。这样一来,就无法真正调动员工的积极性,去创造更大的收益。

7. 获利第一法则:获利是企业的头等大事

说起企业管理者最关心的事情,利益显然是摆在第一位的。同时,利益也是一个企业最为根本的追求。离开了利益,企业的生存都是个问题,遑论做大做强、实现更多的社会价值了。这一说法看似简单,但却是所有企业的管理者都不能无视的根本准则。对于这一道理,管理学界也有极为权威的论述。

彼得.F.德鲁克是美国极负盛名的管理学家与管理顾问,也被称为现代管理学之父。在自己的管理学论述中,德鲁克提到这样一个著名的观点:获利能力是企业至高无上的标准。这一理论不仅直截了当,更可以说是毫不避讳,但这一理论却成为了管理界的一大著名定理,被许多经营有道的管理者所采纳。

德鲁克的这一论述也被后人直接采纳,他的观点被很干脆地命名为

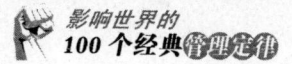

"获利第一法则"。相信光是看到法则的名称,就足以让所有的管理者明白利益的重要。对任何一家企业来说,利益都是核心问题,企业的运转更是围绕着获取利益这一核心的。背离了追求利益的目标,不仅是背离了管理工作的责任,更是背离了企业的初衷。

对企业的经营管理者而言,获取利益是最高准则,获取利益的能力更是对自己经营管理能力的考验。经营有道的管理者,绝不是把"获利第一"的口号挂在嘴边说说而已,如何去实贯彻落实这一目标,才是他们必须着重考虑的事情。为企业获取利益而计划决策的过程,不仅能看出一个管理者的觉悟和魄力,更能看出他的能力。

保罗·高尔文不仅是摩托罗拉公司的创始人,也是一位很有能力的管理者。摩托罗拉公司之所以能成为当今世界的财富百强企业之一,与高尔文的经营理念是密不可分的。

20世纪40年代末,摩托罗拉公司开始进入电视机市场。令所有人都没想到的是,在刚开始的时候,高尔文就对公司的电视机部门提出要求:在第一个销售年内,部门必须在保证利润的前提下,以179.95美元的价格,成功卖出10万台电视机。

这一要求令电视机部门的许多员工叫苦不迭。有的员工还搬出数据说话:按照当时电视机市场的分析,高尔文的要求等于是摩托罗拉公司必须在进入电视机市场的第一年,就坐到第四名的位置上。可以公司当前的状况,能够排到第七名就已经十分了不起了。并且,在高尔文所要求不到200美金售价的情况下,还要保证利润,摩托罗拉的电视机就必须大幅度地降低成本,但很显然这不是一个短期内能够完成的事情。

面对员工的诉苦,高尔文却始终不为所动,一再坚持自己的要求。他还告诉员工,无论如何,一定要卖出自己所要求的数量。并且,在他们完成自己所定下的目标之前,他是不会理会他们的任何抱怨的。最后,他对所有员工说:"我们一定要努力做到这一点。"

在第一个销售年还没结束的时候,摩托罗拉电视机部门的员工们就惊讶地发现，他们已经成功地完成了高尔文的要求。随后，摩托罗拉公司在电视机市场上越做越大，给自身带来的利润也越来越庞大。

这是摩托罗拉公司的一大经典案例，从不同的角度进行分析，管理者们也能得到不同的启示。其中，高尔文这位企业领导者对利益的强调和追求，就是对"获利第一法则"的践行，也值得所有的管理者效仿。企业所追求的也不应仅仅是获利这么简单，在激烈的市场竞争中，任何一个企业如果想要做大做强，都必须追求利益的最大化。只有最大的利益，才能为企业的竞争带来足够的优势，从而在整个行业中能够占据重要的地位。

但是，获利也确实不是嘴上随便说说就可以实现的，就拿摩托罗拉的案例来说，如果没有员工们的努力配合，光凭高尔文的口头指令，实现最大获利的目标就显然是空谈了。"获利第一法则"并不是单纯地强调利益至上，更重要的是引发企业经营管理者的深层次思考：我们知道获利是第一位的，那如何才能实现最大的获利？比起认清自己的目的，找寻实现这一目的的途径，更应该是管理者致力的方向。也许很多管理者会说，嗨，这有什么难的，不就是好好的生产经营吗？然而，仅仅是做到这一点，就真的足够了吗？

在一家企业中，部门分工基本上已经是一种常态，但这也是为了实现企业的良性运转与更好地扩大生产。然而，很多时候我们却发现，各个部门之间存在的分歧或者不协调，反而给企业的发展带来巨大的困扰和阻碍。如果是一位眼光独到而睿智的管理者，可以轻易地意识到，企业内部的这种情况，同样是有悖于"获利第一法则"的。各个部门不论是分工也好，协作也罢，最大化的利益都是不变的追求，是统御各部门工作的基本要点。一旦在内部机制上出现问题，企业势必为此付出更多的额外成本，利益最大化也就成了空谈。

在此，我们要给所有的企业管理者一个建议：不要片面地看待"获利第一法则"。对任何一个企业来说，获利都不是简简单单的问题，更不是

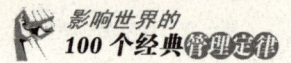

可以轻视的问题。追求利益最大化是一门精深的学问，要求管理者在管理工作中，对各个环节都要有所注意。

8. 卡贝定理：放弃是为了更好的得到

通常情况下，人们都很难接受"放弃"二字，然而纵观古今中外的成功人士，谁敢拍着胸脯说"放弃"二字就必然不会出现在成功者的字典上呢？很多时候我们不难发现，那些成功者之所以成功，关键就在于他们及时按下了放弃的按钮。对一个优秀的企业管理者来说，这个道理也一样适用。

美国电话电报公司的前总经理卡贝，针对企业的经营管理活动，曾经做过这样一句意味深长的评述："放弃，有时比争取更有意义。"这一观点到后来也被称为卡贝定理，在企业管理的许多经典案例中，人们都可以发现这一定理。

卡贝定理所揭示的道理，与另一条著名的管理学定理鳄鱼法则相比，有颇多类似之处——都是对舍弃之道的阐述，但卡贝定理的含义要更为丰富一些。鳄鱼法则重点强调的是，如果管理者面对危机若不及时舍弃，就会带来更为严重的损失；而卡贝定理更多的是提醒人们放弃手中已有的，去争取未来更好的。

这样一比较我们就可以发现，卡贝定理实际上对每一位经营管理者提出了更高的要求。面对已经到来的危机，利害关系是摆在眼前的，这时候人们都比较容易说服自己；但卡贝定理却要求管理者们必须突破眼前的迷障，在危机尚未出现的时候，就抢先一步做出舍弃。这显然是更为艰难的决定，也更考验经营管理者的眼光和魄力。因此，能够做出正确的舍弃，也就等于握住了先机。

日本的松下公司曾经投入高达 10 亿元的资金，专门用于开发大型电子计算机。可 5 年以后，就在研发快要进入最后阶段的时候，松下公司却突然宣布，从此以后不再研发大型电子计算机，并退出这一市场。彼时的松下集团经营十分顺利，财政上也没有出现任何问题，松下的这一决定可以说是震惊了全球商界。人们都对此十分疑惑，时任社长的松下幸之助却有着自己的考量。在他看来，大型电脑市场的竞争已然太过激烈，倘若自己这步走错，整个公司都有可能面临巨大的危机，一旦出现这样的局面，想要撤退也来不及了。因此，尽管所有人都表示怀疑，松下幸之助还是宣布了这个决定。后来事实证明，这个决定是十分明智的。后来，就连西门子、RCA这样的全球性大公司也陆续放弃了大型电脑这一项目，而松下却因为抢先一步而占取了新市场的先机。

每一位有志于把企业做大做强的经营管理者，都会想当然地认为：比对手握有更多，才能说明自己超越了对手。但事实是否如此呢？倘若这样的道理是正确的，那松下的选择显然是错误的。然而相反的是，松下的案例却表明了放弃的优越。如果说，松下的故事还只是一个个例，那百事可乐的翻身仗，就更应当让那些不懂放手的管理者们好好思考了。

百事可乐的诞生比可口可乐要晚一些，发展的历程也要坎坷许多。历史上，百事可乐曾经三次因为经营不善而破产，也曾三次请求可口可乐收购，但可口可乐均拒绝了它。迫于无奈的百事可乐，就这样在极度窘迫之中再次爆发。

1933年，百事可乐的第三任老板古思在第三次被可口可乐拒绝之后，决定放弃以往的营销模式，开创全新的营销策略。他首先想到的是，改变以往的灌装容量。当时的可乐普遍采用6盎司的瓶装，古思干脆将百事可乐改为16盎司的瓶装。这一改变首先在蓝领阶层获得了广泛的欢迎，全国范围的销路也因此而打开。

接下来，古思又陆陆续续放弃了好几种旧有的营销策略，开始处处强调与可口可乐不同。当时全国各地富有的大瓶装商，几乎都被可口可乐所占据，古思干脆彻底放弃这些人，专注于发展小瓶装商；可口可乐的标识是红白二色，百事可乐就放弃旧有标识，转而把蓝色作为主打色——直到

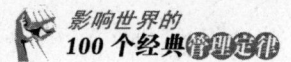

今日说起百事可乐，人们都会第一时间联想到蓝色的标识，可见这一策略的成功；当时几乎所有的企业都在采用5分钟的广告，百事可乐也果断放弃，制作只有30秒的小广告来宣传自己。正是这些放弃，使百事可乐的市场份额在逐步提高。

百事最为成功的放弃还不是以上这些，而是在目标顾客的定位上。可口可乐家大业大，一心想要覆盖整个市场，实力较弱的百事根本无力与之竞争，于是干脆放弃了其他顾客群体，专注于年轻人的市场，通过逐步的努力，成功地把自己打造为"年轻人的可乐"。事实上，年轻人也确实是可乐消费的主力军。凭借着这一定位，百事成功拥有了可乐市场的一席之地，甚至一度超过了可口可乐。

相比松下，百事可乐的发家史完全可以说是一部放弃的成功史。放弃总是令人不忍，但也正是一步一步的放弃，让百事可乐实现了脱胎换骨、浴火重生，以全新的成功者的面貌出现在市场上，缔造了商业界的传奇。

企业的经营管理者们之所以会畏惧放弃，是因为在他们的思想观念中，已经自然而然地把放弃与失败联系到了一起，又或者是因为，他们没有足够的自信从头再来。对此，中国有一个古老的成语，叫作"破而后立"，就是对管理者这一心理的最佳劝谏。放弃之后看似手中空空，其实却为自己争取到了更多可以把握的东西。从这个角度来看，放弃不仅不可耻、不可怕，反而是更为难得的成功机遇。这也是我们给那些畏惧、犹疑的经营管理者们，最为严正的一项建议。

9. 舍恩定理：成功诞生于信念的土壤

成功，是每一位企业管理者不变的追求，但是，带领企业和团队走向成功的关键是什么？有的管理者相信先进的生产技术，有的管理者推崇科学的管理模式，有的管理者寄望于难得的重大机遇，有的管理者依靠自身的深谋远虑……凡此种种，不一而足。若以世界上那些成功企业的案例来看，这些因素的重要性确实不容否定，但是，还有一项力量更为伟大、也更容易被管理者忽视的成功因素——意志。俗话说人无志不立，企业管理者要是没有高远的志向，即使给他再多的优越条件，他也无法彻底发挥优势，引领企业走向最优、最强的道路。

人们总是看到成功的企业管理者光鲜亮丽的一面，却忽略了这样一个事实：很多优秀的商界精英在最初创业的时候，落魄得甚至比不上大多数普通人。身无一物的他们甚至不能果腹，遑论拥有先进的技术、庞大的资金了。但他们却凭借着强大的自信和对梦想的憧憬，不断地激励自己超越对手，更超越自己。他们的这种表现，可以说是对舍恩定理的最佳阐述。

新思想只有落到真正相信它并对它着迷的人的手里，才能开花结果——这就是舍恩定理的基本观点。提出舍恩定理的，是美国麻省理工大学的著名经济学教授舍恩，这一定理不仅是对经济理论的补充和完善，更是对管理界所有人士的二次提示。舍恩定理认为：外部条件只是成功的助力，但称不上最重要；唯有一颗满怀信念、决不退缩、拥有坚强意志的心，才是成功不可或缺的基本条件。

然而意志似乎真的是一个老掉牙的词汇，想象一下，当我们看着企业管理者们从嘴里缓缓地吐出这两个字时，就算不会满脸不屑，想必也要翻个白眼。意志，确确实实就是这么一个容易被忽视的因素，但是，我们千万不要忘了还有这么一句经典的古训：有志者，事竟成。

要说世界首富比尔·盖茨是一位成功人士，想必没人会表示反对。但是，很少有人知道，比尔·盖茨经常用来鼓励自己的一句话就是"富而思进，永争第一"。不论是对于自己还是对于整个微软，盖茨都提出了同样的要求。

1975年正式成立微软公司的时候，盖茨才刚刚20岁。但拥有一家属于自己的公司，却是萦绕盖茨心头多年的梦想。现在，这一梦想终于实现了。

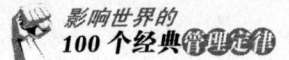

当时全球的个人电脑市场发展还很缓慢，IBM公司为了与苹果公司竞争，决定与微软合作开拓市场。于是，盖茨获得了IBM公司软件开发的所有业务。这无疑是一个重要的机会，但对于新成立的微软来说，也是十分巨大的挑战。

然而，盖茨却没有被巨大的挑战吓倒。在与IBM合作的过程中，盖茨倾尽自己的全力，终于编写出了DOS操作系统。或许盖茨本人也不曾料到，十年之后，DOS系统给整个世界都带来了十分巨大的影响，微软也因此一战成名。

成功之后，盖茨就定下了"事事第一"的企业发展目标，微软的全体员工也在他的激励之下，为公司的拓展发挥出了更为巨大的力量。在20世纪80年代初的时候，微软公司就已经拥有了与IBM公司相抗衡的实力，并成功转型为上市公司。仅仅过了数日，盖茨就因此成为世界历史上最年轻的亿万富翁。

"富而思进，永争第一"，在微软公司，盖茨不仅用这句话来鼓励自己，他也经常对员工提到。正是因为他始终保持着昂扬的斗志，永不畏惧、永不满足，才最终达成了自己的奋斗目标，并把微软推向了全世界。

盖茨的成功固然与他的天才头脑不无关系，但说到底，还是他那颗强大的心、那种永不放弃追求的意志，让自己的天分得以充分发挥。同样，任何优越的外部条件，也只有在敢于行动的管理者手里，才能对企业的成功起到帮助的作用；任何一个绝佳的机会，也只有到了愿意相信它的经营者手里，才能真正地转化为价值巨大的财富。

舍恩定理要告诉管理者的道理是：相信自己有坚定的意志，相信自己有足够的能力去做到一切。不论是在商界，还是在政界之中，只要是有管理的地方，我们都可以发现那些能别人所不能、具有独特人格魅力的伟大人物。不论他们外在有何差异，包裹在内里的都是熊熊燃烧、永不屈服的意志。这份强大的自信早已深深地烙在他们心里，成为他们人生中一道永不磨灭的光彩。也正是这份自信支撑着他们，历经千般险阻而不倒，面对万重危难而无惧，最终冲破重重阻碍，以成功者的姿态出现在世人面前。

当然，激烈的竞争到底还是需要自己付出全部心力的，仅仅做到内心念念不忘，还不足以听到回响——经营管理者们千万要记住这点。所谓意志，所谓信念，也并不是因为存在于人的心底就显得伟大，它的伟大是体现在人们为之全力以赴的行动之中。就像那位著名的君王勾践那样，史书记载他是"十年生聚，十年教训"，用了二十多年的时间，只为了一个兴兵雪恨的机会。最终，他对信念的笃信与践行，为自己赢得了最后的胜利。

10. 巴菲特定律：不从大流，方见通达之路

说起"股神"巴菲特的大名，相信所有人都如雷贯耳。在多年的投资生涯中，巴菲特不仅积累了庞大的物质财富，也为所有的企业管理者留下了一笔宝贵的经验财富。其中就包括一条著名的定理——巴菲特定律。

作为投资商，巴菲特无疑是成功的，他所总结出的投资之道，也堪称是商业界的最佳教材。在巴菲特定律中，巴菲特为所有企业的经营者指出了一个明确的事实：在其他人都投资的地方投资，你就别想着能发财。

对任何一家企业来说，市场的份额都是极其有限的，抢占先机之所以重要，就是因为自己一旦成功，就可以迅速占领庞大的市场；相反，哪怕自己只是慢了一拍半拍，剩余下的很有可能就只是残羹冷饭了。

这种情况，是任何一位企业经营者都不想看到的画面，但在无情的市场竞争中，这样的画面每天都在上演。对那些已经落后的企业而言，走到此处，难道前路已然断绝，再没有翻身的机会了吗？

如果巴菲特定律的存在，仅仅是为了告诉经营者们这样一个无情的事实，那它显然不足以成为影响世界的著名定理。对于巴菲特定律所揭示的道理，我们只需要反推一下，得到的就不再是一个无情的事实，而是制胜

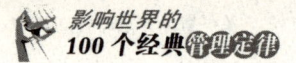

的忠告——找到别人尚未发现的市场。

裤袜，是当今世界深受广大女性欢迎的一种服饰，但在那些体形比较肥胖的女性眼里，裤袜却是令人"恐惧"的存在。因为裤袜虽然会使苗条的女性看起来更加纤瘦，但身材肥胖的女性一旦穿上，却会显得更加臃肿。

在美国，约有40%的女性因为肥胖、臀部过大的原因，而不敢穿裤袜。而美国的许多裤袜生产商，也都没有去开发这一块市场。美国的雪菲德公司通过市场数据的分析，却得出了截然相反的意见。在他们看来，正是因为这40%的女性还没有穿裤袜，因此这一市场大有前景可为。如果放弃了这40%的市场，无疑是错过了巨大的机会。

得出这一结论之后，雪菲德公司当即召集最优秀的设计员，针对这40%的女性，专门设计出一种名为"大妈妈"的裤袜。产品完成之后，他们就开始大做广告。在广告中，雪菲德公司特意挑选了3位体型肥胖的女性，让她们穿上公司设计的裤袜，并起了一个显眼的标题："大妈妈，你真漂亮！"虽然这几位女性臀部很肥，但穿上裤袜之后，从侧面看上去，却丝毫没有显得臃肿。

广告打出后不到一个月，雪菲德公司就收到了7000多封赞扬信，他们生产的裤袜，在市场上也受到了肥胖女性的热烈欢迎。凭借这一举动，雪菲德公司也成功地击败了许多同行对手，获取了巨大的利润。

盲目跟从大众的做法，无论是在哪一行业都不可能取得最大成功的，在市场竞争之中，这种做法的风险更是难以评估。独木桥上，终究挤不下千军万马，一旦独木桥从中断裂，桥上所有的人势必坠入深渊。市场上有许多盲目跟风投资，最终以惨败告终的教训，这些教训无一不在启示着企业的管理者们：找到自己的那根独木桥，并且要最快地通过。

要在竞争激烈的市场中找到属于自己的独木桥，企业管理者就必须有一双善于发现的眼睛，还要善于逆向思考。从众，是许多人的正常心理，但我们也可以看到，那些成功的机会总是会被蜂拥的人潮挤到一边，无人问津；而最终捡起这个机会的人，却常常是特立独行的那个。只有懂得想别人所不能想、视众人所不愿视、为众人所不曾为，才能真正抓住那些宝贵的机会，后发先至，取得成功。

除了睿智的眼光和逆向的思考，经营者还要有敢为人先的魄力。管理者们千万要记住：第一个吃螃蟹的人，绝不只是最勇敢的，更是最先尝到那口美味的。这最先尝到的一口，是后者无论如何也无法比拟的，因此，最先尝到螃蟹的人，也是最幸福、最幸运的人。对任何一位企业的经营者来说，"第一只螃蟹"也都是意义非凡的、价值巨大的，也是企业绝不容错过的美味。

11. 普赛尔定律：行动上的矮子向来想太多

俗话说：三思而后行。对企业管理者来说，企业的未来规划与战略决策，正需要自己以这样的态度去面对。然而，我们也不得不承认，如果说风险是未知的，那机遇就是渺茫的。作为企业的管理者，思虑多能否规避风险暂且不说，至少我们可以确信的一点是：机遇，就在犹疑的思考中错失。

有一句名言叫作"不要做语言上的巨人，行动上的矮子"，可管理者一旦想得太多，也会拖慢自己行动的步伐，变相地成为可怜的"矮子"。因此，英国Ａ·Ｊ·Ｓ公司的副总裁普赛尔也意味深长地指出：思虑太多，必然阻碍迅速行动。这一论点被称为是"普赛尔定律"。面对瞬息万变的市场局势，我们不得不说，普赛尔定律真真正正的是企业管理者的苦口良药、逆耳忠言。

企业成功的要素有很多，其中必不可少的一项就是抓住机遇。错过机遇最严重的后果，就是被行业彻底淘汰，轻一点的后果也是陷入被动之中——不论是哪种情况，对企业当下的生存与未来发展，都是一种极为可怕的冲击。古今中外,有多少警诫世人把握机会、果断行动的金玉良言,如"当断不断,反受其乱""疑行无成,疑事无功""谨慎毫无用处,除非加上果断"等等。对企业管理者来说,这些都是必须重点采纳的制胜良策。

不论是实力雄厚的大企业,还是在夹缝中苦苦挣扎的小企业,在机遇面前地位一律平等,唯捷足者方能先登。企业管理者在发现机会的时候,也应当迅速地行动起来,要知道,一旦因行动迟缓而错过机会,原本的优势也很可能不保。

吉列公司创立于1901年的美国波士顿,它所生产的剃刀风靡全球,被誉为是"掌握了全世界男人的胡子"。凭借旗下的"超级蓝牌剃刀",吉列公司牢牢地控制了整个市场,在最辉煌的时候,更是成为美国企业利润最佳的创造者之一。

然而,到了1961年的时候,市场局势突然出现了重大转变:一种名为"超级刀刃"的新型不锈钢剃须刀横空出世,并在上市之初,就受到了许多消费者的追捧。这种剃刀是由英国威尔金林刀具有限公司生产,其优势在于刀片锋利、不生锈、寿命长。这一新型产品的问世立即对美国本土的剃须刀市场产生了强烈的冲击,更使长期以来被吉列公司压得喘不过气的同行公司看到了希望的曙光:埃佛更普公司在全国11个州的范围内,都开始采用这种新型刀片;就连从未涉足刀片市场的美国安全制刀公司,也开始抢夺这一块鲜美的蛋糕。然而,作为剃刀片行业龙头老大的吉列公司,却在此时犹疑起来。

原来,吉列公司的宗旨是:当其他人进入时,我们才不得不进军。为此,他们花费了大量的时间进行调查。他们首先进行了一系列分析:使用不锈钢刀片的客户类型;生产新产品的成本;刀片的耐用性及更换频率;新产品的价格问题。在综合分析之后,吉列公司得出了一个结论:研发新产品必然要求公司的生产流水线重组,而且会加重生产成本。何况还要考虑新产品使用寿命与销量之间的关系,以及是否会冲击"超级蓝牌"的市场?在这种种顾虑下,吉列公司耽搁了整整半年。

直到半年之后，吉列公司才确信：用不锈钢刀片换取蓝牌刀片，是一件有利可图的事情，公司这才开始组织新产品的生产。然而，半年的时间对市场来说，显然是太久了。由于是最后一个进入市场，吉列公司付出了惨重的代价：剃须刀的市场份额从70%下降到55%，双刃刀片的市场占有率也从90%降至70%。虽然采取了种种措施，不锈钢刀片的市场份额最终也只占据了45%，市场形势已然发生了天翻地覆的变化。

不论是个人还是企业的发展道路，都离不开重大关头的决策。能否果断地做出决定、迅速行动，也是评价一个管理者是否合格的重要指标。通常情况下，积极的行动都会与考验、风险相伴，只有那些勇于面对、勇于突破的管理者，才能带领企业实现可持续的发展。

有一句经典台词叫作"天下武功，唯快不破"，放在企业之间的竞争当中，这句话也同样适用。市场形势的变化之复杂，就连最为睿智的商界精英也无法完全洞彻，很多时候，成败的关键就在于能否快速地作出反应，并且付诸行动。很多时候，在机会面前，企业管理者不需要做出多么长远的规划、拟定多么完美的策略，只要能够比对手快上一步——哪怕是小小的一步——大逆转也可能会骤然出现。反复思考地再为缜密，也难免会有"智者千虑必有一失"的困扰，而机会一旦失去，谁都无法断言企业会迎来怎样的发展局面。

12. 隧道视野效应：短视之人眼中没有成功

有过驾驶经历的司机都知道：当自己开车驶入隧道中的时候，由于客观环境的缘故，自己的视野也会局限于前方和后方的有限范围内，变得非常狭窄。然而事实上，在企业管理当中，管理者也经常会面临和汽车驾驶员一样的困扰：由于自身眼界不高，视野有限，管理者缺乏远见和洞察力，无法真正带领企业走向更远。这一困境极像隧道内的驾驶员，因此也

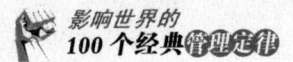

被形象地命名为"隧道视野效应。"

很显然,隧道视野效应的出现,对任何一位企业管理者来说,都是极其晦气的事情。因为这通常都意味着,企业的发展已经陷入了泥潭。即使是那些当前情况还算良好的企业及其管理者,我们也必须要提醒他们:唯有站得更高,才能看得更远。

把握当下,是一个企业管理者最基本的工作任务,但当下并非企业发展的一切。发展的要义在于未来,管理者也唯有把目光投注在更远的地方,才能在接下来的市场竞争当中,明确企业的发展方向。一旦确定了方向,管理者就应该带领自己的团队,坚定不移地去践行目标。这就是隧道视野效应给所有管理者的启示。

当然,我们也不得不提醒企业管理者们一件事:为了追求长远,还要适时舍弃当下。取舍之道,总是会让企业管理者们万分煎熬,在面对企业当下利益与长远发展的冲突之时,这种煎熬就更加剧烈。然而,那些头脑清晰、态度冷静的人,他们的目光总是能够穿透当下,看到更远的未来。尽管当下的舍弃总是令人十分痛心,但这份痛心也会换来更加巨大的成功。

在世界电影史上,有一部堪称无与伦比的传奇电影——《泰坦尼克号》。《泰坦尼克号》的上映不仅打破了全球影史票房纪录,还在第70届奥斯卡金像奖上,获得了包括最佳影片在内的11个奖项,其导演詹姆斯·卡梅隆也因此获得了奥斯卡奖最佳导演奖。对卡梅隆来说,这番巨大的成功却并非易事。

在拍摄《泰坦尼克号》之前,卡梅隆也曾拍摄过许多大片,并且获得了绝佳的票房,但他却认为自己应该有所突破。于是,他找到电影公司,向公司老板表示:自己打算在船上拍一部长达3小时的"罗密欧与朱丽叶"般的爱情电影。

此前,卡梅隆所拍摄的电影都是动作片,长度最多也就2个小时,至于把爱情片拍到3个小时,那更是闻所未闻。因此,老板刚听完就大摇其头。但是卡梅隆没有退却，而是拍着胸脯反问老板："之前我拍的哪部电影赚的钱少？"这下，老板支支吾吾再也回答不上来了。

基于他过去成功的经验，老板选择相信他一次，但与此同时也提出了一条要求：严格控制预算。卡梅隆笑着表示预算绝对不会很大，因为场景不过就是一条船罢了。

然而事实上，《泰坦尼克号》每天的拍摄成本就高达25万美金，有时候甚至超过50万美金！才拍了仅仅一年，公司的预算就已经花完了。

这时，电影公司觉得有些吃不消了，打算立刻停止拍摄。卡梅隆这时候真正显示出了一个男人的本色，他告诉电影公司：他决定不要拍摄这部电影的报酬，而将这笔钱继续用于拍摄《泰坦尼克号》。仅仅就是为了证明自己，他放弃了高达几千万美金的薪酬！看到他如此坚决，电影公司最后同意了。

上映之后的《泰坦尼克号》的票房超过18亿，打破全球影史票房纪录，同时也是1997年至2010年间，票房最高的一部电影。电影大火之后，电影公司也拿出了整整1亿美元的分红，作为对卡梅隆的补偿。

有句话叫作"识时务者为俊杰"，所谓的"时务"显然不是指当时的事务，而是时代潮流变化的方向。所谓是风物长宜放眼量，在追求成功的路上，只有比对手看得更高、更远，找准未来的发展方向，才能使自己取得更加瞩目的成就。

找准方向之后，接下来要做的一点就是牢牢锁定目标。很多时候，管理者即使为企业拟定了未来的发展方向，但在实际推进的过程中，也会遇到重重阻碍，甚至与企业当下的利益相互冲突，令管理者左右为难。表面上看，这种境况颇有几分"玻璃前的蜜蜂，前途光明却不见出处"的意味，但事实上，管理者们唯一要做的就是坚持、坚持、再坚持，并且再多一分像卡梅隆那样的勇气与魄力，在当下与未来之间果断取舍。

一个真正优秀的企业管理者，不仅要懂得如何获取眼前的利益，更难得的是要懂得如何舍弃已得的利益。舍弃当下是为了能够以小搏大，攫取

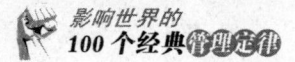

更为巨额的利润。这一做法不仅不会背离企业"追求最大化利益"的根本宗旨，相反，正是对这一宗旨的绝妙贯彻。要做到这一点，企业管理者就必须在智慧和心性方面同时达标，才能真正地看得长远，走得更远。

13. 吉宁定理：拒绝犯错就是铸下大错

决策与风险犹如硬币的一体两面，管理者不论是面对前者还是后者，都必须同时考虑目标的"另一半"。尤其是在企业作出重大发展决策时，企业管理者对风险的思虑和担忧，就成为了必然。几乎所有的企业管理者，都会担心因一时的决策失误而导致企业的失败，但是，失败的到来与否，并不以管理者的个人意志为转移。

毕业于康奈尔大学的吉宁先生，是一位组织管理及人力资源管理的专家，曾就职于多家世界500强企业。对于企业管理者在决策中的顾虑表现，他提出了一条广泛应用于企业创新与组织变革中的经典定理——吉宁定理。这一定理认为：企业管理者害怕犯错，才是一种真正的错误。

世界一直在不停地改变，一个企业想要生存发展，首先必须得跟上时代的脚步，破旧立新、不断突破转型。管理者畏首畏尾、害怕失败的做法，固然是态度谨慎的体现，但也很有可能使企业在发展过程中自缚手脚。比起犯错更可怕的，就是停步不前、错失良机。

可是，错误真的有那么可怕吗？未必。事实上，不论是企业还是个人，只有从错误中汲取教训，才能不断地修正自己的前进方向。因此，错误对企业来说并不是一种困扰，反而是一种契机。

查尔斯·富兰克林·凯特林，是美国著名的发明家，也是通用汽车公司前身的创建者。当时的汽车行业刚刚起步，所有的汽车都面临内燃机爆震的问题，即汽缸内的汽油必须要经过一段时间后，才能开始燃烧，这极大地降低了使用效率。

凯特林也一直在苦苦思考"如何才能使汽油提前燃烧"的问题。经过一番苦思，他想到了自然界中的一种植物——杨梅。杨梅在冬天开花比任何植物都早，原因之一就在于它的红色叶子，可以保留波长的光线。异想天开的凯特林，就此锁定了"红色"二字。

　　于是，他又思考：如何才能把汽油变成红色？一开始的时候，他希望借助了红色的颜料，然而他找遍了自己的办公室，却只发现一些碘。于是他便将这些碘倒入了汽油之中，结果欣喜地发现：爆震问题居然解决了！

　　这一发现使凯特林更加确信自己的结论。于是过了几天，他找来了红色颜料，将其倒入汽油中。然而这一次，爆震的问题却再次出现。这时凯特林才意识到：解决爆震问题的不是颜色，而是碘的成分。

　　一种思路的对错，只有经过了实践才能判定，有时候，即便是错误的思路，也能给管理者带来意想不到的收获，就如同凯特林的意外发现一样。换言之，即使在过程中没有取得半点成功，意识到了自己的错误也仍然是一种收获。

　　在作出决策之前，企业管理者必须要反复思虑"富贵险中求"的道理。得到与失去之间，总是充满了无穷变数，患于失去的人，最后也总是会憾于未得。事实上，也有相当一部分企业的成功，是因为管理者展现出了自己不怕失败的魄力。

　　上世纪50年代初，美国西方电子公司申报了晶体管的生产专利，当时的晶体管，生产合格率还只有5％。然而，日本索尼的盛田昭夫却对这一项还不成熟的生产专利极为看重，甚至不惜花费10万美金从美国西方电子公司购买这一专利，打算在世界上率先批量生产晶体管收音机。

　　这一决定引起了轩然大波，人们都认为盛田昭夫是在进行一次疯狂的赌博。而盛田昭夫本人却以其独特的商业眼光，坚信在世界电子产业率先批量生产晶体管收音机，是一种前途无量的做法。经过在专利基础上的深入研究，索尼公司成功地将合格率提高到了95％，同时率先开发出了世界上最早的袖珍式晶体管收音机。正是这次大胆冒险的专利购买决策，使索尼远远地甩开了竞争对手，走上了世界电子产业的领先扩张经营之路。

常言道：勇者无畏。在领导企业决策的过程中，管理者唯有依仗这种无畏失败的大勇之心，才能更好地把握稍纵即逝的机会。排斥错误本身就是在犯错；因畏惧失败而犹疑，失败最终会不请自来。

优秀的企业家不会害怕犯错，更不会逃避犯错，而是善于从错误中吸取教训。对他们而言，当下的失败中满满的都是未来成功的基础。要真说起来，企业的经营与竞争，本身就是一场输赢难料的博弈，没有谁能够保证次次胜利，或者回回失败。对失败心存偏执，本身就是一种缺乏胸襟"常戚戚"的表现。企业管理者在进行计划与决策时，都应该做到内心坦然，对可能到来的失败有充分的心理准备。一旦失败不可避免，也唯有一颗冷静的心，才能使管理者做到临危不乱、准确地把握与应对。

14. 史密斯原则：融入强者，与之共存

商业竞争不仅是激烈的，更是残酷的。尽管所有的管理者都对未来的发展满怀憧憬，事实上，很多企业管理者却不得不面对竞争中处于败局、甚至陷入生死存亡的困境，即使是那些年代久远、成名甚早的企业，也会有被后来者赶超的一天。这个时候，企业何去何从的问题，就敲击着每一位管理者的心。

对于这一问题，美国通用汽车公司的前董事长约翰·史密斯，提出了一条著名的管理原则——史密斯原则。史密斯原则对管理者的要求只有一条：如果你不能战胜他们，就加入到他们中去。这对企业来说，也确实不失为一条合适的道路。

从情感上来讲，这一要求显然会令许多管理者难以接受。但如果让我们试着从头梳理，这一建议或许就不是那么让人难以接受了。任何一个企业最根本的追求，都在于寻求利益最大化，而非取得胜利。或者说，战胜

对手只是一条途径，利益才是最终目的。19世纪英国著名首相帕麦斯顿有这样一句话：没有永远的朋友，也没有永远的敌人，只有永远的利益。因此，我们完全可以这么下定论：一个企业有多少竞争对手，就同时意味着有多少合作伙伴。当今时代的商业竞争尽管愈趋激烈，但在方式方法上早已有了根本性的变化。传统的"不是你死，就是我亡"的极端观念已经过时，合作、双赢才是当今商业竞争中的主流观念。对于那些因势单力孤而无力竞争的企业及管理者们，我们也不需要同情，而应当满脸微笑地告诉他们：去找个靠谱的搭档，一起加油吧！

只要稍加留心我们就可以发现，史密斯原则不仅仅被用于那些实力弱小的企业，那些组织成熟、实力不凡的大型企业，也同样会按照史密斯原则来制定自身的发展策略。其实这也不足为奇，按照管理学著名的"木桶效应"，即使再优秀的企业，也会有其发展的短板，这一短板同样会给企业的发展带来极大的限制。因此，寻求合作以弥补不足，同样是优秀企业的必然选择。

商业界的强强合作案例很多，但强弱互补同样可以缔造传奇。微软公司与IBM公司的合作就是一个最好的例子。

微软公司最初成立的时候，由于规模太小没有成果，业内几乎无人知晓。后来，在盖茨的领导下，微软陆陆续续地研发了一些办公软件，并将其投入市场，才使得微软公司开始为一些人所知，其中，就包括IBM公司。但要论规模，就是100个微软加起来，也抵不过一个IBM。但是，盖茨却立志要将微软发展成为同IBM一般的巨无霸企业，为此，他积极地寻求发展机会。

当时人们普遍认为发展电脑硬件才是正确的，但盖茨却坚信电脑软件业务才是市场的主流。当他听说有一家公司研发出了一款名为QDOS的操作系统时，他当即拍板决定，由微软公司买下这一操作系统的使用权和所有权。在此之后，盖茨又组织自己的研发团队，在旧有的QDOS基础上进行改良，最终研制出了一款属于微软的全新操作系统——DOS系统。可是，尽管系统研发工作已经完成，可实力弱小的微软根本没有能力向全社会推出这项产品。就在微软束手无策的时候，比尔·盖茨果断想到：为什么不能借助 IBM 的力量呢？

于是，盖茨当即联系 IBM 公司，向对方表明了合作的意图。令人意外的是，实力雄厚的 IBM 公司却没有选择拒绝。原来，IBM 公司也一直想朝个人计算机的方向发展，但在软件开发方面，IBM 公司仍然心有余而力不足，迫切需要一个合作的对手。盖茨的到来对他们而言，真是刚瞌睡了就有人送枕头。此时的微软公司在软件开发方面，已经有了一定的名气，于是两家公司一拍即合。

签署合作协议之后，盖茨当即带领团队投入到了 IBMPC 的研发当中，没过多久，这一工作就圆满完成。随着 IBMPC 在市场上的份额越来越高，微软的 DOS 系统也成为了行业的标杆。搭乘着 IBM 这艘巨大的船舰，微软公司的发展也越来越快，最终成为了最大赢家。

微软与 IBM 公司合作的最终结果是双双获利，更成就了微软的今日。在微软与 IBM 合作的案例中，也体现了零和博弈论的观点。面对不断变幻的新形势，参与商业竞争的每一位成员，都需要时刻保持清醒的头脑，对自身和竞争者，都要有最为准确的认识。如果固执己见、抱残守缺而不知变通，随时都要面对可能来临的危机，企业也必然不能长久。

企业的管理者们要明白：合作，是建立在彼此互相需要的基础上的；合作的双方，地位也是平等的。即使自身的实力有限，主动寻求合作也不是意味着就放下了身段与自尊。对企业来说，只有利益才是永恒不变的追求，为了追求最大的利益而与对手合作，是每个企业管理者都会面临的选择。只有那些做出正确合理选择的企业管理者，才可称得上是睿智。

对那些弱小的公司来说，合作不仅是为了解决自身当下的利益问题，同时也是一个了解对手、学习对手的最佳契机。为了实现更好的合作，双方都需要相互配合，配合的基础就在于足够的了解。一个能够在市场竞争中占据优势和主导地位的企业，必然有着许多过人之处。对任何一个企业的管理者来说，掌握了这一精髓，也就意味着给自身带来了更多物质利益以外的财富。

第二章
创新管理

"周虽旧邦,其命维新",人类社会发展至今,本就是一个不断创新、不断突破的过程,因此,才会有"创新是一个民族发展的灵魂"一说。把企业代入到这句话中,这一观点也依然成立。

对任何一家企业而言,市场的竞争都是激烈而残酷的。为了避免被淘汰,为了更长远的发展,引领创新的重大责任,就全数落在了企业管理者身上。唯有通过创新,企业才能在与对手的较量中,率先找到一条路,从而占据主导地位和更大优势。

表面上看来,创新就是要求管理者另辟蹊径,然而想要做到这一点,管理者所需要的却不仅仅是一个好脑子。创新的背后总是伴随着自我否定与割裂过去,管理者要是缺乏正视自我、挥别过往的勇气,同样无法做到创新。

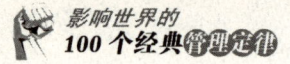

15. 达维多定律：勇做创新第一人

创新，毫无疑问是当今时代发展的一大主题，也是时代发展的必然要求。人们把创新视为一个民族的灵魂，这对企业来说，创新的意义也只会更加重大。创新是一个内涵极为丰富的概念，从企业的角度讲，技术创新、体制创新、思想创新等等，这些都是企业追求发展的必然选择。在各个方面的创新中，产品创新对企业来说，同样是一个极为关键的环节。

关于产品创新，管理界有一个影响力很大的定律——达维多定律。达维多定律的提出者是威廉·H·达维多，他本人曾经是英特尔公司的高级行销主管和副总裁。在以其名字命名的这一定律中，达维多指出：在本产业中不断更新自己的产品，对任何一家企业来说，都是势在必行的选择。只有那些能够率先开发出新一代产品的企业，才能够在激烈的市场竞争中发挥出更大的优势，并占据主导地位。这一观点由世界前200强的大企业的管理者所提出，在企业管理界的影响力自然是不言而喻。

对于创新的重要性，很多管理者都了然于心。如果达维多定律仅仅是以创新作为主旨，显然还不足以风靡管理界。其实，达维多定律的核心观点在于：不仅要创新，还要最快创新。在任何事情都讲究效率的当今社会，哪怕只慢一秒，都有可能错过重大的机遇，对在同行业中竞争的企业来说，落后的代价更是高昂。创新虽然是一个极其考验能力与智慧的工作，但在达维多定律看来，创新的成功即使不能令人十分满意，也是可以在后期慢慢弥补的。比起令人满意更重要的一点是：千千万万要走在人前。这种只求速度不求质量的管理理念，怎么看都有些"疯狂"，然而事实上，这一定律却成为许多企业打开成功大门的金钥匙。

英国有一家杰里米冰激淋公司，专门生产超级冰激淋。由于他们的冰激淋口味十分独特，所以在欧美地区广受欢迎。

杰里米冰激淋公司的老板名叫劳森，早在他刚刚进入大学读书的时候，他就在自己的宿舍做起了冰激淋买卖。后来，他又邀请自己的两位朋友乔恩和伯德，一起加入了创业的团队。为了筹集开办公司所需的资金，劳森还卖掉了自己的大部分债券，并把自己在高中时打工所积攒的6万美元全部拿了出来。

公司成立之后，劳森做的第一件事就是进行市场调查。经过调查，劳森发现了一个十分重要的现象：近20多年来，市场上的冰激淋口味一直都没有任何变化！商人的敏锐思维让他意识到：这将是他们新公司走向成功的重大关键。于是，他接受了啤酒商汉斯的建议，使用啤酒的酿造技术来制作全新口味的冰激淋。同时，他又积极地与当地的乳酪厂联系，由他们为自己提供特制的奶酪。

全新口味的冰激淋一上市，就受到了人们的热烈欢迎，没过多久市场上就出现了供不应求的局面。当然，这一切都早在劳森的预料之中。凭借自己抢先一步的创新，劳森的公司也大赚了一笔。

同样的故事也出现在美国太阳微系统公司身上，而且比起杰里米，太阳微系统公司表现得更加激进，可以说是把达维多定律发挥到了极致。在同行业领域中，产品的生产周期一般都稳定在3年到5年，然而太阳微系统公司却定下了一条堪称"变态"的规定：每12个月，公司工作站的性能就要提高一倍，这一要求显然太过严苛了。然而，我们也不得不承认这是一个极佳的战术：一方面，由于自己的产品更新换代快，因此每次都能赢得消费者的喜欢；另一方面，由于自己推陈出新的频率实在太快，总是能够率先占领市场，其余步调缓慢的竞争对手根本就来不及应对，而且还不得不经常改变自己的战略规划。无形之中，就使得对手更为缓慢了，与自己的差距也在进一步扩大。

这就是达维多定律发挥作用的可怕之处。任何一个善用达维多定律的经营管理者，必然是引领企业走向胜利的杰出领导者。但在此之前，我们还必须对达维多定律作进一步的说明，以便我们管理者能够有更加清醒的

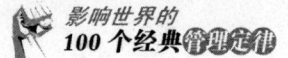

认识。

"用最快的速度创新",是达维多定律的核心观点,也是我们给有志于做大做强的企业经营管理者们最为重要的一点意见。有很多管理者会觉得稳妥才是经营的上乘之道,出于规避风险的考量,他们选择在最开始持观望的态度。但据数据显示,即使是那些不够成熟的新产品,通常也都能占到市场份额的50%左右,相信这一数字足以令所有的企业管理者心动。对以利润为根本追求的企业而言,这一比例的重要性更是不言自明。俗语中也有"第一个是天才,第二个是庸才,第三个是蠢才"的说法,如果只是想着跟风模仿,纵然可以稳妥求利于一时,但最终仍不免逐渐落后、淘汰。

想要拿起达维多定律这一武器,管理者还需要先放下自己的骄傲。很多企业的管理者之所以创新之路走得无比缓慢,就是因为他们对自己太过自信。对于这种想法,我们的建议就是:创新,有时候就是要自我否定。只有永不自满,永远相信自己做得还不够,才能为自己赢来更大的发展契机。

16. 莫尔斯法则:竞争要比对手多一点"新花样"

在市场经济的背景下,任何一个参与市场活动的企业,都无法回避"竞争"这一课题。即使在某一行业所拥有的市场再大,优胜劣汰仍然是企业不变的选择。因此,任何一个企业所面临的处境,永远都是极为严峻的。

应对这一处境的唯一出路,就是不断地创新。对此,世界著名的管理专家詹姆斯·莫尔斯提出了这样一个观点:对任何一个企业来说,可持续竞争的唯一优势,只能来自于超过竞争对手的创新能力,这就是著名的莫尔斯法则。在莫尔斯看来,没有创新也就没有竞争的资格,没有竞争资格的企业，就只能走向衰亡的终途。

这一观点无疑是发人深省的，对任何一位企业管理者来说，创新都是一个沉甸甸的话题。与其他工作不同，创新难就难在，它要求管理者突破旧的桎梏，从思想上做出转变。都说习惯成自然，思想沿着一条路径走得太远了，想要改道也是尤为不易的。

然而，不论创新是多么不易，管理者们都请务必记住这四个字：不进则退。在众人都全力向前的今天，自己就算想要保持现有排名不变，也需要迈出全新的一步，才可能保证与对手稳定在同一频率上；如果能比他们更快一步——哪怕只是小小的一步，结果也更令人欢喜。

自圆珠笔上市以后，由于书写便利，价格便宜，因此深受人们的欢迎。但不久之后人们发现：一支圆珠笔一旦用到一定时候，笔芯便会出现漏油的问题。漏油的圆珠笔不仅书写很粗，而且经常会划破纸张，有时候甚至还会把人的手和衣服弄脏，令人十分头疼。

经过研究，厂家很快就找到了原因：随着写字数量的增多，耐磨性本就差的小圆珠会日渐磨损、变小，这样一来，它和笔杆之间的空隙就会变大，这就是笔芯漏油的根本原因。

为了解决这一问题，各个厂商都想尽办法。他们认为，问题既然出在耐磨性上，那就应该增强笔珠的耐磨性。有人提出用不锈钢做笔珠，还有人提出用宝石做笔珠。但这样一来，就算笔珠的耐磨性能够提升，与圆珠相连接的笔杆边沿也会磨损，漏油问题依然存在，何况，用宝石做笔珠，生产成本会太高；用不锈钢做笔珠，磨损仍然无法避免，漏油的问题依旧得不到解决。

就在众人一筹莫展的时候，日本有一位叫中田藤三郎的人提出了全新的解决方案。通过研究他发现，每支圆珠笔都是写了大约2.5万字后，笔珠才会出现磨损、漏油的情况。既然如此，为什么不把圆珠管减短，减少内部的储油量，让每支笔杆内的油墨在笔珠磨损之前就用完呢？按照这一设想去生产，他的公司果然取得了巨大的成功，并且获得了独家生产10年

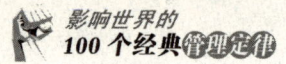

的专利权。

客观来说,中田藤三郎的这一措施,其实并没有什么太过独到之处,比起各位竞争对手,他也只不过是多了那么一点点的新颖而已。但就是这超前的小小一步,让他成功地从众多竞争对手当中脱颖而出,取得了无与伦比的巨大优势。

不过我们也必须要明确指出:在激烈的市场竞争当中,仅仅保持一些微小的优势显然不足以应对挑战。在优秀的管理者看来,创新就是企业的生命线,这一条线永远都是越长越好。

说起当今世界最了不起的食品制造商,雀巢是当之无愧的第一。作为全球最大的食品制造商,雀巢在世界范围内已经拥有500多家工厂。雀巢之所以能做到这一步,与管理层重视创新有很大的关系。

雀巢的强大不仅体现在他的资产和规模上,也体现在其食品研发领域。根据数据显示,仅在2008年,雀巢在研发上的投入就达到了19.8亿瑞士法郎,折合成人民币高达120亿元!除了雀巢,当今世界还没有任何一家公司,能够在产品的研发领域投入如此巨额的人力与财力资源。

有一年,雀巢公司发现自家生产的铁罐装糖果和浓缩牛奶的市场份额正在不断下降,于是公司果断决定,采用新型的包装理念和包装生产线。他们用配有清洁、可调节阀门的可挤压塑料瓶,来替换原本的牛奶灌装,产品刚一上市就赢得了消费者的青睐。尽管新型包装的成本太高以至于雀巢不得不提高售价,但到头来,产品的销售量仍然增加了15%以上,为公司带来了巨大的利润。通过这一举措,雀巢也给全世界消费者留下了新潮、优质、人性化的印象,进一步巩固了自己在消费者心中的地位。

为了应对复杂而激烈的竞争,各个企业的管理者们都会绞尽脑汁、各显神通,但在绝对实力的差距面前,任何的小算盘都会显得苍白无力。强者愈强、弱者愈弱的马太效应并不是偶然出现,强者与弱者的差距,是有着深层次的原因。

在优胜劣汰的残酷的市场竞争中,但凡一个强大的企业,都不会忽视攸关自身存亡的竞争力。企业管理者的责任，就是通过运用各项管理职能，合理调配企业内部的一切资源，实现企业的最佳竞争优势，而创新正是企业的最大优势所在。唯有创新，才能让企业紧跟时代发展的步伐，紧跟市场和广大消费者的需求，在生产和经营当中把握先机、把握主导。这就是所谓"先发制人"的道理。哪怕比对手稍快一步，所能带来的利益也是极为可观的，这种利益不断累积，企业的强大与超前也就成为了必然。

因此，对管理者强调创新，不仅是根据市场局势得出的结论，更是企业自身发展的必然要求。忽视创新，也就等于忽视企业的生命。每一位管理者在经营企业的过程中，都应该有革故鼎新的觉悟和魄力，要用实际行动来表明自己的心志。只有不忘创新，时时创新，企业才能够笑到最后。

17. 路径依赖效应：惯性是把双刃剑

任何一种选择一旦做出，人们就很难轻易地做出改变，并且随着时间的推移，人们会越发认为自己的选择是正确的，并且变得极其固执。所以在古话当中，才有"浪子回头金不换"一语。这一现象在经济学理论中，也被称为路径依赖效应。美国的经济学家道德拉斯·诺思，是最先提出这一效应的人，最初的时候，这一效应也只是对经济体制现状的一种阐述。但人们很快就发现，这一效应对于管理者的决策工作，也有着极为重要的意义。

路径依赖效应的重点就在于"惯性"二字。惯性不仅存在于物理学中，同样也作用于大脑思维当中。思维惯性的力量究竟有多强大？关于这一点，我们可以通过一个实验来确认：

科学家做了一个实验：他们把5只猴子都关进了一个笼子，并在笼子中央悬挂了一串香蕉。但同时，他们又准备了一只高压水枪。只要有一只猴子伸手去摘香蕉，高压水枪就会把所有猴子都冲一遍，到后来，没有一

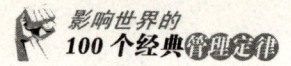

只猴子敢再打香蕉的主意。

接着,科学家们又用一只新猴子来替换笼中的一只猴子。这只新来的猴子不知道真相,见了香蕉当即就要伸手去摘。这一次不用科学家动用高压水枪,其余猴子就一拥而上,对着新来的猴子一顿暴打,反复几次之后,这只新来的猴子再也不敢去触碰香蕉了。

接下来,科学家们又不断地替换笼中的猴子,直到将最初的5只猴子全数替换出来。此时,笼中的猴子早已不知道香蕉与高压水枪之间的联系,但它们却都牢牢固守着"不能动香蕉"的观点,哪怕高压水枪早已被撤走。

这则实验中猴子的表现,就是对路径依赖效应的强化作用的最佳说明。优哉游哉的猴子尚且如此,身为企业前进方向掌舵人的管理者更容易对自己的计划与决策产生盲目的自信和依赖。一旦某种决策走上了轨道,就会自动沿着一个方向不断前进、巩固。这种巨大的惯性很难被停止下来,即使是管理者自己也有心无力。如果走的是正轨也就罢了,企业可以不断地发展进步;可要是走错了方向,企业最终只能败下阵来。对管理者而言,这种依赖就是一把双刃剑,必须要小心谨慎地对待。

纵观全球企业兴衰史,我们可以从许多企业的兴衰中,看到路径依赖效应所起到的积极作用与消极作用。其中,诺基亚就是最为典型的例子。

说起手机品牌,诺基亚毫无疑问是深入人心的。但很少有人知道,1865年诺基亚公司最初在芬兰成立的时候,竟然是一家木材纸浆厂!但随后,诺基亚开始向橡胶、轮胎、电缆等行业进军。在与芬兰电缆厂合并之后,诺基亚十分明智地在电缆厂成立了电子部,并把光线电传输发展为核心。此后,诺基亚围绕着这一核心不断发展,最终成为了手机行业的巨头。

如果诺基亚的故事只到这里,也称得上十分励志,但若干年后诺基亚的失败,却给后来的企业管理者们留下了更多的教训。随着苹果和安卓的崛起,手机行业即将迈入一个新的时代。但此时作为手机界"龙头老大"

的诺基亚，却埋头于自己的"纵向一体化"战略，没能及时地"刹车"，掉转方向。

苹果在首次推出 iPhone 这一作品时，也首次推出了无实体键盘的多点触摸界面，这一成果可说是极具变革性。此外，苹果还推出了全新 iOS 系统，极大地改变了人们对手机的认识。

不仅如此，就在苹果刷新了人们的世界观不久，为了与 iOS 对抗，Google 公司又开发出了一款新系统——Android。Android 一出，几乎是除了诺基亚以外的手机制造商，都纷纷引进了这一系统。但这个时候，诺基亚仍然在沿用已经颇显老态的塞班系统，甚至在 2008 年仍不遗余力地收购塞班。但最终，塞班并未给诺基亚带来任何助益，两年之后，诺基亚被迫关闭了新成立的塞班基金会。

从诺基亚的兴起与衰败中，管理者们可以看出路径依赖效应对企业的影响是何等巨大。说得更准确一点，是路径依赖效应对管理者的计划决策影响重大。

路径依赖效应的出现并不是偶然，而是有着深刻的心理原因和利害关系。随着计划的实施和推进，管理者对自己倾尽心力拟定的目标和方向，也会不可避免地产生感情。这种感情一旦出现，管理者就会在需要做出改变的时候心生不忍与不舍，这就是产生路径依赖效应的一大原因。

比起心理原因，利害关系更能激发路径依赖效应。任何一个企业内部，都会有因制度策略的确定而形成的既得利益集团。这部分人从固有的大政方针中获取了优厚的利益，自然会成为这一系列方针的坚实拥护者。对急需做出改变以应对变化的企业及管理者而言，这些人就是最大的阻力。

因此，在这里我们必须明确建议所有的管理者：不要轻视自己所做的每一个革新决定。制定任何一项发展策略，都不能简单粗暴地用结果来说事，还必须要看它与本行业未来的发展趋势是否一致，在实施过程中，又会对企业自身产生何等不利的影响。管理者要随时做好纠治的准备，力求

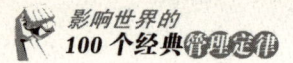

在偏差刚刚显露的时候，就将它导向正轨。这样一来，才可以尽量避免出现积重难返的现象，避免因路径依赖而导致的重大失误。

18. 波特法则：不走寻常路，让对手效仿无门

俗话说得好，同行是冤家。在同一个行业生存发展的企业，即使彼此相处再和气，暗中的较量与竞争也是不可避免的。当然，这是市场经济的本质决定的，企业的竞争策略只要不违背商业底线，就无可厚非。在这一前提下，更好地提升竞争优势、在行业中占据主导地位，是每一位企业管理者都要思考的问题。为了做好这一工作，许多优秀的管理者费尽心思，从战略、组织、生产、营销等各个环节出发，力求改变与创新，领先对手一步。但很多时候，管理者们虽然可以凭借自己的创意，暂时超前对手一步，但最终结果却是被对手效仿而丧失优势。对此，我们不能说管理者们做得还不够，我们仍然可以给他们一点提示：去了解下波特法则。

"进攻是最好的防守"，这是欧洲最著名的军事统帅汉尼拔的名言。然而，来自美国哈佛商学院的教授M·E·波特，对此却提出了不同的观点，他认为：最有效的防御，是从根本上避免战斗的发生，这就是著名的波特法则。只要有战斗，就必然会有损伤，只有做到彼此毫无冲突，才是发展的硬道理。

看到这里，或许许多人会疑惑不解：对身处同一行业的多个企业而言，冲突与竞争是不可避免的，所谓"最有效的防御"，简直就是空谈。然而，如果让我们试着转变一下想法，就会发现，波特法则其实是给那些苦于被模仿的企业管理者们，提出的最为保险的妙计。

波特法则的观点其实就是：既然对手老是想着模仿，那就让他们没得模仿。对任何一家企业而言，市场定位都必须做到明确。只有独特的定位，才能给自己带来独特的利益，收获独特的成功。

说起餐饮业,人们首先考虑的一个重要问题就是安全、卫生。而那些餐馆的经营者们,通常也会在安全卫生方面做足功夫。然而,在美国得克萨斯州的达拉斯,偏偏就有一家反其道而行的牛排店。

这家牛排店的名字叫作"肮脏"——按理来说,光是这个名字,就足以令所有的顾客反胃。然而事实上,这家牛排店不仅没有倒闭,反而生意极为火爆。当地许多人都经常造访这家牛排店,店老板也因此发了大财。

单从外观上看,肮脏牛排店确实称得上"肮脏"。整个店里没有一台电灯,而是采用煤油灯照明,室内光线一片昏暗。如果抬头看天花板就会发现,上面堆满了厚厚的灰尘——当然,这些都是人造的,绝不会掉落下来。店内四周的墙壁上,也都贴满了形形色色的纸条和布片,还挂着一些破旧的装饰品。细心的顾客甚至可以发现那些最为原始的锄头、牛绳、木犁,以及印第安原始部落的手工木雕。店里所有的餐桌都采用木制,做工风格也极为粗犷,甚至椅子坐上去还会吱吱作响。全体厨师和侍者的制服,也都像是许久不曾洗过一样。

不仅如此,这家店还特意立下了一些别出心裁的规定:所有上门的顾客一律不准佩戴领带。有一些顾客出于好奇,偏要佩戴着领带上门,结果都无一例外遭遇到了"特别对待"。这些顾客一走进店门,就会看见两位年轻漂亮、满脸笑容的迎宾女侍者走上前来,一位手持剪刀,一位手拿铜锣,只要锣声一响,顾客的领带就会被当场剪下一大截。此时,在一旁当值的经理也会立马行动,为被剪了领带的顾客端出一杯价钱足以赔偿的美酒——当然,这杯酒是免费的。而那一截被剪下来的领带,则会连同顾客的名片,一起被侍者贴到墙上——这就是那些纸条和布片的由来。作为顾客,对此不但不会觉得受到冒犯,反而会觉得十分有趣。尽管店内的装修看起来十分肮脏,但其供应的牛排食品,味道却十分鲜美可口,顾客每次到来都能大快朵颐,百吃不厌。也正是因此,这家店终年都门庭若市,顾客来往如潮,生意十分火爆。这家店也因此名声大噪,广受欢迎。

相信看完这家牛排店精彩的组织营销策略后,所有的管理者都会击节

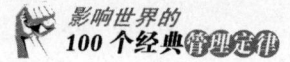

赞叹。由此我们也不难看出，波特定理确实大有其可行之处。同行企业之间的竞争虽然无法避免，但只要采取别出心裁的策略，塑造自身独有的、无法被其余竞争对手所效仿的形象，就可以实现最大的竞争优势，并且令所有对手干瞪着眼睛着急上火，却又束手无策。

不仅是这家牛排店，我们仔细分析就会发现，那些世界 500 强的大企业之所以能够做到这一步，也都离不开他们独特的竞争优势。微软、戴尔、苹果……或许是在产品研发上，或许是在营销模式上，唯有与众不同，才能得利无穷。因此，我们完全可以底气十足地建议那些苦于与对手竞争的管理者们：嘿，伙计，丢下你的那些破点子，要知道，那些都没什么用。如果你真的不想被他们追上，那就走一条他们想走也走不了的路吧！一旦找到那条路径，剩下的没有别的，管理者们只需要好好沿着这条路走下去就是了。走着走着，管理者就会发现，在自己浑然不觉的时候，企业已然以截然不同的姿态，屹立在同行之中了。

19. 柯美雅定律：企业应随时代而流变

完美之所以是人们永恒不变的追求，原因就在于：人们其实永远也无法达到完美。尽管看起来这是个悲伤的消息，但如果我们换个思路，就会领悟出这样一个道理：正因为完美无法企及，我们才得以拥有无穷的进步空间。

进步之路永远没有终点，对任何个人和企业而言，这都是一个再好不过的事情了，唯有不断地进步，才能不断地收获。但是，对于企业的管理者而言，他们必须意识到，进步不是被动，而是主动。既然完美并不存在，那么随着时代的发展，企业自身也必然会有层出不穷的问题。为了解决这些问题，管理者就必须时刻保持清醒的认识，适应不断改变的状况，实现企业的变革、新生。

美国的社会心理学家 M·R·柯美雅，曾经提出过这样一个观点：世上没有十全十美的东西，所以任何东西都有改革的余地。这就是著名的"柯美雅定律"。通过这一定律，我们就可以对管理者提出更具权威性的建议了。

变革对企业来说，并不是一个简单的概念，因为在现实当中我们可以看到，每一个企业都会各自面临不同的困境，更重要的是，他们经常需要同时承受来自多方面的压力。时代进步是企业所处的大背景，在这一背景下，企业永远都需要与时代进行"磨合"。但是，想要紧紧跟上时代的步伐，对大多数个人和企业来说，这是一项高难度的任务，只要慢了一拍半拍，就很有可能种下企业日后的麻烦之源。企业如果长期僵化、反应迟钝，以至于引发混乱，长期以来积累的问题会同时引爆。这样的严重后果，即使是实力再雄厚的企业，也难百分百应对。因此，变革对任何一个企业来说，都是永不过时的话题。

宝洁公司是当今世界上规模最大、最为著名的日用消费品公司之一，迄今为止已有近两百年的历史。自创立以来，宝洁公司的销售额一直节节攀升，成绩斐然。但到了20世纪90年代末的时候，身经百战的宝洁公司也终于不得不面对改变了。

由于之前在核心产品的战略上做出了失误的判断，到2000年初的时候，宝洁在市场上的股价不断下跌，低利润警报不断升级。就连公司的CEO贾格尔也不得不引咎辞职，改由雷富礼接任。

雷富礼在30岁时，曾经担任宝洁最强的品牌之一——Joy洗洁精的品牌经理助理。刚一上台，他就采取了雷厉风行的变革措施。雷富礼认为，宝洁公司之所以会陷入当前的困境，就是因为公司规模太过庞大，难以改变，眼下宝洁公司需要的恰恰就是改变，这对任何一位企业的管理者来说，都是一个两难的选择。然而这并没有难倒雷富礼。在雷富礼的主导下，宝洁公司把主要的精力都集中在了最具竞争优势的那一批产品上，比如佳洁士、帮宝适和汰渍等。

此外，雷富礼还采取了一系列措施削减宝洁公司的成本。在所有人都忙着研发新产品的时候，他却主动放慢了宝洁的研发步调。在他看来，宝洁公司眼下最重要的不是新起炉灶，而是打扫门庭。事实证明他的改革是正确的，仅仅过了两年多一点，宝洁公司就在市场上重新稳住了阵脚，并且实现了盈利。

对于自己的改革举措，雷富礼曾有过这样的解释："我们接受了变革。我们没有试图抵抗变革，而是选择了领导变革。我们开始明确地选择宝洁要做什么，不做什么。认清现实后，我们做了一系列选择，尤其是需要改变行为才能获得更好结果的选择。"

"我们没有试图抵抗，而是选择了领导变革"。管理者们不仅看到了宝洁反败为胜的原因，更重要的是能看到一个优秀的管理者，在时代发展的面前，所表现出来的睿智眼光与强大魄力。既然变革势必到来，既然变革无可避免，那与其让企业在陷入被动之后举步维艰，倒不如主动站出来，对自己"开刀"。

事实上，雷富礼所引领的变革，仍然是在宝洁已经陷入极其被动的境况下所展开的，从某种意义上来说，并不能算是彻底掌握了先机。但这一切显然不能归结为雷富礼，因为他所接手的本就是一个已经出现了问题的宝洁。但更重要的是，雷富礼以自己的实际行动成功挽救了宝洁的衰败，也向所有的企业管理者证明：变革是企业发展永恒不变的主题。

对企业管理者来说，变革不仅是永恒的话题，还是一个全方位、多层次、宽领域的话题，企业的任何一个部门、工作的任何一个环节、内部的任何一条制度、团队的任何一位成员、组织的任何一种文化等等都不是固化不变的，而是要求管理者根据不断变化的形势、企业所处的不同处境，做出相应的调整、改变。只有从整体上把握全局、毫不偏废，企业才能尽可能地减少发展之中的后顾之忧。

如果说企业的发展没有终点，那么管理者的变革工作与变革思路，也同样是无休无止。不论是那些成绩卓越的大企业，还是那些在市场上苦苦竞争的小企业，变革永远都是一盏指引前路的明灯。小企业的变革不必多言，这是他们所处环境之下的唯一选择；对大企业来说，变革更是遍照全身、纠治弊病，以求做到"苟日新，又日新，日日新"的必然要求。因此，在管理工作中，任何一位管理者都不应该拘泥于常规，而要不断地打破观念桎梏，用全新的思路站在全新的角度，去审视企业当前的发展状况和所面临的困境。这样一来，管理者就会有更多意外的收获。

20. 韦特莱法则：做别人不愿做的事

获取成功是企业管理者不变的追求，但或许每一位管理者都应该扪心自问：自己是否做好了一切准备，是否愿意为成功付出一切？要知道，成功所需要的不仅仅是付出努力与智慧，有时候更需要勇气。

大多数企业管理者都会下意识地与其他竞争对手在同一条道路上赛跑。但在美国的管理学家韦特莱看来，这种做法只能使企业离成功更加遥远。韦特莱指出：成功者所从事的工作，是绝大多数人不愿意去做的。因此，企业的管理者不仅要不落俗套，更要有敢为天下先的勇气。这就是韦特莱法则的含义。韦特莱法则的提出，无疑给所有的管理者灵犀一指，同时也是对"创新"这一管理要义的另一补充。

在任何一个行业，通过创新而成功的企业都只是一小部分，但这并不意味着成功的一方就有多么巨大的优势。很多时候，创新之所以能取得成功，也只是因为这些企业管理者们比起对手多了一些勇气，更加愿意去尝试对手所不愿尝试的事情。而恰恰就是这些事情，奠定了他们成功的基础。

查理·贝尔是麦当劳历史上第一位非美国籍 CEO，也是一位极富传奇色彩的商界精英。查理·贝尔的成功，就可以用"敢为别人所不为"来概括。

在贝尔15岁那年,由于家境贫困、衣食无着,贝尔不得不走出家门,四处求职。有一天,他来到麦当劳店,请求店长给他一份工作。由于贝尔看起来面黄肌瘦、营养不良,而且土里土气的,因此,店长便婉拒说,店里暂时不需要其他人手,建议他去别的地方找找看。

但贝尔此时已经疲惫不堪,于是他很快再次找到这位店长,向他哀求,表示自己可以不要工资,只需要一份能填饱肚子的工作即可。眼见店长没有吭声,感受到一丝希望的贝尔再次恳求店长说,他发现这家店没人打扫厕所,这很可能会影响到店里的生意,或许可以让他专门负责打扫厕所。听到这番话,店长也不好意思再拒绝,于是便答应了他。

让店长没想到的是,就是这样一份工作,贝尔不仅勇敢地去做了,而且还做得非常好。为了将厕所打扫干净,贝尔仔细地总结了打扫的经验,甚至大半夜还在视察卫生间是否干净;贝尔还特意在厕所摆放了花草,并写了一些自己记得的谚语警句,把它们贴在厕所的墙上,增加厕所的文化气息。贝尔的到来,让这家店的厕所卫生状况大为改观,甚至有一些顾客评价道:"比那些不太讲究的餐馆还要干净。"

经过3个月的考察,店长宣布正式录用贝尔,并且安排他去接受正规的职业培训。从此,贝尔开始扶摇直上,最终成为了管理全球麦当劳事务的执行总经理。

"一厕不扫,何以扫天下",这句话可以说是对贝尔成功的完美总结。事实上,像贝尔所遇到的这种成功机遇,在激烈的市场竞争当中并不少见,只是很少有人愿意去做罢了。

企业管理者们之所以会犹疑不定,不仅仅是因为面子挂不住的问题,更是因为自己缺乏足够的勇气。创新的另一面,就是企业管理者不安于现状、勇于拼搏的身姿。也只有不缺乏勇气的管理者,才能给自己带来成功。

安德鲁·卡内基是美国著名的钢铁大王。在未发迹的年轻时代,卡内基曾担任过铁路公司的电报员。

某天，正在值班的卡内基突然接收到一通紧急电报，阅读完内容以后，卡内基当场就跳了起来。原来，紧急电报通知：在附近铁路上，有一列货车车头意外出轨。为了避免撞车的惨剧，电报上十分急迫地要求铁路公司的上司立即通知各班列车改换轨道。

然而那天正好是节假日，卡内基找了半天，就是找不到一个可以下达命令的上司，眼看时间一分一秒地过去，而一班载满乘客的列车正往货车头的出事地点快速驶去，万般无奈之下，卡内基只好以上司的名义敲下发报键，下达命令要求客车司机立即改换轨道。一场伤亡巨大的意外事件就此避免，但卡内基却丝毫没有轻松起来。

原来，当时铁路公司明确规定：电报员擅自冒用上级名义发报，唯一的处分是立即革职。卡内基对这项规定早就知晓，因此在第二天上班时，他主动将辞呈放在了上司的桌上。

在了解了整个事情的经过以后，上司当着卡内基的面撕毁了辞呈，并拍了拍他的肩头："你做得很好，我要你留下来继续工作。记住，这世上有两种人永远在原地踏步：一种是不肯听命行事的人；另一种则是只听命行事的人。幸好你不是这两种人的其中一种。"

如果说贝尔还仅仅是冒着被人嘲笑的风险，那卡内基所面临的选择，就显得更加被动、为难。好在最后，卡内基的勇气最终迫使他做出了正确合理的选择，也赢得了上司的理解和认可。而这种勇气，也恰恰是当今许多企业的管理者在公司的转型与创新当中，最该具备偏偏又最为缺乏的心理素质。

对于创新的必要性，企业的管理者们其实大多了然于心，然而在企业实际经营与管理当中，他们却并没有拿出与认识相匹配的行动。造成这种情况的原因，首先就在于他们对创新没有明确的认识，上下求索，却仍然不知路在何方。对此，韦特莱法则明确地告诉管理者们：创新就在于做别人不愿意做的事情。在此基础上更进一步，做别人不愿做的事情，就意味着要忍受别人的不解与质疑，为此，管理者也需要有足够的觉悟和勇气。

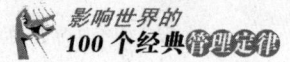

在最开始的时候,这一转变必然会无比艰难,唯有成功地迈过这道坎,企业才会赢来巨大的成功。这是管理者们在谈到创新问题时,很少能够想到的,但这恰恰是企业创新所不能忽略的一条重要捷径。

21. 柏林定律:小心自己被成功绊倒

普通的管理者看重成功,睿智的管理者则警惕成功。在睿智的管理者看来,不论多么辉煌的成功,都无法成为企业的终点,对任何一家企业来说,成功,只意味着新的起点。有道是"海到无边天作岸,山登绝顶我为峰",想要成为一名优秀的企业管理者,就必须拥有这样的气魄。

管理学当中的柏林定律,也正是对这一观点的佐证。欧文·柏林,是法国著名的行为科学家,他的观点认为:成功的最大障碍,莫过于取得不断的成功。越是攀登在高处,企业所面临的风险也就越大;成功之所以会成为企业的障碍,是因为成功有时候会像一碗迷魂汤,灌得企业及其管理者失去原本清晰的思考。

古往今来,不论是个人还是国家、军队还是企业,因沉浸在成功的喜悦中而意外惨败的例子,早已多如牛毛、不可胜数。表面上看起来,这是因为当事人因成功而疏忽、放纵所引起的,但事实上,背后的原因还不仅仅是这么简单。要知道,能够取得成功的人,多多少少都具备一些自我克制的能力,单纯地把原因归结为性格问题,显然不够客观。

事实上,成功的阻碍,更多的是指对人的思想的影响。成功的一个前提条件,就是沿着同一个方向矢志不渝,但沿着一个方向走得太久,难免会产生"路径依赖"的效应。尤其是,当自己的成功一直都是依赖于同一种决策思路、同一种处理方法时,企业和管理者就会被这种成功经验所迷惑,误认其为万能的法宝——这才是许多企业败于自身成功的深层次原因。

福特是美国的汽车大王，其生产的T型车更是当时先进工业生产技术与管理的典范，为福特的成功发挥了不可估量的巨大作用。然而，福特后来的失败也恰恰是由于T型车，可以说是成也T型车，败也T型车。

1908年，福特突然宣布，他的公司日后将专注于生产T型汽车，这一消息令所有人震惊。平心而论，T型汽车确实是一款集中了先前所有型号汽车最优良特点的汽车，而且直到一战结束之前，销量都在节节攀升，价格也在逐年下降。并且，人们也都对T型车交口称赞，甚至连美国税务上税委员会，也认为："T型车是一种很好的经济适用型汽车，它的声誉极好，各阶层的人都使用它，它是市场上最便宜的汽车，但它的实用价值又超过任何别的汽车。T型车市场的需求量比任何公司的汽车市场需求量都大。"

然而，世界总是在不断变化，汽车工业界的格局也早已在暗中改变。一战之后，美国经济繁荣了不多久，就出现了大萧条。福特虽然勉强渡过了这个难关，但在20年代初期的汽车市场竞争中却败下阵来。占市场销售额大约20%的通用汽车公司，通过增加产品系列、利用独立部门销售等措施，不断巩固了自己的市场；雪佛莱、别克、奥尔兹和庞蒂别克，以及最为昂贵和豪华的凯迪拉克，都先后实现了转变。

面对这一市场的变化，补锅匠出身的老福特的唯一策略，竟然是降低T型汽车的成本！在福特看来，为了适应消费者需求而不断变换汽车样式的做法，根本就是邪门歪道。尽管他的夫人也一再劝告福特改变策略，福特却依然把全部的赌注都压在了T型车上。他甚至这样宣称："我们希望造出某种永远能用下去的机器，希望买了我们一件产品的人永远不需要再买另一件，我们决不会作出使T型车废弃不用的任何改进。"福特特意在底特律的鲁日河边建立了工厂，希望一年365天，都能以较低的成本生产出更多的汽车。显然，这样的策略根本无济于事。

不仅如此，福特的做法也让许多助手觉得失望，他们纷纷选择离开福特。众叛亲离的福特还没来得及挽留，就不得不接受福特销量严重下滑的

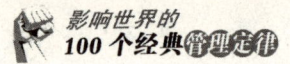

事实。尽管他先后关闭了 34 家工厂希望重整生产，但到了 1936 年的时候，福特的销量已经排在了通用汽车（占 34％）和克莱斯勒（占 25％）之后。

对于 T 型车，福特曾经无不得意地宣称："任何顾客都可以把它的车子刷上他喜欢的颜色，只要它是黑色的就行。"正是出于这种对 T 型车的极端自信，福特公司不仅只生产 T 型车，甚至连颜色都只有黑色这一种。这一做法最终导致福特在激烈的市场竞争中惨败，直到 1947 年老福特逝世，公司改变了原先的战略，才再次赢回了自己的市场地位。

有着"股神"之称的巴菲特，曾在可口可乐的股东大会上对公司首席执行官穆泰康说过："我喜欢从失败中学习。我们希望看到究竟是什么导致了生意的失败，而导致他们死掉的最大原因就是自满。你应该不眠不休，有种后面随时有人在追赶的感觉，但是你总是能在最前头。"这一句话堪称企业管理的金科玉律，同时，这句话也正是对柏林定律的完美阐发。

成功即使再为美好，也只能说明企业过往的正确，丝毫不能证明企业的未来。成功没有不变的准则，同样也没有因循不变的经验。管理者想要带领企业走向未来，首先要对当下保持最清醒的认识。越是在取得巨大成功的时候，就越是要谨慎看待成功的经验，要知道，世间万象无不与时流变，以往的成功经验，很可能就是下次的触礁之石。

22. 格瑞斯特定理：好点子也要好执行

对任何一个企业来说，要想实现自己的生存发展，都需要管理者选择一条正确的方向，做出正确的决策。但事情到这里显然不是结束。制定出目标，不等同于达到目标，如果在决策工作告一段落后就疏忽大意，与守株待兔的农夫又有什么区别呢？

美国著名的企业家 H·格瑞斯特对这种看法深表赞同。格瑞斯特认为：杰出的策略必须加上杰出的执行才能奏效，如果企业管理者没有一流的执行能力和魄力，再一流的好点子对企业而言，也仅仅是一个不切实际的虚幻愿景罢了。企业管理者能否真正做到践行决策，也是检验他们是否合格、优秀的标准。

格瑞斯特的这一观点，就是格瑞斯特定理的主要内涵。在现实当中有句话，叫作"好说十句不如多做一事"，这句话也可以看作是对这一定理更为通俗的解释。比起那些广为流传的管理法则，这一定理更具现实启发意义。

我们可以看到，在现实当中，即使是那些最终走向失败的企业的管理者们，也很少有闲下来的，在企业未来的发展道路上，他们也付出了很多的心血。他们花费了很多的时间、动用了很多的人力，甚至也请到了很有名的咨询专家，但到头来却总是功败垂成，甚至与当初的目标日渐背离。这其中固然有市场瞬息万变、难以捉摸的原因，但企业自身在执行目标的过程中，又何尝不存在巨大的问题？

很多时候，企业失败的原因不在外界，而在于他们自身的执行力上。就像《给猫挂上铃铛》这个经典的寓言故事一样，尽管老鼠们提出的是一个巧妙绝伦的点子，但当问到"由谁去做"的时候，之前的热情就像被当头浇了一盆冷水一样，瞬间熄灭。现实中那些失败的企业，虽然不至于做出故事中那样毫不可行的决策，但也常常因太过高估自己而陷入困境。正是因为这一现状的存在，格瑞斯特定理才愈发值得参考。

在美国航空业最不景气的20世纪40年代，美国著名的三家航空公司西方、大陆、中途都因巨额亏损而先后破产。但就在这样的经济形势下，有一家毫不起眼的小规模航空公司却崭露头角，一举成功。这家公司就是美国西南航空公司。

西南航空公司之所以能够在惨淡的市场中保持巨额盈利，原因主要归结于公司总裁赫伯·凯勒尔制定了独特的发展战略。在西南航空公司创立之初，赫伯就把公司定位为世界上唯一一家只提供短航程、高频率、低价格、点对点直航的航空公司。具体的策略就是他们只提供中等城市的短程、廉价航班服务，毫不涉足大型机场。而且，西南航空公司的航班班次十分密集，对那些强调方便但又注重价格的商业旅客和学生来说，西南航空公司完全可以看作是飞在天上的巴士。

如果仅凭借这一策略，西南航空公司还不足以在发展的过程中取得如此大的成功，更关键的一点在于，西南航空公司始终坚持自己的战略和市场定位，尽管在当时，长途航线有着更大的利润。但在赫伯的经营之下，西南航空对自家未开通城市的开航邀请，以及国内外长途航线采取了一概拒绝的态度，专心于发展自己的国内短途。虽然就此错过了更多的利润，但也使西南航空得以避免更多的市场风险。

值得一提的是，有几家航空公司最初也采用西南航空公司的做法，也获得了一定的成功，但随着野心的膨胀，这些公司后来都把手伸进了长途航运的市场——结果自然可想而知。反倒是西南航空公司始终坚持不变的策略，为自己赢得了美国航空界最高的信誉评分。

执行力管理，是管理学经久不衰的一个话题，在很多管理者眼中，企业的执行力就等于是竞争力。但凡一个决策目标的执行过程，都会伴随着人力、物力和时间的投入，如果执行力低，也就意味着企业需要为此付出更为高昂的成本。

但比起成本更为重要的是，企业在市场中所面临的形势是无法捉摸的，一旦因执行力低而导致办事拖沓、效率低下等后果，那么后续计划的实施，就会面临不可预知的风险。对任何一个企业来说，这种风险所意味的，不仅仅是错过良机，而是陷入泥潭。

所以，对于所有满怀憧憬的企业管理者们，我们是时候泼一盆冷水了：不管你的点子多好、设想多么美妙，要是没有足够的能力去做，那就还是把它抛在一边吧！没有足够执行力去完成的目标，对任何一个企业来说都不亚于空中楼阁，管理者不论怎么煞费苦心，最后也只能是竹篮打水一场空。

即使是那些有能力带领企业去完成目标的管理者，我们也要毫不客气地对他们指出：不要把一切想得太美好。在商业发展的历程中，那些因一时疏忽而导致满盘皆输的例子比比皆是，其中也不乏一些实力雄厚的企业。任何一个看似简单的目标在细细分解之后，都会呈现十分复杂的特征，管理者想要全盘掌握也并非是一件轻易之事。

不仅不能疏忽，管理者还必须始终坚持自己的目标，不因任何因素而动摇。俗话说，没有最好、只有更好，在实施目标的过程中，管理者们也许又会想出更加新颖的点子或者被其他事物所吸引，进而产生改弦更张的念头——这种念头往往伴随着巨大的风险，就如同之前案例中那些效仿西南航空却不能坚持的公司一样。

23. 杜根定律：真正的强大蕴藏在心中

做大做强，是企业及其管理者永恒不变的祈愿，但内心如果没有强大的力量，企业的强大也无从谈起。不论是对管理者个人来说，还是对整个企业而言，唯有真正把握到强大力量的源头，才能获得源源不断的前进动力，从而不断创新、突破。

人的力量会穷尽，但心的力量却无穷无尽。D. 杜根，美国橄榄球联合会的前主席，曾经提出这样一种看法：强者未必是胜利者，而胜利迟早都属于有信心的人。这个观点就是心理学上的"杜根定律"。虽然不能否认，大部分强者身上，都有着种种常人所不具备的优秀素质，但古往今来，惊才绝艳之辈之间的比拼、碰撞又何曾罕见？胜利者也常常并不是看起来强大的那一方。

尼克松号称是美国历史上最具大局观的一位总统，但同时也是一个败于自己内心的政治家。

1972年，尼克松竞选总统连任。由于他在第一任期内政绩斐然，所以

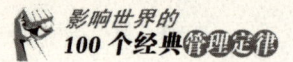

大多数政治评论家都认为,尼克松必然能够轻松获得胜利。

然而,尼克松本人却很不自信,过去的几次失败在他心里种下了大面积的阴影,他十分担心再次失败,为此惶惶不安。在这种心理的驱使下,他鬼使神差地干出了后悔终生的事情。他指派手下的人潜入竞选对手总部的水门饭店,在对手的办公室里安装了窃听器。事发之后,他又利用总统的职权连连阻止调查,推卸责任,因此引起了全国人民的愤怒,不得不在选举胜利后不久便被迫辞职,成为美国历史上第一位因弹劾而主动辞职的总统。本来稳操胜券的尼克松,因缺乏自信而导致惨败。

健壮的体魄、显赫的权势并不等同于强大,心灵圆润无瑕并充满信念才是真正的强大。不论是对混迹于政治圈子里的政治家而言,还是在激烈的市场竞争中披荆斩棘的企业管理者而言,杜根定律的这一启示同样富有意义。"古之成大事者,不唯有超世之才,亦必有坚韧不拔之志",这种坚定不移的"志"所体现出的,就是成功者满心的信念与极度的自信。

在某部电影中有这样一句台词:"念念不忘,必有回响"。企业管理者只要没有放弃,始终把企业发展的目标放在心里,坚定不移地去贯彻、践行,管理者才能带领企业乘风破浪,不断击败竞争对手,赢得一切。

有着"第二盖茨"美誉的社交网站 Facebook 的创始人、首席执行官马克·扎克伯格,就是一位有着极度自信的成功人士。正是凭借自己的强大自信,这位 1984 年出生的"80 后"企业家,至今已经拥有 135 亿美元身价,不仅是 2008 年全球最年轻的巨富,也是历来全球最年轻的自行创业的亿万富豪。

早在很小的时候,扎克伯格就对电脑十分痴迷,并且给自己定下了许多高难度的目标。当他做医生的父亲爱德华告诉他,自己需要更加准确地了解病人何时到达时,年仅 12 岁的扎克伯格当即开发了一款名为"扎克网"的程序,表现出了自己掌控网络的自信。

2004 年 2 月,还是哈佛大学二年级学生的扎克伯格突发奇想,建立了 Facebook 的网站,没过多久就引起了巨大的轰动。尝到甜头的扎克伯格果断做出了一个重大的决定：像微软的老总盖茨那样，辍学创业。

就在同一年的秋天，扎克伯格离开了哈佛大学，搬到了硅谷附近。为了租房子，他出现在了朱迪·福斯特面前，表示要租下她在洛斯阿尔托斯的一栋价值100万美元的房子。在两者简短的对话中，房东被扎克伯格的自信深深地打动了：

"哎呀，你今年多大了？"

"20。"

"你觉得我会把价值100万美元的房子租给你吗？"

"会的。"

就这样，扎克伯格在硅谷安下了家，随后便将自己全部的精力都用在了公司的创建和软件产品的开发当中。即使是在为公司事务而操劳的日子里，扎克伯格依然每年都会为自己制定一个极具挑战性的目标，这也更加彰显了他的强大自信。他的下属也评价他说："他很专注。他认定的事决不改变，从这一点来看，他很傲慢。我认为，他也希望将这种傲慢和自信植入公司内部。这帮助他成为了伟大的领导者，一个值得他人信赖并追随左右的领导者。"

要想知道一个人所能到达的终点何在，只需要看他的目光尽头在哪就好。企业的生存与发展，也同样无法摆脱这一定律。尽管成功的因素是多方面的，但作为追逐目标的企业管理者，无论何时都不能放弃自己的信念。自我怀疑的人，头颅总是低垂的；头颅一旦低下，原先映射于双眼中的方向，也就难以看到了。

企业管理者责任重大，受到的关注和质疑理所当然会比员工更多。许多时候，企业在竞争当中的失利，都源自管理者的失败；而管理者的失败，则是因为没能经受得住别人怀疑的目光和巨大的压力。因此，企业管理者在有所开创的时候，必须对自己的想法坚信不疑。要知道，真正的失败是从内心的破裂开始，唯有坚韧、自信的心灵，才能铸就管理者与企业的强大。

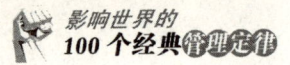

24. 零和游戏原理：从零和走向双赢

输赢成败，是当今世界各个领域的竞争中不可避免的一个话题。按照习惯，人们都会说"成功和胜利带来了巨大的价值"，但事实上真是如此吗？如果跳出狭小的立场，站在更高的层次去看问题，人们就会有迥然不同的发现。

20世纪20年代匈牙利著名数学家冯·诺依曼，在其著作《博弈论与经济行为》中，首次提出了博弈论的零和游戏原理：两人对弈，结果总是一输一赢。如果把获胜计算为＋1分，而失败为－1分，那么有多少次获胜，也就意味着有多少次失败。若一方失败的次数为M，则另一方获胜的次数也必然为M。这样，两方的分数最终相加，结果仍然为0。

结合经济活动，人们或许能够更加直观地了解这一原理：在经济活动中，相对立的双方如果参加竞争博弈，那么最终胜利的一方，其所取得的收益也就意味着另一方的损失。双方收益与损失相加的总和，最终只能是0。站在整个社会的角度来看，这种输赢的实质不过是财富的转移，并没有为整个社会带来更多的价值。因此，也有很多人悲观地指出：竞争的双方永远没有合作的可能。

零和游戏原理的提出，对于管理，尤其是经济管理来说，怎么看都不像是能激奋人心的消息，反而显得有些"残忍"。但事实上，通过对零和游戏原理这一"残酷真相"的了解，管理者同样可以在组织内部的分歧处理以及企业的对外竞争活动上有新的启示。了解了零和游戏原理，管理者们就可以适时地反其道而用之，这样一来，也可以给企业带来意想不到的收获。

还有一个更好的消息就是，零和效应也具有很大的局限性。这一局限性使得企业之间的竞争，并不会呈现出你死我活的惨烈面貌。在现实当中，竞争并不仅仅局限于两个对立的个体，有时也会出现自己的胜出却不损害他人的情形。这都在提醒我们的管理者，他们完全可以试着更有风度地去互动，而不是非要弄得一片血腥。

亚蒙·哈默是美国西方石油公司的董事长，是世界上鼎鼎有名的"石油大王"。哈默不仅是一位白手起家的商界精英人物，也是一位懂得适当退让、善于合作双赢的睿智企业家。

1956年，58岁的哈默本打算从商界隐退，但一次偶然的机会让他与石油业产生了接触。从此，哈默便投身于石油业，成为了一名石油巨子。

有一年，原油的价格在全球范围内疯涨，作为哈默的老对手，东欧的那些国家都纷纷提高了石油的输出量。但令人疑惑不解的是，作为石油大王的哈默，却严格控制自己的石油输出量，不仅没有增加，反而出现了明显的减少的态势。有一位记者千方百计地找到哈默，请教他为何这么做。面对记者的疑问，哈默说出了一段令世人终生难忘的话语："关照别人的同时，也就是在关照自己。可总有那么一些人，老是想着怎么才能在竞争中出人头地，如果他们知道关照别人只需要付出一点点的理解和大度，却能赢来意想不到的收获，那他们肯定会后悔不迭。关照是一种最有力量的方式，也是最好的一条路。"

都说"天下熙熙，皆为利来"，但石油大王哈默的做法，却给企业管理者们带来更多利益之外的思考。竞争虽然是为了输赢，但在输赢以外，企业是否还可以有别样的收获呢？哈默会选择对竞争对手做出让步，显然是因为他心中坚信，输赢之外还有更重要的东西。

对企业管理者来说，幸运之箭不可能每次都射向自己，如果自己不希望在零和效应中扮演失败的一方，仅仅依靠努力争取显然是不够的。为此，所有的企业管理者都要学会合作与双赢，避免被零和效应束缚。不论是企业的外部竞争，还是企业的内部管理，管理者都需要动用智慧，尽力精妙地促成局面平衡。

哈默减少石油输出的做法，就可以看作是企业在外部竞争中摆脱零和效应的典型案例。在所有对手都向前踏步的时候,哈默反而后退一步,因为这样可以给对手一点喘息之机,也保证自己因竞争关系的存在而不断地进步。从更长远角度来说,如果哈默也不甘落后地输出原油,供需关系也可能会出现不利于双方的变化,因此自己克制的做法,反而能够细"油"长流。这一做法既凸显了自己的风度,也为自己的企业赢来更大的声望。当然,我们有理由相信,哈默的出发点还不止于此。

  对外尚且如此,管理者在对内的问题上,也同样需要跳出零和效应的圈子。任何一个组织内部,不论是上下级之间,还是平级之间,都会存在一定程度的利益分歧,管理者如果总想着彻底过简,必然会出现"水至清则无鱼"的不利局面——分歧双方为了保全自己,只能采取更加激烈的对抗措施。一旦局势演变到这一程度,管理者必然要付出更多的精力去"维稳",这样的成本显然太过高昂了。而且,一旦激烈的内部冲突进一步引发螃蟹效应,那可就真的是覆水难收了。

第三章
营销管理

　　不论一个企业的宏观目标多么远大,我们都可以确信,管理者最关心的还是利益问题。任何企业的利润,都是通过产品的市场交换来实现,对于企业而言,产品无异于他们的生命。

　　但要想让"生命"跳动起来,企业就必须打好营销这张牌。产品的利润不会自然实现,企业必须借助消费者才能成功获取。营销的要义就在于,企业及管理者通过各种策略,准确把握消费者的需求,并通过产品来实现企业与消费者的完美联结。

　　如果管理者只把目光投射在产品上,显然无法实现这一目标。实质上,营销更需要管理者革新自己的思想观念。为了做好营销工作,管理者不仅要关心企业的生产、流通等问题,更要把目光转向市场和消费者,改变自己的服务理念。唯有在思想观念和具体工作上同时进步,才能为企业赢得更加丰厚的利益。

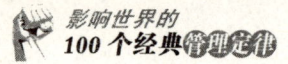

25. 250定律：得一人之心如得百人之心

相信对任何一位企业的经营管理者来说，顾客二字的分量都是沉甸甸的。顾客不仅是市场经济中的一大主体，更直接攸关企业的发展存亡，因此，任何一位经营有道的管理者，都不会容许自己错过任何一位顾客。在商业界中有一句话广为流传——顾客就是上帝。有着"世界上最伟大的推销员"之称的乔·吉拉德，对此更是作了极为形象的说明。

乔·吉拉德是美国的著名推销员，在吉尼斯世界纪录大全中，被称为世界上最成功的推销员。他曾经连续12年荣登世界吉尼斯纪录大全中世界销售第一的宝座，他所保持的世界汽车销售纪录至今无人能破。在总结自己成功的原因时，乔·吉拉德给出了著名的"250定律"。

乔·吉拉德认为，市场活动中的每一位顾客都不是独立存在的个体，而是有着自己的亲人、好友、同事等，大约为250人。一个优秀的经营管理者眼中，不仅要看到顾客本人，更要看到顾客背后的这250多位亲朋好友。每赢得一位顾客的好感，实质上就是赢得了250位顾客的好感；每得罪一位顾客，实际上就是失去了250多位潜在的顾客。因此，他最后总结出了一个重要观点：不论遇到何种情况，都不要得罪哪怕一位顾客。

这一定律看似简单，但却是乔·吉拉德这位世界第一推销员的毕生经验总结，说服力自然是不言而喻。对于在商场沉浮的经营管理者来说，250定律也确实是一盏指路的明灯，比起其余理论性的定理，250定律不仅对管理者的行为提出了实实在在的要求，也提供了十分明确的做法。重视顾客、善待顾客，就是乔·吉拉德给经营管理者们最为关键的启示。

在连政府都开始向服务型转变的今天，经营管理者们要是忽视了"为顾客服务"这一宗旨，基本上也就等同于宣告自己的失败。即使向他们一再强调，但对于如何做好服务顾客这一事项，许多管理者们可能还是一片茫然。对此，吉拉德本人的故事就是最佳服务示例。

优秀的推销员似乎总是与杰出的口才挂钩。然而乔·吉拉德本人却是一位严重的口吃症患者。在35岁之前，他接连换过40多份工作，最后更是惨遭破产，负债高达6万美元。为了生存他不得不走进一家汽车销售店，尽管之前自己从没有做销售的经验。但这却成为了他成功的起点。

最初的时候，吉拉德只是漫无目的的做电话销售，但他也清醒地知道这样做并不靠谱。在一次偶然的葬礼上，他从一位殡仪馆的负责人那里了解到，每场葬礼的参加人数大约在250人。于是吉拉德意识到：作为推销员，首先要使顾客满意，再将满意的顾客转变成自己的推荐人。

从此之后，吉拉德对待每位顾客的态度都有了很大的变化。在每成功销售出一辆汽车的几周以后，吉拉德都会主动打电话给买主，向他们耐心询问汽车的使用状况如何，或汽车是否有什么问题。在别的销售人员看来，这根本就是在自找麻烦。但对吉拉德而言，这却是在发掘未来更多的机会。即使顾客真的对汽车有什么不满意，吉拉德也一定会详细地了解相关情况，并上报公司，以求尽可能地为顾客解决问题。

不仅如此，吉拉德每个月都会向自己的顾客寄上一份慰问卡。比如，每年的一月，他都会寄上一封新年贺卡。在每封贺卡上，吉拉德都会写上"我喜欢你"的字样，并且签上自己的名字和笑脸。同时，他还会把他所服务的经销商的名字和地址，以标签的形式贴在贺卡上，以便所有顾客都能准确找到自己。因为吉拉德知道，每一位顾客最终都会更换汽车，而且他们的亲朋也同样会有购买汽车的需求。而他所要做的，就是让这些有需求的顾客，在第一时间想到自己的名字。事实上，吉拉德确实因此获得了巨大的成功，以至于其他的推销员同事都对他颇有怨言，甚至都想他被解雇。

吉拉德本人用自己的表现，为所有的经营者和管理者们上了一堂生动形象的课。从他的故事中，我们也很容易就能够看出尽心尽力为顾客服务的方式方法其重要性。这就是250定律带给管理者们的最根本的理念。在

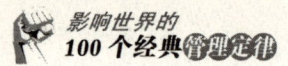

这一定律中，围绕着服务顾客这一核心，我们也可以给管理者们更多的建议：

(1) 不要得罪任何一个顾客。

这是 250 定律最为基本的启示之一。对任何一位经营管理者而言，自身的口碑都是十分重要的，而口碑的形成却是要经过众口相传的。如果轻视一位顾客，使其对自身产生了负面印象，这一印象必然扩散至这位顾客背后的更多潜在顾客心里。因此，得罪一位顾客，在实质上是与 250 位顾客错身。这 250 人还会不断发散，到时候，经营管理者们所错过的就不再是一棵树木，而是一大片森林。

(2) 与顾客的互动需要走心。

服务顾客，看似是简单的四个字，其中却有着很多的门道。经营管理者们千万要切记一点：顾客不是傻子，服务务必走心。顾客在很多时候，都能够一眼分辨出自己的言辞与笑脸是否真心，那些敷衍了事的言行还是收起来为妙。而要做到走心，就要善于倾听，充分了解顾客的需求，同时善于关怀，做到服务周全。对此，吉拉德有一句名言："我相信推销活动真正的开始在成交之后，而不是之前。"这句话对任何的企业经营管理者来说，都是通用的法则之一。

(3) 要积极寻找更多的顾客。

每一个顾客都能给自己带来潜在的更多客户，对此，想来所有的经营管理者都不会拒绝。如果自己所做的仅仅是服务好已有的顾客，那也显然是守株待兔的做法。顾客对于任何一家企业来说，都是韩信点兵，多多益善，错过顾客也就等于错过了巨大的利益。优秀的经营管理者必须要善于发掘新顾客，这样才能像滚雪球一般，让自己拥有更多的客户，获取到更多的利益。

26. 福特法则：顾客回头金不换

虽然每一位顾客都是地位平等的上帝，但我们相信，在任何一位经营管理者眼里，这些顾客也不都是完全一样的。按照二八定律的观点，每一个企业之中，都有20%的老主顾是最为核心的，因为他们很有可能会成为企业80%的利益来源。对于这一部分顾客的重要性，没有管理者不会"另眼相看"。英国信佳福特集团行政主管L·福特，对此有一个极为精辟的论断：生意是否成功，要看顾客是否再上门。这一论断就是著名的福特法则。

虽然老主顾对于一家企业的重要性是不言而喻的，但混在诸多的顾客中，也难免会有一些经营管理者由于疏忽大意，而给自己带来巨大的损失。对于这些粗心的管理者，我们首先给出的建议就是：把福特法则好好念上三遍。

在美国有一位妇女，每逢周末，她都会固定到一家杂货店购买日常用品。但在持续购买了3年后，这一习惯却被她打破了。原来有一次她去购物的时候，店内的一位服务员对她语气十分不善，从此之后她便改到其他杂货店购物，再也没有踏入过这家店。直到12年后，她才再度来到这家杂货店，并且告诉一脸疑惑的老板，为何她这位老顾客这么多年来都没有再到他的店里购物。老板很专心地倾听完了她的话，并且向她诚挚地道歉。等到这位妇女走后，他拿起计算器计算杂货店的损失。结果，他惊愕地发现，假设这位妇女每周都到店内花25美元，那么在12年内，她将花费1.56万美元。

只因为12年前小小的一个冒犯，导致了他的杂货店少做了1.56万美元的生意！

从这个小故事中可以看到，光是失去一位顾客所带来的损失，就已经

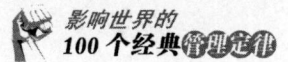

足够惨痛,再为微小的数字,也经不起长年累月的累积。

善于经营的管理者不仅不会给自己造成这样的失败,相反他们还会通过各种奇思妙想,来吸引更多的顾客再次上门。就这样一回生、二回熟,一旦顾客与经营者彼此熟络,稳固的利益关系也就随之建立起来。对任何一家企业的经营者来说,这种进展都是管理工作的一项巨大突破,更是自身企业的福音。

日本有一家专营化妆用品的公司,坐落在一座拥有几百万人口的大都市里。大都市里同行众多,竞争也十分激烈,为了能够吸引到更多的忠实顾客,店老板想到了一个非常好的点子。

在这座城市里,每年都有一大批年轻的女孩子离开高中校园,步入人生的新阶段。这些女孩子不论是选择就业也好,还是继续读书也罢,都开始褪去青涩,学着修饰和打扮自己。店老板发现了这一情况,于是决定每年都为这些女学生举办一次服装表演会。在会上,老板会专门聘请比较知名的模特儿或是明星现身说法,为所有的女学生讲解一些化妆、美容的技巧。老板也会利用这一时机来宣传自己的产品,并在会后给所有女学生们提供一份精美的礼品。既有精彩的服装表演,又能见到喜欢的明星,还能学到美容技巧,更能够拥有人人有份的礼品,再加上是公司主动邀请,老板的这一举措,为自家公司赢得了许多人的好感。据统计,在这座城市,每年都会有90%的女毕业生选择参加。

仅仅赢得好感是不够的,老板还想到了后招。每赠送出一份礼物,老板都会在礼物中附上一张申请表,内容是这样的:"如果您愿意成为本公司产品的使用者,请填好表格亲自交回本公司的服务台,以后就可以享受到本公司的许多优惠。"面对这样的公司福利,几乎没有哪个女孩子不动心。而且,老板特意强调是"亲自交回",这样一来,这些女孩子在交会申请表的同时,也就会顺带再购买一些产品。通过这样的做法,老板不仅扩大了顾客的范围,更建立了一批忠实的顾客群,而且这一客户群还会随着时间的推移不断地扩大。

作为经营管理者，对顾客的重视比对手每多一分，就意味着自己的竞争优势要多出一分。由于这种优势是建立在每一个有思想的个体之上，因此，随着人数的增多，这一优势也会不断扩大，很难受到其余因素的影响。常言说，顾客是上帝，"上帝"对企业的重要性就体现在这里。

因此，我们要给管理者提出的第二个建议就是：想尽一切办法，提供更优的服务，争取更多的忠实老客户。虽然人来人往如同流水，但握在手中的利益却是实打实的。如果不能看出客户流通背后的真相，那显然不是一个合格的经营管理者。有见识、明事理的经营者，从来都不会嫌弃自己的顾客太多，只会觉得还有更多的客户在等待自己去发掘。现实当中，我们偶尔也会见到一些"理直气壮"的经营者，由于自己具有某些独特的优势，在经营活动中，他们常常会表现出孤僻、傲气等态度，让人觉得不好说话。尽管产品的口碑可以在一定程度上挽回顾客，自己的脾气反而也可能赢来一些欣赏自己的人，但从追求利益的长远角度来看，这种做法显然不是上乘的经营管理之道。

27. 阿尔巴德定理：顾客要什么，就给他什么

企业的经营活动，如何才能算得上是成功？若要管理者们来回答这一问题，答案想必会有很多。对此，有一条著名的管理法则是这么说的：一个企业经营成功与否，全靠对顾客的要求了解到什么程度。看到了别人的需要，企业就成功了一半；满足了别人的需求，企业就成功了全部。

这条法则就是著名的阿尔巴德定理，它的提出者则是匈牙利全面质量管理国际有限公司的顾问，波尔加·韦雷什·阿尔巴德。相信对那些急于寻求市场的管理者来说，这一定理必然可以起到醍醐灌顶的启示作用。

企业的经营活动是以利益为中心的，但获取利益却是通过与市场活动中的另一主体——顾客的互动来实现的。从这个角度来看，顾客真是每一

个企业名副其实的"衣食父母"。许多著名的管理学大师和杰出的商界精英，都对顾客的重要性有过各自不同的阐述，并总结出了流传百世而不衰的经典定理，阿尔巴德定理显然也是其中之一。

就其观点而论，阿尔巴德定理可谓是极富人文关怀，也是极为超前的管理学定理。当今时代，各行各业都大力倡导"服务"二字，表面上看起来是要企业服务顾客，但实际上其要点却在于，企业应该以顾客的需求为重。这一要求其实是在启示企业的管理者们：以市场需求为导向。以此来看，阿尔巴德定理当真称得上是独具慧眼的论述。

不论是就人文关怀的角度而论，还是从企业自身利益角度出发，顾客的需求，都是一个企业管理者在生产经营活动中，必须考虑的头等大事之一。我们也可以从阿尔巴德定理中，反推出这样一个结论：背离顾客需求的产品，就是完完全全的废品；忽视顾客需求的企业，就是彻底失败的企业。

以市场需求为导向的管理模式最初开创于20世纪，其中一位创始人就是大名鼎鼎的通用汽车公司的总裁——斯隆。

最初的时候，斯隆是以一名轴承厂老板的身份加盟通用汽车公司的。尽管刚刚成为通用汽车的一员，商人的敏锐感觉却让他意识到：不论是小公司管理者的那种狭隘视野，还是大公司管理者的主观臆断，对前景远大的汽车市场来说，都是无法适用的。尤其在当时，作为通用汽车竞争对手的福特公司，已经凭借着T型车这一经典设计成功地占据了市场份额的一半，给通用汽车造成了很大的压力。在这种背景下，斯隆敏锐地意识到："最好的汽车"并不是由它的工艺和设计决定的，而是由它能否满足顾客的需求来决定的。如果脱离了具体的顾客，最好的汽车也无从谈起。而这恰恰是福特汽车公司的最大问题——由于对T型车的自信与骄傲，尽管顾客的需求已经有所变化，福特多年来依旧没有开发新的车型。

根据对人们生活水平和生活需求的研究，斯隆得出这样一个结论：汽车多样化时代就要到来。为了应对即将而来的新时代，斯隆果断地把顾客的需求都作为了汽车研发的重点参考。为此斯隆甚至还提出了一个著名的口号——"为每一个钱包和每一种用途生产汽车!"在斯隆的领导下,通用汽车公司对市场上所有顾客的需求作了详细的调查与研究,并在此基础上制订了全新的战略决策:要为市场上的每一个价位设计质量优秀且适用的汽车。

在提出这一战略之后,斯隆并没有停歇下来,他又把经销商也纳入重要顾客的范畴。对于这些经销商,斯隆会保持定期的走访,了解他们的需求,借此广泛搜集通用汽车发展所需要的各类信息。等回到公司以后,他还会带领管理层进行详细地研究,作出解决问题的决定。由于斯隆坚持以顾客需求为导向,为每一个钱包和每一种用途生产汽车,这才使得通用汽车的经营状况有了很大的改善。甚至没过多久,通用汽车超过了老对手福特,占据了最大的市场份额。

掌握了顾客的需求,就等于掌握了胜机;实现了顾客的需求,也就等于实现了自己的利益。企业的生产经营如果失去了方向,阿尔巴德定理就是对迷惘的经营管理者们,最为直截了当的提示。不论何时,企业的生产和经营都不能脱离市场和顾客的需求,违背了这一准则,企业的失败就会成为必然。

做到了满足顾客的需求,一个企业也就可以在同行业的激烈竞争中站稳脚跟了。但仅仅做到这一点,还称不上是彻底掌握了阿尔巴德定理;如果管理者们试着更深入地思考阿尔巴德定理,对于顾客的需求,他们也许就不会采取被动应付的策略。优秀的企业经营者所思考的,绝不仅仅是占据市场份额这么简单,开发市场,或者说,主动发掘顾客更多的需求,才是他们所要致力的方向,这也是阿尔巴德定理对管理者更深层次的启发和建议。聪明的鸟儿会主动去捕捉虫子,守株待兔的农夫,到头来什么也不会得到。

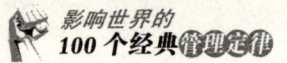

28. 零分法则：不合格，即废品

对任何一家企业来说，产品与顾客有着同样的重要性。如果说顾客是企业的上帝，那产品就可视为是企业的生命。没有了产品，企业也就没有了生存的基础。因此，企业的经营者对产品，也应该有最高的重视。

被誉为是"经营之神"的日本松下集团创始人松下幸之助，曾对企业的产品有过这样的看法：对产品质量来说，不是100分，就是0分。哪怕只是一点点微小的瑕疵，也等于宣告了产品的失败。这就是著名的零分法则，也是被许多优秀的企业管理者，奉为圭臬的制胜宝典。尽管我们不得不承认，这一产品质量标准对任何一家企业来说，都显得十分严苛，但那些成功的企业却通过自己的行动表明，松下提出的这一法则是相当正确的。

自1926年奔驰公司创立开始，至今已经90个年头。90多年来，奔驰公司也一直都把"精益求精"奉为自己的经营宗旨。不论是在生产、营销还是售后服务的环节，奔驰公司都力求所有员工贯彻这一宗旨，为奔驰的所有消费者们提供最优的产品和服务。

在奔驰公司有一项严格的规定：为了保证产品质量，所有不合格的零部件一律不得使用，所有不合格的产品一律不得出厂。为了确保这一规定得到有效的落实，奔驰公司还专门组建了一个从上到下的质量控制监督网，在各个厂房、车间和班组设立了层层的质量监督机构，并派人专门负责检验产品是否合格。有人曾经统计，在奔驰公司内部，平均每7名生产工人之中，就有一名是负责产品质量控制和验收的，第一个引擎就要先后经过42道检验。由于奔驰公司的许多零部件都是由其他厂商提供，奔驰还专门组织了一队拥有1300名员工的验收队伍。奔驰公司还明确告诉所有验收人员：验收的每箱货物之中，哪怕只有一个零件不合格，就要全部退回原厂。由于奔驰长期地坚持这一严格的标准，供货商们也都自觉地提高了产品质量。

不仅在生产环节执行这样严格的标准，在售后服务环节，奔驰也丝毫没有放松。在奔驰汽车的销售处，前来购车的顾客们可以看到各种车型的图样，以此来了解所有车型的性能与特点。为了做好维修服务工作，仅仅在德国本土，奔驰公司就设立了1700多个服务站，不论是换机油、检修、急送零部件还是计算机咨询查询服务，服务站都可以充分满足顾客的需求。

奔驰之所以能成为当今世界最著名的汽车品牌之一，与他们对产品质量的看中不无关系。唯有质量能够得到保证的产品，才能为企业赢来客户的信任与消费，任何一点瑕疵，都有可能使企业丧失一大批顾客。如果是产品质量严重不过关的企业，因此倒闭也不是没有可能。

霍尔马克/韦斯特兰肉品加工公司，是一家美国的知名企业，主要经营肉类食品。但就在2008年的8月24日，美国媒体向公众报道，这家知名的肉食品企业将要迎来倒闭。

原来，美国农业部在肉食品质量检测中发现，这家公司在生产环节当中，采用了"野蛮的手段"来屠宰一批"躺牛"。所谓躺牛，是指那些由于疾病或受伤而无法站立行走的牛。这些牛经常在排泄物中打滚，免疫系统很差，十分容易感染大肠杆菌和疯牛病等疾病。因此，躺牛一直以来都被美国农业部明令禁止面向市场。在8月17日那天，美国农业部明确下令，召回市场上由该公司处理过的1.43亿磅冷冻牛肉，因为这些牛肉都有可能来自于躺牛。牛肉召回事件之后，这家公司立即陷入了经济困境，运转资金链也已断裂。其中偿还问题牛肉的销售款，公司也拿不出来。公司的总经理也向媒体坦承，他看不到公司还有重新开张的可能。

这一公司的遭遇显然是一场悲剧，但也完全是他们咎由自取。产品质量问题，是攸关企业存亡的大事，何况自己所经营的还是人人重视的食品行业。在最关键的产品质量上犯迷糊，不能不说是企业管理者最大的不智。

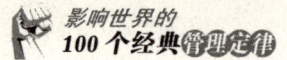

产品是企业的生存基础，产品的缺陷也就意味着企业的破绽。在激烈的市场竞争中，如果留下这样的破绽，只能让对手有机可乘，损害了自己却成全了对手。产品质量一旦出现问题，受影响的就是整个企业，这种影响很有可能是长期性的，甚至是根本无法消除的。

表面上看起来，产品质量问题的发现，只是让企业损失了一部分利益，然而事实上，产品与消费者经常是绑定在一起的。当产品因质量问题在消费者心里留下阴影时，无异于敲响了企业的丧钟。

企业的管理者务必要谨记：在产品质量问题上，永远没有捷径可走，更不可蒙混过关。不论是恶意地欺诈消费者，还是无意地生产疏忽，产品质量问题一旦引爆，随之而来的波及力，必然会严重撼动企业的生存根基。头脑清晰的企业管理者，绝不会把企业的利益和存亡寄托在弄虚作假之上，更不会疏忽大意，对产品心存侥幸。

29. 奥美原则：服务第一，利润第二

俗话说，无规矩不成方圆，只要是有组织、有团队的地方，规章与条例就必不可少。规章与制度的作用，不仅仅在表面上约束员工，更重要的是引导整个团队，为了共同的目标而努力。那么，什么又是最重要的目标呢？利益，被视为是企业的根本追求，当然，也有些著名的企业管理家对此表示否定。不论哪种观点才是正确的，还是让我们的管理者们先了解一下这些业界精英的观点吧。

奥美公司是美国的一家著名广告公司，也是当前全球最大的传播集团之一。在奥美公司内部，一直流传着这么一句口号："服务顾客至上，追求利润次之。"这就是管理学中著名的奥美原则。依照这一原则，我们似乎可以得出这样一个结论：在奥美公司眼里，顾客似乎是比利润更为重要的。

这样的结论看起来也是无懈可击的，毕竟在市场经济中，有一个十分通俗的著名观点：顾客即上帝。也许这一结论会让部分信奉"利益第一"的企业管理者感到迷惘，但如果我们反向思考一下，就会发现这一原则背后仍然大有奥妙。

企业的根本追求是利益最大化，可利益又是从哪里来的？毫无疑问，答案是顾客。即使是在市场产生的最初阶段，经营者与消费者之间，也从来不是冷冰冰的交易关系，除了物质的等价交换以外，经营一方的服务态度，也会影响消费者往后的选择。这就是奥美广告公司提倡服务优先的缘故。事实上，这一原则并没有抵触"利益是企业的根本追求"这一经营宗旨，只是很巧妙地换了一种思路，兜了一个大圈子来更好地实现顾客与企业的双赢。

大众汽车是人们耳熟能详的世界著名汽车品牌。大众的成功既源自于对产品质量的强调，也在于他们建立了一套完整的服务制度。

在德国的德斯雷顿，大众倾巨资修建了一座透明工厂，也就是辉腾的生产基地。之所以建造这一工厂，是为了向所有消费者宣扬一种全新的生产理念，把传统的汽车制造技术与手工工艺完美结合。由于整个工厂大幅度地采用玻璃修建，顾客即使是站在厂外，也能够很轻松地看到汽车的整个生产过程。大众的这一做法，实际上是以工厂作为舞台、以产品为道具，使消费者能够以表演者的姿态参与到生产中，给予了消费者很大的满足感。

此外，大众还在许多细节方面做了细致的规定。在大众公司里，经常会组织员工进行一些服务培训或是服务竞赛，通过这一举动，向所有员工不断强调：服务的伟大之处就在于对细节工作的坚持到底。

一直倡导"以客户服务为核心"，坚持"以人为本，以客户满意为中心"的服务理念的大众公司，对售后服务环节也表现出了高度的重视。为了贯彻自己的理念，大众公司建立了一套完善的维修质量跟踪体系，并且推出了一系列的个性化服务方式。大众为他们的每一位消费者都建立了详

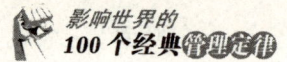

细的档案，内容包括车辆的保养、维修，而且还会通过定期电话回访的方式，了解每一位客户车辆的使用情况。在维修站，大众为所有维修客户免费洗车，甚至提供免费午餐、24小时服务救援等各种人性化的服务。

在中国的市场上，大众占有50%的市场率，但他们仍然没有因此自满。为了满足中国消费者的需求，大众每年都会投入生产至少一款新车。此外，他们还不断追加投资，发展壮大自己的网络营销渠道，以求尽可能地跟上中国消费者的步伐。

对任何一位企业的经营管理者来说，"顾客就是上帝"这一句话可谓是老生常谈，毫无新意。但一个道理能够既简单又口口相传，说明它确实是最为经典实用的。然而在现实当中，有多少管理者真的能够做到用心体会这句话呢？通过大众公司的案例，我们或多或少可以理解，为什么同样是市场活动的参与者，企业之间却有着天壤之别？造成这一问题的根源不仅仅是出在"硬件"方面，更与"软件有关"。

奥美原则的核心即在于建议管理者们要重视"软件"，也就是说，要为企业树立"服务至上"的观念。为此，管理者们也需要做出多方面的努力。

(1) 正确看待自己与顾客的关系。

俗话说，上行下效。作为企业的领头羊，管理者若是对顾客没有充分的正视、重视，整个企业的氛围也就可想而知了。眼中没有顾客的企业，很多时候也就意味着没有底线。任何一位顾客都不会信任这样的企业，更不会对他们买账。只有从自身做起，表现出对顾客的重视，让下属团队深刻体会到管理者的经营理念，他们才会在工作与服务中展现出更大的热情，为企业迎来更多的顾客。

(2) 通过规章制度刷新员工观念。

任何一家成功的企业，都不会把"服务顾客"仅仅当作口号，更不会把所有的希望都寄托在员工的自觉上。就以之前的大众公司为例，他们之所以能够赢得市场的欢迎和顾客的口碑，主要还是得益于他们那一系列完备、细致的服务制度。任何人都有惰性，仅仅是口头的提醒，并不能保证顾客得到最佳服务。建立服务顾客的规章制度，一方面是从观念上给员工以洗礼，另一方面也是为了确保他们在工作中，始终贯彻"服务至上"这一企业理念。

30. 雅各布斯定理：名声再好，质量撂倒

任何一个企业，都无法回避质量这一问题。对企业而言，质量被视为是生存之本；对消费者而言，质量同样是他们选择产品时，所要考虑的第一因素。尽管消费者有时也会被产品的外在包装所吸引，但买椟还珠的愚蠢行为，显然不是一个企业最大的获利来源。

对于产品质量的问题，美国凯洛格管理研究院的前院长 T·雅格布斯，曾经说过一句简短却发人深省的话：质量是竞争的最基本的东西。抛开种种烦琐的表象或理论不谈，企业的获利说到底，就是向市场提供产品，并用产品来换取市场消费者的金钱，如此而已。然而，消费者的金钱也不是白白得来，同样也不会白白便宜那些以次充好、以假乱真的卑劣企业。

都说顾客是上帝，但既然身为上帝，挑剔一些也就再正常不过了。随着生活水平的日益提高，人们的消费需求愈发膨胀，企业也获得了巨大的发展市场。然而，不论这片市场多大，都绝不会为那些质量低下的产品敞开大门。低质量的产品不论宣传得多么好，谎言一旦被拆穿，也会为所有消费者不容。即使是那些产品素有口碑的公司，也无法摆脱因产品质量问题而带来的困扰。

英国的吉百利公司，是世界上唯一一个同时拥有巧克力、糖果及口香糖产品的公司，可以说是食品业的一大传奇。但就是这样一家享有盛誉的公司，也因为产品质量问题而栽了大跟头。

2006 年，吉百利公司被媒体曝光，在英国及爱尔兰的市场上，吉百利

所生产的巧克力含有可能使人致病的沙门氏菌。消息一出，舆论哗然。巧克力可以说是当今时代广受人们欢迎的美味食品之一，广大消费者们之所以选择吉百利，也是出于对它历史的考虑，以及一直以来产品质量的口碑。但质量丑闻被曝光之后，吉百利在他们心中的形象瞬间就崩塌了。

尽管吉百利紧急召回了市场上将近100万块巧克力，但人们仍然无法信任吉百利。就在同一年，加拿大的媒体再次抛出了一个大新闻：加拿大吉百利公司因其生产的三种朱古力蛋的模具碎片卷入生产线，造成多名消费者在进食的时候，口腔遭到不同程度的划伤。这个消息对吉百利来说无疑是雪上加霜。

面对接二连三的产品质量问题，位于英国本土的吉百利公司总部，不得不作出重大的企业调整。为了弥补损失，吉百利公司总部宣布，将美国的饮料业务全盘出售。不仅如此，迫于形势的吉百利还不得不裁减7500个职工岗位，并关闭了约15%的工厂。

吉百利的这一教训无疑是十分惨痛的，但实际上，他们的挫败也并不值得同情。当今市场上的产品虽然种类丰富，但我们可以肯定地说，食品行业对每个人都牵涉重大，也绝对是人们重点关注的目标之一。吉百利公司的这一失利半点怨不得旁人，完全可说是咎由自取。从这一案例当中，我们也可以很明显地得出这样一个结论：在产品的质量问题面前，多年的口碑也只是浮云而已。

既然有公司因产品质量而倒下，也就会有公司因产品质量而胜出。不论对哪位管理者而言，胜利者显然是比失败者更值得学习的。

任何一位企业经营者都必须重视这一公式：产品＝顾客＝竞争力＝市场。这一公式对任何一个参与市场竞争的企业来说，都是永远适用的。唯有优质的产品，才能赢得大多数的顾客；赢得了大多数顾客的青睐，也就占据了绝对的竞争优势；占据了绝对的竞争优势，也就赢得了最大的市场。从这一角度来看，质量确实堪称是企业的生命。

31. 布里特定理：酒香也怕巷子深

产品，被视为是企业的生命，也只有通过产品的市场交换，企业才能赢得生存与发展。传统的商品观念认为：酒香不怕巷子深，只要产品质量好，就不怕顾客不上门。但在所有对手都绞尽脑汁、别出心裁地去推销自己的产品的背景下，这种观念显然已经有些过时了。

时至今日，所有的企业管理者都不会对"广告"这一概念感到陌生。事实上，随着商品经济的发展和愈发激烈的市场竞争，广告也成为了销售管理当中，企业占领市场、推销产品的一项重要手段。失去了广告的辅助，再好的产品也很可能在竞争当中被对手抢先一步。

对此，英国的广告学专家 S·布里特，提出了一个十分幽默的比喻：商品不做广告，就像姑娘在暗处向小伙子递送秋波，脉脉含情，只有她自己知道。这一比喻也被人们称为是布里特定理。

在很多消费者的眼里，广告都是一种非常"聒噪"的玩意儿，但作为企业的管理者，显然不能在这个问题上迎合消费者。身为管理者，理当从企业的发展角度来看待广告，就这一角度而言，广告绝对是不容企业管理者忽视的制胜关键。

任何事物的出现都有其意义，广告也同样不例外。如果说人靠衣装是正确的道理，对企业及其产品而言，广告就是那件光鲜亮丽的外衣。好的广告不仅可以明确地向所有消费者展示企业产品的基本信息，更能够主动引导消费者的购买需求，以此击败竞争对手，为自己获取巨大的利益。

百事可乐是当今世界饮料业的两大巨头之一，100多年以来，始终都在与可口可乐进行激烈的竞争。但在20世纪80年代之前，百事可乐一直都处于惨淡经营的状态。

最初的时候，百事可乐的竞争策略并不高明，广告也不甚得力，因此

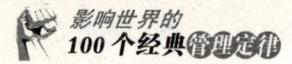

始终被可口可乐压得喘不过气来。但经过长期的经验总结，百事可乐在广告方面投入了大量的心血，终于成功地扭转了败局。

考虑到自身产品在配料、色泽、口感等方面，都与可口可乐差异不大，百事可乐果断地放弃了在质量方面取胜的策略，转而把重点放在了消费者身上。在把目标锁定为年轻消费者之后，百事可乐在广告中大力树立自身"年轻、活泼、时代"的形象，以此将可口可乐推向"老迈、落伍、过时"的对立面，赢得了许多年轻消费者的关注。

不仅如此，百事可乐还对年轻人的消费心理进行了深入的研究，并将研究结果用在了广告宣传当中。经过研究他们发现，在年轻人之中，最为流行的概念是"酷"，而"酷"表达出来的概念，就是独特、新潮、有内涵、有风格创意。抓住年轻人的这一心理特征后，百事可乐开始推出一系列以年轻人认为最酷明星为形象代言人的广告。

1994 年，百事可乐在美国本土花费了整整 500 万美元，特意聘请了流行乐坛巨星迈克尔·杰克逊为自己的产品代言。此举也被誉为是"有史以来最大手笔的广告活动"。杰克逊果然不出所料。当他踏着如梦似幻的舞步，唱着百事广告主题曲出现在屏幕上时，年轻消费者的心无不为之震撼。在中国大陆，继邀请张国荣和刘德华做其代言人之后，百事可乐又力邀郭富城、王菲、珍妮·杰克逊和瑞奇·马丁四大歌星为其做形象代言。两位香港歌星自然不同凡响，郭富城的劲歌热舞，王菲的冷酷气质，迷倒了中国无数年轻消费者。

在广告语方面，百事可乐也倾注了很多心血。百事认为，年轻人对所有事物都有所追求，比如音乐、运动，于是提出了"渴望无限"的广告语。同时，百事又鼓励年轻人作出"新一代的选择"，同时也是在暗示他们选择百事可乐。百事这两句富有活力的广告语很快赢得了年轻人的认可，可乐的销量也节节攀升。

广告虽然是商品经济的产物，但它的出现也反过来推动了商品的发展。时至今日，广告已经在市场竞争当中，扮演了愈发重要的角色，我们甚至可以这样说：没有广告，商品也就失去了光芒。不仅是对商品，广告对参与市场竞争活动的企业来说，也是一个绝佳的说明和形象展示，是企业走进消费者内心的一条必然路径。堵住了这条路，无疑是把企业推向了远离成功的边缘。

或许在一部分管理者看来，广告难免会有"王婆卖瓜，自卖自夸"之嫌，对此，我们不妨换个角度来理解。产品虽然没有生命，却并非死物，其中都凝聚着人类的劳动与智慧，更有着人们的精神与情感寄托。产品的交流，也完全可以视为企业与消费者之间的精神、情感交流，而广告，就是沟通的渠道所在。以此看来，广告不仅不会显得市井低俗，反而是极为神圣庄重的。

事实上，广告业内的人士，本身也把广告看作是一种极为神圣的事物，身为企业的经营管理者，对此同样要有清醒的认识。产品的优质固然重要，但恰到好处的宣传，其作用有时并不比一味地拼质量差多少。所谓力不胜智，如果说依仗质量是以力取胜，广告就是以智取胜的最佳说明。

32. 蝴蝶效应：大祸降临，多因忽略了细节

少了一枚铁钉，掉了一只马掌；

掉了一只马掌，瘸了一匹战马；

瘸了一匹战马，败了一场战役；

败了一场战役，丢了一个国家。

这首古老的英格兰民谣，至今仍被广为传唱，而这首歌谣中，英王理查三世马失前蹄的教训，更是为许多人耳熟能详。一枚铁钉的缺失，在无意间影响到了国家政权的更迭，这大概是对蝴蝶效应最佳的说明了。

1961年的冬天，美国的气象学家爱德华·诺顿·罗伦兹在电脑上进行关于天气预报的计算。为了考察一个很长的序列，他走了一条捷径，没有

令计算机从头运行,而是从中途开始。他把上次的输出直接打入作为计算的初值,然后离开了电脑前。一小时后他回来时,发生了出乎意料的事。第一次的计算机运算结果,打印只显示到小数点后三位的 0.506,而非整的小数点后六位:0.506127。这个远小于千分之一的差异,造成第二次的仿真结果和第一次完全不同。罗伦兹从这个惊人的结果中发现,准确预测天气只是人类的幻想。

根据这一发现,罗伦兹于 1963 年提出了"混沌理论",其观点主要是:在混沌系统中,初始条件的微小变化,可能造成后续长期而巨大的连锁反应。为了更好地说明这一理论,他提出了一个假设:一只蝴蝶在巴西轻拍翅膀,会使更多蝴蝶跟着一起振翅,最后将有数千只蝴蝶都跟着那只蝴蝶一同挥动翅膀,结果可以导致一个月后在美国得州发生一场龙卷风。这一论述就是后来的"蝴蝶效应"。

尽管最初提出的时候,"蝴蝶效应"是对天气预测不可能长期保持精确的说明,但随着人们的详细研究,在社会方面、数学方面、经济方面,也都发现了蝴蝶效应的存在。从这些形形色色扑闪着翅膀的"蝴蝶"之中,人们一次次地感受到了忽略细节,会对整体产生何等巨大的危害。对企业的管理者而言,这同样是一个深刻的教训。

2003 年的时候,美国的经济刚刚出现好转,一场突如其来的变数,又让美国的经济陷入了极度的困境之中。

2003 年 12 月,在美国华盛顿州马布顿镇的一家牛奶厂里,一头 4 岁的荷兰乳牛被确诊患有疯牛病。就是这一只乳牛,却使得整个美国经济都为之动摇:据统计,当时美国的牛肉产业总产值高达 1750 亿美元,与之相关的工作岗位也有近 140 万个,在这次疯牛病事件中,他们是最先遭受冲击的;美国的玉米和大豆业,很大程度上是作为养牛业的主要饲料来源而生存的,在牛肉产业受到巨大冲击的背景下,两者也一并惨遭波及,期货价格不断下跌。但最要命的还不仅于此,由于全球消费者对疯牛病的恐惧,不仅美国本土的餐饮业变得萧条,就连国外消费者也对牛肉惊慌不已，据统计，当时至少有11个国家宣布紧急禁止美国牛肉进口，就连与牛肉无关的西式餐饮，都因此在全球范围内受到冷落。对经济刚刚有所起色的美国而言，这只意外发现的疯牛，掀起的何止是一场飓风。

以上这个惨痛的教训，还只是蝴蝶效应在经济方面的体现。很多时候，看似可以把握的事情，都不如人们所想的那般轻易，一时的疏忽所带来的，更是灾难性的后果。从蝴蝶效应中，不同的人可以得到不同的启示。在管理学的教材中，蝴蝶效应也经常被引用，被列为管理人员必须掌握的知识要点之一。而在实际中，蝴蝶效应也实实在在是管理者应该重点注意的事项之一。

在蝴蝶效应中，管理者最应该谨记的，就是对细节的全盘掌控。关于细节，许多国外著名企业的管理者都有着极为严格的要求。就以日本为例，人们都说日本的企业精细化管理世界一流，但究竟做到了何种程度呢？丰田，是日本的老牌汽车产业之一，也是世界汽车王国的市场霸主之一。在美国的丰田生产流水线上，每个员工面前都有一根绳子，一旦哪个员工发现质量问题，只要一拉绳子，整个生产线都会停止运转。

不仅如此，对于这根绳索，丰田汽车社长曾专门提出：丰田公司最为艰巨的工作，不在研发和技术创新上，而是生产流程中这一根绳索的摆放，要做到不高不矮、不粗不细、不偏不歪，而且要确保每位技术工人在操作这根绳索时都要无任何偏差。从这一要求中，管理者们不难嗅出日本人对于细节的重视。

说完日本再回头审视中国的一些企业，不得不说，像这种对细节的重视，是当前中国企业普遍缺乏的素质。海尔集团的CEO张瑞敏就不无感慨地指出：如果让一个日本人每天擦6遍桌子，他们肯定会一丝不苟地每天擦6遍；而中国的员工第一天擦6遍，第二天也会擦6遍，第三天可能就成了擦5遍，第四天又成了4遍……这也是中国的企业虽然引进了国外的先进设备，却始终难以在产品质量上达到上乘、价格始终只占人家十几分之一的缘故。

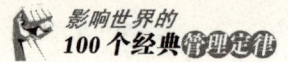

对中国的管理者而言，这无异于一声警钟。身为管理者必须要拥有很高的素质，仅仅是做到"大事不糊涂"，显然不足以引导全局。虽然注重细节是极为烦琐的工作，但我们必须承认，在这些微小的细节之中，确实隐藏着巨大的变数，一旦不加留心，结果很可能是巨大的灾难，在这个问题上栽跟头，想来任何一家企业都是不愿意的。那么，身为管理者就一定要细细留心，在企业的整个生产、流通环节都有最细致入微的思索和举措。

33. 纳尔逊原则：完美的小事成就大事

企业就像是一台不停运转着的精密仪器，任何一个环节的疏漏，都会带来整体的溃散。在企业的营销管理之中，管理者必须要对工作的每一个细节，保持最大限度的重视和用心。小事虽然毫不起眼，但如果能够做到事事完美，营销工作也会取得不菲的成绩。

阿基勃特是美国标准石油公司的一位普通小职员。每次他远行住旅馆的时候，都会在自己签名的下方，写上"每桶4美元的标准石油"字样，就连在书信和收据上的签名也同样如此，毫不例外。因此，他的同事们给他一个绰号，叫作"每桶4美元"，他的真名反而没人叫了。

这件事情传到了公司董事长洛克菲勒的耳中。洛克菲勒惊讶地说道："竟然有员工如此努力地为公司做宣传，我想要见见他。"于是，他邀请阿基勃特共进晚餐。

后来，洛克菲勒卸任董事长一职，阿基勃特出人意料地成为了他的继任人。

作为公司的一名普通职员，阿基勃特的能力未必突出，他所做的也只是极为简单的事情，但正是通过这些毫不起眼的小事，阿基勃特成功地将自己"推销"给了老板，赢得了重大的发展机遇。这一故事也体现了西方管理学中的一个重要定理——纳尔逊原则。

纳尔逊原则的提出者，是美国卡尔森公司的首席执行官 M·纳尔逊。在纳尔逊看来，无论企业管理者有着何等的雄心壮志，落到实际工作中，都应该从小事做起。任何一件大事都是以小事的量变为始、质变为终，每做好一件小事，才能离成功更进一步。从这个意义上看，小事其实压根儿就不小。

在那些优秀企业管理者的成功宝典中，"细节"二字必然是被勾了红叉、重点标明的。因为他们懂得：成功并非一蹴而就，任何一个企业想要壮大，都必须从那些看似轻易或琐碎的事情开始。正是这些微不起眼的"小事"，才构成了工作的全部；忽略了这些"小事"，也就与成功背道而驰了。这一点也正是纳尔逊原则给所有企业管理者的提示。

沃尔特·迪斯尼是美国迪斯尼公司的创始人。在沃尔特看来，正是那些琐碎的细节，却对追求卓越的目标有着非凡的意义，只有重视细节，才能实现梦想。

沃尔特的这一理念，在迪斯尼公司的日常工作中，也得到了完美的贯彻。为了使自己的观众能够享受到最神奇的体验，迪斯尼公司在细节方面，倾注了大量的心血。尤其在动画电影方面，对细节的注重更是成为了迪斯尼的一大特征。比如，在《白雪公主与七矮人》这部电影当中，有一个水珠从肥皂上滴下来的镜头，观众如果仔细观看，就可以看到在烛光中，有闪闪发光的泡沫在闪烁。通常情况下，别的电影中并不会把镜头做到这样细致。但就是这样一个微小的细节差异，却给观众带来了截然不同的视觉体验。事实上，滴水的镜头看似微小，但要做好却并非易事，唯有那些技艺极其娴熟、才华横溢的艺术家才能完成。迪斯尼公司之所以能做好这一细节，是花费了重金聘请专业人士才完成的。

迪斯尼对细节的重视更体现在迪斯尼乐园的每一个角落。在构建迪斯尼乐园的时候，沃尔特特意定下了种种要求：在迪斯尼乐园，垃圾桶必须每隔25米摆放一个、刷过山车的油漆粉也必须采用优质的。沃尔特甚至不惜用真正的金粉和银粉来粉刷建筑物，确保公司的所有颜色都协调一致，还专门雇佣人员在乐园里巡逻。

有一天，沃尔特在迪斯尼丛林游览了一个景点，过后却十分生气。原来，广告牌上说这趟旅程需要7分钟，但经过他的计算，时间却只有4分钟。沃尔特认为这样不仅没有达到迪斯尼的质量标准，更会让游客觉得自己受到了欺骗。于是，他当即要求加长这趟旅程的时间。

迪斯尼公司也把注重细节这一观念，灌输给了所有的员工。在迪斯尼公司有一项为期一周的"交叉上岗"制度，在这一周内，所有的主管都必须脱下制服，换上各种道具服，在几百个基层岗位中任意挑选，借此听取游客的意见，并检视所有角落中可能存在的问题。即使是清洁工人，也要在入职前接受为期4天的培训，以确保他们能够在游客面前表现出热情、和蔼的态度。

在《荀子》当中有一句话："不积跬步，无以至千里；不积小流，无以成江海。"这句话可以看作是对纳尔逊原则的最佳阐述。在沃尔特·迪斯尼的成功案例中，也很好地印证了纳尔逊原则的道理。

因此，我们必须严肃地建议所有的企业管理者：睁大自己的双眼、擦亮自己的双眼，打起十二分的精神，去正视那些让自己头大的琐事吧！尽管这些事情看起来是那么无聊，又或是那么煎熬，但如果不去跨域，企业的营销工作也就无法尽善尽美。尽管管理者需要为此付出更多的智慧与心血，但除此以外，他们别无选择。

对管理者来说，营销工作攸关企业的生命，细节决定了企业的存亡。每一个细节都不会孤立存在，而是像多米诺骨牌那样环环相扣；又或是像投石入水，波纹千层，震荡满池。在竞争激烈的市场当中，只有用足够的细心来应对细节，才能赢来真正的成功。

34. 格雷定理：信誉是企业牟利的必然选择

古语云：人无信则不立。其实，不仅是人无信不立，企业要是失去了信誉，同样无法在市场中占据一席之地。古往今来的有识之士都把诚信视为是做人之本，对经营有道的企业管理者来说，诚信，同样是经营之本。

现实当中，很多不良商家会以"利益是企业最根本的追求"作为幌子，为获取不法利益而弄虚作假。事实上，这种做法却根本就是背离这一宗旨的。对企业来说，一时的利益远远比不得长久的利益，想要得到长久的利益，说到底是要在自己身上下苦功。通过不正当手段只能获利于一时，一旦拆穿，企业反而会面临各种危机。

正是看到了企业兴衰的这一规律，美国著名的"公关之王"B·格雷才总结出了在管理界振聋发聩的格雷定理：公关最重要的就是信誉加上用功。在企业经营者从事公关、管理工作的过程当中，信用的重要性是显而易见的。商场如战场，一招不胜就是满盘皆输，所有参与竞争的企业及其管理者，都会慎而又慎地选择自己的合作伙伴。在这个时候，信誉就是一项重要的参考标准。一个有着良好信誉的人或企业，口碑也必然很好，这就很容易会成为别人的合作首选；而那些信誉度低的企业或个人，通常都劣迹斑斑、风评很差，即使是白纸黑字的明文合约，也很难让他人信任。

由此我们不难看出这样一个事实真相——对企业来说，信誉永远都是获取企业利益和发展的前提。信誉度越高，企业的优势就越明显，信誉与企业的利益，二者之间永远成正比。忽视了这一点，企业在发展的过程中就很容易跑偏。

有许多企业的管理者在面对这一问题时，都会表现得十分坚持，甚至

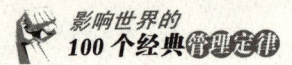

有些"固执"。我们要相信,没有哪位管理者会对损失无动于衷。之所以坚持,是因为他们有更高的管理觉悟与追求。

在16世纪末的荷兰,有一位名叫巴伦支的船长,同时他也是一位商人。当时,欧洲各国的海上贸易竞争十分激烈,为了避开竞争,巴伦支决定带领自己的水手们,开辟一条从北到达亚洲的全新航线。

做出决定以后,巴伦支当即带领着17名船员起航了。他们从荷兰出发,一直向北航行,中途经过了俄罗斯的三文雅岛。就在到达这一岛屿的某天清晨,船员们猛然发现:他们的船已然航行在无尽的浮冰里。

浮冰的出现,说明这一片海域即将冰封,对于巴伦支的船队来说,这显然是一个噩耗。尽管他们付出了最大的努力,却仍然无法返航,无奈之下,他们只好把船停在了岛边,打算在岛上一直待到冰封解冻。

三文雅岛位于北极圈附近,是世界上最为寒冷的地区之一。三文雅岛上长年覆盖着10英尺到12英尺厚的积雪,岛上的气温更是在零下40度到50度之间。积雪在这样的严寒下,也冻得像花岗岩一样坚硬。三文雅岛的冬季足足长达8个月,而巴伦支和他的船员们,就得在这样孤立无援的地方一直坚持到八个月以后。

为了驱寒,巴伦支和船员甚至不得不拆掉了船上的甲板来烧火取暖,靠打猎来获取维持生命的食物和衣物。但是,最终仍旧有8名船员没能成功躲过这一劫难,因为饥饿、严寒和疾病,在恶劣的自然环境中先后死去。尽管在船上堆积的货物中,就有足以挽救他们生命的衣食和药物,巴伦支和船员们却始终没有擅动分毫。

八个月后,历经磨难的巴伦支和剩余的9位船员终于返航,把所有的货物完整无缺地交付给了委托人。这一做法立即震惊了整个欧洲。不仅巴伦支及其船队赢得了更多的雇主,就连整个荷兰也因此赢得了海运贸易的世界市场。

巴伦支船队的故事可以说是可歌可泣,令世间所有人都大受感动。从这一故事中,我们更能看到一个优秀的管理者及其团队所该具备的诚信品质。尽管背后的代价实在是令人痛惜,但我们也不能否认,这一代价换来的,是一个强大到无可撼动的市场地位。

按照马克思的分析,在发达的市场经济中,再生产过程的全部联系都是以信用做为基础的,因此也可以说,市场经济就是信用经济。信用经济同时也是现代市场经济的主要特征。由这一推论不难看出,信用不仅不像个别企业管理者所想的那样无足轻重,反而根本就是一家企业能否在市场活动中存身的基础——在正常情况下,任何一位消费者都会选择那些优质的产品,不讲信誉的企业根本不可能赢得顾客的喜爱;不讲信誉的企业在同行眼中,是整个行业的害群之马,必然会受到所有同行的一致疏远和排挤,最终被市场淘汰。

信誉的建立需要一个长期的过程,但毁掉信誉却只需要一次疏忽。因此,我们给企业管理者的建议就是:别想太多,做好当下。只要在当下的生产、营销、售后等各个环节做到尽善尽美,就可以不断地积累信誉,企业的形象和品牌也会慢慢形成,最终拥有影响世界的力量;如果在当下的企业经营和管理中疏忽大意,或是弄虚作假,谎言拆穿之后,企业也就失去了发展的土壤。

35. 弗里德曼定理:优质生产最获利,削减成本即盈余

成本浪费与企业盈利是天然的死对头,很多企业管理者为了追求企业的最大化利益,都会想尽一切办法来降低生产、营销、售后等各个环节的成本。事实上,这一做法也确实是企业变相盈利的一条"曲线救国"之路。

但我们也必须毫不客气地指出:很多时候,企业管理者都在这一问题上犯了迷糊。根据调查显示,在亚洲范围内,40%的企业都是依靠削减成本生存,具体的做法主要就是强行降低原材料的价格或档次、严格控制人

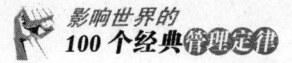

工费用等等。尽管这一做法可以缓解一时之忧,但最终损害的仍是企业自身的形象。

对于企业管理者这种饮鸩止渴式的做法,诺贝尔经济学奖的获得者、美国著名的经济学家米尔顿·弗里德曼饱含深意地提出了一个与众人"唱反调"的理论:市场的浪费是一种不可避免的浪费,因而也就不是浪费。表面上看,弗里德曼定理似乎是与"降低生产成本"这一传统的企业运营法则相抵触,但通过一些让人啼笑皆非的企业失败案例,我们就会对这一定理有更深层的理解。

为了降低公司的运营成本,Connecticut Mutual 寿险公司于 1995 年推出了一项措施,希望借由减少内部的雇员,来削减企业的成本。这一措施的具体操作方式是,由公司向 1,675 名员工实施一价值可观的工龄买断计划。结果,大约 900 名(公司期望裁员数目两倍)接受了这项计划,使公司的正常运转都变得难以为继。最后,公司不得不重新招募 400 名员工填补岗位的空缺。事后统计,公司为此多付出了高达 1,690 万美元的解雇费!

同样的笑话在柯达公司也再次上演了。为了弥补解雇后的岗位空缺问题,柯达公司不得不在生产的高峰期,将许多业务外包出去。依照当时的市场行情,完成同样的工作,合同商的要价比起公司付给被裁工人的金额,通常都会高出 3—4 倍。最后,柯达公司再也无法负担如此高昂的成本,不得不面向社会再次招聘,借此填补之前裁掉的岗位空缺。

有一句经典古训叫作"过犹不及",这句话用在企业削减成本一事上,也同样是一条重要的原则。在产业模式不断升级的当今时代,企业的生产经营活动变得越发复杂、精细,这些都需要管理者用更加高超的管理智慧去思考、面对。简单粗暴的削减成本,并不是企业获利的万能钥匙,很早就处于被现代经济模式淘汰的边缘。

当然,这并不意味着降低成本的做法就已经彻底过时,相反,我们还必须指出:如何更为高明、婉转地降低企业的生产运营成本,是对管理者智慧的极大考验。降低成本，看似简单的四个字，却有着意外丰富的内涵、和宽广的可操作空间，这才是弗里德曼定理对企业管理者的真正启示。之所以告诫管理者们"浪费不可避免"，也只是为了让他们在思考这一问题的时候，保持更多的冷静。

企业管理者只有站得更高，才能看得更远，在控制成本的问题上也同样如此。如果站在更高的角度去看待成本一事，管理者们就会发现，削减成本的有效手段非但不是压低质量，反而是提升产品的质量。当然，"质量"二字的含义不仅仅是对产品本身，产品生产的周期、效率以及数量，同样也都包含在内。

在丰田公司，控制汽车的生产节拍，就是降低成本的一大方法。所谓节拍，就是将生产时间细化到每一件产品之上。比如，如果月产量为4000辆车，作业时间为20天，每天两班制工作共16个小时，那么生产节拍即是每辆4.8分钟。

在丰田公司眼里，维持这4.8分钟的持续出货机制重于一切。为保证这一节拍，即使用人海战术，或者加大设备投资，或者在易产生次品的工序准备安全库存也在所不惜；而他们绝对不会做的，就是向生产的成本妥协。丰田公司甚至曾在下辖的一个制造厂制定了发动机的出品时间：早上开始铸铁，晚上就要组装为能够开动的成型汽车。

在确保节拍的基础上，丰田的创立者大野耐一又提出了"不管是生产1辆还是1000辆，单位成本都要一样"的口号。表面上看起来，这与传统的生产观点完全相悖，但事实上，却仍然具有很大的可操作性。为了贯彻这一口号，丰田开始实行"只生产必要产品"的策略，尽管在生产总量上并没有减少，却为公司留下了大量的可支配周转资金。通过这一部分暂时闲置资金的再投资，丰田公司从其他渠道获取了高额的利润。丰田公司正是通过这一渠道，使自己的资本实力更加雄厚。

管理是个精细活儿，降低成本的背后，也绝不如常人所想的那样简单。如果只是死死盯着产品本身不放，企业难免会有收之桑榆却失之东隅

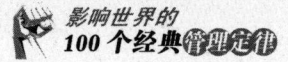

之患。抛开产品本身,生产过程的流通、生产技术的改进、产品储存的成本、细节之处的浪费等问题,都是企业管理者更应当考虑的方向。只有从生产运营的整个过程考虑,从每一个方面、每一处细节不断地纠正提高,才是降低成本、获取利润的根本途径。

第四章
危机管理

在企业管理当中，所有管理者首先必须明确一点：危机从来都是不请自来。早在危机爆发之前，企业就在发展的过程中不断积累各种问题，危机通常都是这些问题一夕爆发的结果。

想通了这一点，管理者就必须要做到居安思危，防患于未然。危机的爆发与解决总是伴随着无尽的困扰和损失，亡羊补牢纵然为时不晚，但也比不上扼杀危机于未发。

另外，还有十分重要的一点：比起应对危机的措施，管理者的态度更加重要。危机的出现不可改变，但强大的内心却可以扭转成败。危机越是猝不及防，管理者就越是要有"八风吹不动，稳坐钓鱼台"的沉着冷静。只有这样强大的内心，管理者才能带领团队和企业经受住风险的考验，实现企业的平稳过渡，获得未来的生存发展良机。

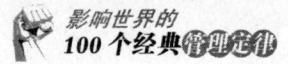

36. 里杰斯特论断：面对危机要坦然自若

尽管所有的企业管理者都会反复地强调要预防危机，但是我们也完全可以看到这样一个事实：危机，随时都会出现。因此，如果一个企业的管理者，仅仅是把希望寄托在预防机制上，没有考虑任何后续的问题，我们显然不能承认他是一个合格的管理者。危机不论出现在哪一环节，对企业的影响都是全方位的；对于危机，管理者也需要做出全方位的应对措施。否则，当危机到来的时候，管理者必然会陷入焦头烂额的工作之中，企业的损失也会难以估量。

在应对已经发生的危机时，管理者所要做的工作是多方面的，但其中也有需要重点把握的内容。如果忽略了关键，即使自己表现得再为卖力，企业的形象依旧难以挽回。在组织的危机管理问题上，危机公关就是一个被反复强调的重点。

想必已经有一部分管理者想到了这个问题。针对"管理者在面对危机时，应该采取何种公关态度和方式"这一问题，英国著名的危机公关专家里杰斯特，曾在其著作《危机公关》中提到一个著名的"3T原则"，又称为"里杰斯特论断"。在这一论断中，里杰斯特对所有的管理者，特别郑重地强调了三点：第一，以我为主提供信息，也就是说，管理者要掌握信息发布的主动权；第二，提供信息速度要快，即管理者要不断为公众提供最新信息；第三，提供信息内容要全，也就是要求管理者心中坦荡，发布信息要做到全面、真实，不能含糊其辞、隐瞒关键，甚至是欺骗大众。

里杰斯特论断的提出，对于危机管理这一学科无疑是极大的补充和丰富。对于危机公关这一重大问题，里杰斯特论断的论述也确实为所有的管理者们，提供了十分高明的建议。通过苹果公司的例子，我们就可以看到何谓高明的危机公关。

在 iPhone4 的研发过程中，苹果公司的工程师们发现了一个问题：如果采用金属来制作手机外壳，手机的信号接收将会出现很大的问题。尽管在乔布斯的要求下，工程师们近乎完美地解决了这一问题，但如果用户使用左手来接打电话，信号仍然会出现问题。

iPhone4 上市之后，信号的问题很快就引起了许多消费者的不满。经过《消费者报告》的推波助澜，"天线门"事件也愈演愈烈。乔布斯一开始的时候还不以为意，认为这是老对手谷歌和摩托罗拉在抹黑自己。但在收到信号丢失的数据统计报告单后，乔布斯终于改变了态度。

正在度假的乔布斯当即飞回了苹果总部，在此之前，他还特意联系到了几位危机公关的老手。就连他的儿子也被一并带回公司，参与接下来的苹果公司危机公关会议。在会议的一开始，乔布斯就坦然地向所有与会高管发问：我们应该做些什么？

几位高管也分别提出了自己的意见。其中，麦肯纳表示：只需摆出事实和数据，不要表现得傲慢狂妄，但要坚定和自信。其余几位高管则建议乔布斯表现得谦卑一些。但麦肯纳表示反对。他认为，事情到了这一地步，夹着尾巴灰头土脸地召开发布会，只能让自己更没底气。他建议乔布斯向所有的消费者坦诚："手机不完美，我们也不完美。我们是凡人，在尽自己最大的努力做事，而数据在这里。"

乔布斯采纳了这一意见。紧接着，他们以最快的速度召开了新闻发布会。在会上，乔布斯没有卑躬屈膝，也没有道歉，只是向所有的消费者坦承苹果的不足之处，并表示自己会带领团队尽全力解决这一问题。同时他还向所有消费者宣布，如果有人不满意，可以退货或者免费获得苹果提供的胶套。结果，iPhone4 的退货率只有 1.7%，远低于同行业的其他手机。最后，乔布斯也对媒体夸大其词的报道表示了自己的看法：信号问题，是智能手机的通病，这一态度反而赢得了大多数人的认可。从后来的市场调查来看，iPhone4 的销量也并没有受到影响，只是还在等候的人们，需要多等一周的时间罢了。

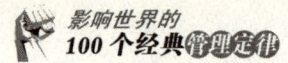

尽管从表面上看起来，乔布斯的公关策略显得有些离经叛道、打破规则，但在他所采取的策略中，我们也可以看到里杰斯特论断的影子。面对媒体舆论铺天盖地的质疑和攻击，乔布斯没有坐以待毙，而是在确认消息的第一时间，立即组织公司的管理层，拟定了相应的公关策略。在发布会上，乔布斯对iPhone4的信号问题也没有任何的隐瞒，相反还坦白得令人惊讶。同时，对于苹果公司如何向消费者交代这一问题，乔布斯也表述得十分明确。这样一来，就确实做到了里杰斯特论断所说的三个要点：把握主动、快速发布、全面准确。这一举动的成效也显而易见。

从里杰斯特论断的内容我们也不难看出，它实质上是对所有的管理者强调了"责任"二字。许多管理者在公关问题上的疏忽与缺失，实际上都是责任疏忽与缺失的体现。里杰斯特通过自己的论述，在提醒管理者们：无论何时，都不要忘了自己与身后的组织所背负的责任。这一责任不仅面向自己，更面向全体社会大众。管理者若是丢弃了这一责任，也就等于丢弃了全部。

37. 史华兹论断：坏事也可以成为成功的踏板

已经发生的事情不可改变，但强大的心却可以扭转一切。在企业的经营管理之中，管理者最不能缺少的，就是这样一颗强大的内心。在竞争冲突激烈、局势瞬息万变的市场当中，也只有这样一颗强大的心，才能面对各种复杂的局势，尤其是当自己或企业摊上麻烦事儿的时候。

如果内心足够强大，管理者就会发现所谓的坏事和危机，其实对企业的发展没有任何阻碍。很多企业之所以深陷危机之中无法自拔，是因为在企业管理者心中，已经默认了危机的存在。对此，美国管理心理学家D·史华兹指出：所有的坏事情，只有在我们认为它是不好的情况下，才会真正成为不幸事件。这就是著名的史华兹论断。史华兹论断所要教给管理者的就是：换一个态度去面对，坏事也会变得好起来。

潘伯顿是美国亚特兰大的一名业余药剂师。他一直希望能够制作出一种使人兴奋的药剂，尽管多次尝试，效果却始终不尽人意。

有一天，一位为头痛所苦的患者来到了潘伯顿的店里，潘伯顿便让助手去拿自己配置的头疼药。然而助手却犯了一个重大的错误，错把苏打水当成清水倒入了冲剂之中！等到病人饮完药后，才发现用药有误，这一情况令所有人都大惊失色。好在病人服药之后，身体并无大碍，头疼也有所缓解，潘伯顿这才松了一口气。

事情过去几天之后，潘伯顿突然想到：既然之前的"医疗事故"对病患没有产生危害，那么也许可以用苏打水和脑苏来制作他想要的"兴奋剂"。经过反复的勾兑试验，他得到了一种芳香四溢、具有提神奇效的可口液体。随着不断地改良，这一药剂最后竟然转变成了风靡世界的著名饮料——可口可乐。

可口可乐的结局可谓是皆大欢喜，这一成功也多亏了发明者潘伯顿最初的深远眼光。如果在"医疗事故"之后，潘伯顿因为畏惧而将这一发现束之高阁，今天全世界的人类都要错过可口可乐这一美味饮品了。

看待事物的眼光——这就是史华兹论断重点强调的内容。在史华兹论断看来，当今企业之所以会面临各种困境和危机，并不能全部归结为企业的"硬件"，更多的应该归咎于"软实力"的不足。在企业逐步成长的过程中，困境与危机都不可避免，而且也是企业成功的"机遇"。当面临危机的时候，企业是倒向"危"的那边，还是"机"的那边，很大程度上取决于管理者的判断。

在航空业中，波音与空客两家公司可谓是一对势均力敌的对手。由于在技术、性能和价格相差不大，在争夺日本"全日空"市场的时候，两家公司彼此之间竞争极为激烈。

但就在这个节骨眼上，波音公司却遇到了重大的危机：短短2个月内，全世界接连发生了3起波音飞机的空难事故！一时之间群情汹涌，几乎所

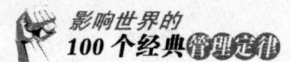

有矛头都指向了波音公司,波音的质量也遭到了一致的怀疑。所有的业内人士都对波音大为摇头,认定在这场竞争当中,波音公司算是彻底玩儿完了。

但波音公司的董事长威尔逊却不这么想,波音的困境反而激起了他的斗志。他当即动员公司全体员工一起行动,并且拟定了各种应对措施。

威尔逊采取的第一个措施就是扩大优惠。在与全日空协商的过程中,波音公司表示自己愿意为全日空提供各方面的便利,并且低价提供飞机的保养和机组人员培训;紧接着,他们又提出与全日空一起,研制性能更为优异的767型客机。不仅如此,在空难发生以后,波音不仅没有偃旗息鼓低调做人,反而大张旗鼓地为三菱、川琦和富士这几家日本合作伙伴增加了5亿美元的订单,还进一步扩大优惠,以此赢得了日企业界的一片好感。通过这一系列的应对措施,波音成功地击败了原本胜券在握的空客,成功地开拓了日本这一新市场。

世间万象,都处在无尽流变之中,唯有强者追逐成功之心不变。也唯有这一不变,才足以应对瞬息万变的局势,在一切顺逆变化当中,不易其心、不改其志,最终问鼎成功。

在现实中,企业管理者大多把注意力集中到了物质方面,却忽视了精神的重要性。但事实上,精神力量对任何一个企业做大做强,都是必不可少的推动和助益,否则也绝不会有"建设企业文化"这一命题的出现。相比于下属员工,身为企业领头羊的管理者,必须要有比所有人都更为坚定的意志、更为强大的内心,才能从看似穷途的绝路当中,走出一条通往成功的径道。

那些取得巨大成功的企业管理者,绝不是从没遇到过挫折的幸运儿,而是从挫折中看到了胜利契机的明眼人。这是成为一个优秀的企业管理者所必备的素质,并且,这种素质完全可以通过后天的培养来修成。任何挫折的体验对当事人来说,都同时意味着别样的契机,当企业陷入困境之中时,管理者不妨问问自己:透过眼前的一片灰蒙蒙,我究竟还能看到些什么?

38. 布伦尼曼法则：危机即商机

如果要列举企业经营管理者们最讨厌的几个词汇，"危机"一定榜上有名。的确，对任何一个经营者来说，顺风顺水的经营、管理才是最为惬意的事情，要是被危机找上门来，光是应付就需要花费大量的精力，更可能会给企业的发展带来巨大的阻碍。因此，现实当中，绝不会有哪位企业的管理者期盼危机的到来。然而，危机的出现与消亡却并不是以人的意志为转移，如果危机出现，管理者们又该如何看待、如何做出应对的策略呢？

借由这个疑问，我们可以引出管理界中，有关危机的一大著名定理——布伦尼曼法则。格雷格·布伦尼曼，是美国大陆航空公司的总裁，也是一位深谙企业经营管理之道的大师。对于危机，这位大师也有着与常人不同的态度和看法。面对常人对危机的恐惧，布伦尼曼明确地表示：危机不仅会带来麻烦，也蕴藏着无限的商机。虽然危机不受人欢迎，但危机无处不在。这一法则给管理者们两点启示：第一，别想着摆脱危机；第二，危机也是机遇。

相比之下，第二点启示才是布伦尼曼所要重点表达的，也是布伦尼曼法则的核心。对此，中国也有一句广为流传的古语，可以看作是对这一观点的本土描述："祸兮福之所倚，福兮祸之所伏。"从布伦尼曼法则中，我们或许可以这样告诫我们的企业管理者们：一个优秀的管理者，从来不会只想着躲避危机；只有能够利用危机反败为胜的人，才称得上是真正优秀的管理者。

在美国有一位经营肉类食品的老板，在生意闲暇时，他总是喜欢阅读报纸来打发时间。有一天，他在报纸上看到了这么一则毫不引人注意的小消息：位于美国南部的墨西哥，发生了类似瘟疫的流行病。这位聪明的老板立即想到：墨西哥的瘟疫一旦流行起来，美国本土也势必会被传染。而美国与墨西哥相邻的两个州，又恰恰是美国肉食品的主要供应基地；如果发生瘟疫，这两个州的肉食品供应也必然会受到限制；如果这两个州受到影响，内地的肉类食品供应必然紧张，肉价定会飞涨。于是他当即派人前往墨西哥打探实情。当得到瘟疫流行属实的消息后，他立即调集大量资金，从全国各地购买了大批菜牛和肉猪饲养起来。过了不久，墨西哥的瘟疫果然传到了与美国相邻的那两个州，美国政府紧急宣布，对这两个州的肉类供应做出严格的限制，内地市场的肉价当即疯狂上涨。眼见时机已经成熟，这位老板当即果断大量售出菜牛和肉猪，事后经过一番盘点，老板发现他从中净赚了数百万美元。

瘟疫的消息对任何一位肉食品的经营者来说，都绝不是一个什么好听的消息，然而案例中的这位店老板却反其道而行之，利用这一行业危机，巧妙地大赚了一笔。其实，即使是面对同样的危机，不同的企业也会迎来不同的结局。有的企业在危机过后，仍旧屹立不倒；有的企业却在危机的风暴中化为乌有，这一方面是企业自身的实力所限，但在很大程度上，也与管理者的应对心态、能力和策略有很大的关系。

如果说在管理者的眼中，危机是一个很可怕的概念，那么布伦尼曼法则的意义就在于帮助管理者打破自己的畏惧心态。任何危机都很可能伴随着难得的机遇，因此，危机的出现往往并不是失败的宣告，反倒是失去冷静、自乱阵脚的做法才是走上绝路的开始。美国著名的百货业巨子约翰·甘布士的故事就是最好的说明。

一开始的时候，约翰·甘布士还只是一家纺织厂的技师。有一年，甘布士所在的地方出现了经济大萧条，许多工厂和商店都纷纷倒闭。对于同样身在工厂的甘布士来说，这一危机也意味着失业风险的骤增。但甘布士并没有惶惶不可终日，而是做出了一个大胆的决定。

当时，那些倒闭的工厂和商店都被迫贱价抛售大量货物，为了使堆积如山的存货尽快出手，商品的价格甚至低到1美元就可以买到100双袜子！

就在所有商家都急着抛售的时候，甘布士却花费所有的积蓄，把这些别人眼中的烫手山芋都收购起来。尽管妻子一再表示不解，甘布士却依然不为所动。

很快，那些急不可耐的商家为了稳定物价，干脆采取了焚烧存货以稳定物价的措施。眼看情况如此，甘布士的妻子不由抱怨起他来。然而甘布士却表现得十分冷静，一副胸有成竹的模样。

不久之后，美国政府终于采取了紧急措施，稳定当地物价，并大力鼓励当地的厂商复兴。由于大量的存货已经在之前被焚毁，当地的物价迅速上涨。甘布士当即将所有货物抛售出去，一方面帮助政府稳定了物价，另一方面也大赚了一笔。事后，甘布士利用这次所得的钱，开了足足5家百货商店，一颗百货业的巨星就这样冉冉升起。

同样是面对经济萧条的惨淡光景，甘布士与其余厂商的态度和做法截然相反，如此两相对比，管理者们想必更能体会到良好心态之于危机的重要性。

让我们咬文嚼字一些，仔细审视"危机"这一词汇，就不得不佩服当初创造这一词汇的人的博大智慧——他早就把"危"与"机"捆绑在了一起，看作是事物的一体两面。事实上，通过巧妙的手段，化危难为机遇，也确实是许多经营有道的企业管理者们，最终能够化险为夷的制胜之途。

危机对于企业的有利一面，还不仅仅体现在外部机遇上。任何一个企业随着时间的推移，自身内部也会出现一些问题。这些问题往往起自幽微，一旦爆发会给企业带来致命的危害。通过危机，目光敏锐的管理者们可以更好地审视自己的组织团队，从中捕捉问题，及早修补漏洞。这是布伦尼曼法则给管理者的又一启示。

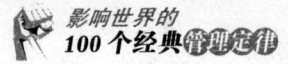

39. 卡蒂埃定理：死胡同里怎能有生机

尽管每位企业的管理者都希望自己可以有更多的选择，但很多时候，他们绞尽脑汁地思考，最终发现眼前似乎只有一条可选的路。"那么，算了吧，就只能这样了吧！"——是很多人第一时间的反应。但法国的哲学家埃米尔·卡蒂埃，却从来不这么看。

卡蒂埃认为：如果一个人脑海中只有一个念头，那么还是不要高兴太早比较好。因为这个念头，搞不好就是最危险的那个念头。在卡蒂埃看来，如果遇到那些难以解决的问题，人们在动手解决之前，最好还是不要太过冲动，不要想当然地做出所谓"唯一的选择"。

有一位牧师在家里苦苦思考第二天的布道词，可他淘气的儿子却在一旁搅得他心烦意乱。正巧他的妻子也不在家，为了让儿子安静下来，牧师灵机一动，扯下了一本杂志的世界地图封面，并将它撕成零碎的小块。他告诉儿子，只要他能够将世界地图拼好，就给他一美元。

就在这位牧师觉得自己可以享受清静的时候，才过了不到10分钟，他的儿子就把拼好的世界地图拿到了他的面前。牧师对此十分惊异，便询问儿子究竟是如何做到在这么短的时间里，拼好这么复杂的地图的。儿子听后得意扬扬地挥着手中的地图说道，他只是发现，地图的背面是一个人的头像，于是他就按照人像来逐一拼凑；等到人像拼好，地图也就成功拼好了。牧师听后，只好把1美元交给了儿子。

这位牧师之所以会失败，就是因为他眼中只看到了一条路径、一个办法，不懂得转变自己的思维。而这单一的方法和路径，很多时候都是笨办法、绕远路。在企业经营中，管理者如果孤注一掷、埋头蛮干，通常结果也不会好到哪里去。

乔·赖特是美国著名的"谷物大王"，在他28岁那年，他满脑子就只盘旋着一个念头：垄断全国的小麦市场。

就在同一年，乔·赖特揣着老父亲积攒下来的百万美元，毅然钻进了小麦的期货市场。在他眼里，一百万美元投入期货市场，唯一的结果就是一千万美元的收益。为此，他做了大量工作，希望能够维持期货合约，并使小麦价格逐步上涨。在接下来的三四个月里，他几乎买下了所有小麦的合约。

表面上看来，他的这一决定十分明智。因为不久，欧洲和印度的小麦就出现了歉收，在芝加哥市，小麦价格也不停上涨。一旦冬天到来，大湖冻结，小麦就无法在春天前运到芝加哥。乔·赖特正是把所有赌注都压在了芝加哥的冬天。

但遗憾的是，乔·赖特的这一算盘还是落空了。美国的爱默家族一直经营肉类食品工业，对于小麦的重要性十分明了。为了避免更大的经济损失，爱默直接向下属的船长指示：从冰封的大湖中凿出一条航路来！

小麦就这样一船一船地运到了芝加哥。乔·赖特的计划已然失败。但乔·赖特不仅没有收手，反而大量买进这些麦子，妄图以此翻身。但没等他进行下一步，政府也发出了通知：将从其他城市大量进购小麦。乔·赖特的计划彻底破产，他不仅没能保住自己的一百万，反而亏损了一千万。

市场竞争尽管十分激烈，但企业的经营者只要用心，就总会发现竞争对手尚未注意到的市场。在这之前，管理者所要做的就是擦亮自己的双眼，保持自己的清醒，不要在机会已经接近的时候阴沟翻船。错过一个机会，也许还可以坚持到下一个机会的到来；可要是彻底翻船，等待自己的就只有失败的结局。

每一个人都或多或少地拥有"赌徒心理"，管理者也不例外。但管理者必须谨记：越是在自己眼前看起来山穷水尽、别无选择的时候，就越是要保持极度的冷静与耐心。所谓的别无选择，其实往往是由于自己只看一点、不辨全面，倘若自己真的不惜一切、孤注一掷，结果必然伴随着不可预料的巨大风险。

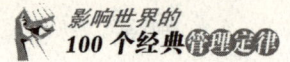

俗话说，天无绝人之路，对陷入困境之中的企业经营管理者而言，这真是一句最为正确的话。每条路径的终点虽然不可改变，但选择哪条路却取决于管理者个人的思考。如果管理者不加思考就过早放弃，接受现有的状况而一味地蛮干，这同把头埋在沙子里的鸵鸟没什么区别。在这条路上不论走得多么辛苦、多么遥远，也绝对不会成功。

所以，卡蒂埃定理要告诉管理者的就是：换一个方向来思考。任何事情都是一体两面的，危机也好、困境也罢，机会始终都隐藏其中，有待管理者以全新的眼光来审视。即使是看起来无懈可击的庞然大物，也会有一个一戳即破的软肋；看似日暮途穷的末路，背水一战或许就成了生路。说到底，是市场局势对管理者的智慧能力的考验，而非断绝一切希望的终章。这一切建立在管理者没有失去理智的前提下，如果管理者真的放弃了思考，以蛮力来取代智慧，那才是一切失败的开始。

40. 微软破产论：危机只在眼前

说起商业界的传奇，人们必然会想到微软公司。在短短的20年间，微软就从一个由两位辍学的大学生所开办的公司，成功成长为世界最大的软件企业。这难道是比尔·盖茨决策有道？可古往今来的商业巨子，又岂止盖茨一人？是微软的员工太过优秀？可优秀的人才在各大企业中更不稀缺。在微软公司里，流传着一句比尔·盖茨经常告诫员工的话：微软离破产永远只有18个月。虽然不知道盖茨是从哪里得到的18这个精确数据，但这一番告诫显然起到了很大的作用。在盖茨的反复强调下，微软所有的员工都把这一句话谨记于心，并且为了避免18个月后的危机，他们都把自己全部的心力投注在了工作中，而这就是微软能够取得成功的一大关键。盖茨的这一理论也因此得到重视，以"微软破产论"这一名头风靡于管理界。

让我们试着对所有的管理者们提一个问题：你认为你所在的企业，最大的对手是谁？也许在看到这个问题的瞬间，所有人的脑海里，都会自动闪现几位老对手的名字。但是，这种想法显然是偏颇了一些。说到这里，也许有的管理者就会猛然想到那句著名的话：最大的对手，永远都是自己。

一个企业失败的原因有很多，但在这些原因当中，盲目自大、忽略自身，是不少企业的通病。即使是规模再为庞大、资金再为充足、市场份额再高的企业，危机也会如影随形，无处不在。历史上有许多著名的大企业，尽管历经多年发展，建立起了一套严格的生产标准、安全标准和服务标准，也还是不免会在一些突如其来的危机问题上栽跟头，给自己带来巨大的损失。由此可见，微软破产论并不仅仅适用于微软，而是对所有企业管理者的警示。

可口可乐可以说是当今世界最受欢迎的饮料之一，凭借着可口可乐的超高人气，可口可乐公司也荣升为世界最大的饮料厂商。但在整个经营的过程中，可口可乐公司也曾因一时疏忽而使自己蒙受了巨大的损失。

1999年6月9日，比利时有120人（其中40人为学生）在饮用了可口可乐之后，出现了头晕、头痛甚至是呕吐的症状，紧接着，法国也出现了相同的状况。而后，因饮用可口可乐而出现类似症状的人数，更是高达802人！对于已经拥有113年历史的可口可乐公司来说，这毫无疑问是一场突如其来、始料未及又影响巨大的危机。

事件发生以后，可口可乐公司总部也接到了这一报告。但是可口可乐公司的高层却丝毫没有意识到问题的严重性。面对铺天盖地的质疑，公司的高层不仅没有积极地应对态度，甚至没有对可能存在问题的可口可乐采取弥补措施，如回收或是就地销毁等等。不仅如此，公司还向社会大众反复宣称：自己的产品绝对安全可靠。然而仅仅凭借这样一句不痛不痒的话，根本不足以打消消费者的疑虑，为了确保自己的健康，消费者们普遍采取了远离可口可乐的做法。尤其是在比利时、法国及其临近的国家，饮

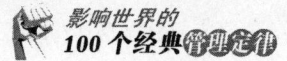

料零售商们干脆选择将所有的可口可乐下架。这一举动无疑给可口可乐公司带来了巨大的经济损失。不仅如此,由于可口可乐公司的态度实在是轻描淡写,社会公众都对此表示强烈的不满。可口可乐公司的形象和声誉,也因此受到了巨大的损害。

可口可乐公司的这一教训不可谓不惨痛,尤其是作为一家拥有113年历史的老牌企业,按理说,经过的大风大浪也不在少数,但偏偏就在产品安全这么一个重要的问题上栽了跟头。不仅如此,没解决好这一问题,在危机公关的问题上,他们又再一次犯了迷糊。好在这一打击还没有彻底致命,不然的话,风靡全球的可口可乐公司,也许就要成为商业历史中过去的一页了。无论如何,可口可乐的这一教训都告诫了我们的管理者:微软的破产也许是在18个月后,但我们的破产却很可能就在下一秒,所以不要小看这一秒。当这一秒到来的时候,企业的经营管理者们所要搭进去的,或许就是整个企业了。想要真正经营好一家企业,并不如我们所见的那般容易,管理者所需要倾注的心血,远比下属员工要多。随着企业的逐步发展,旧的问题也许得到了解决,但也有一部分会盘根错节,让管理者难以撼动,同时新的问题也会在暗中不断滋生。可以说,越是规模庞大、发展迅速的企业,就越会容易积累各种问题,滋生各种危机。仅仅是以此而论,管理工作永远没有尽头。

所以,尽管任务繁重,我们还是要对管理者们一再强调:打起自己的精神,好好审视自己的企业,是否又出现了什么发展上的误区;自己的管理工作,是否做到了合格。很多时候,危机并不可怕,因为危机总会过去,可怕的是管理者缺乏预防危机的意识,到时候危机接踵而来就无法应对。即使实力再为雄厚的企业,在接二连三的阻碍面前,也会延缓自己的脚步,在激烈的市场竞争中,这种放慢步调的做法,很多时候就等于是给对手留下赶超的机会。

41. 本尼斯第一定律：别让意外打乱了步调

结束了一段劳累的工作之后，我们是不是可以放松一下了？也许会有很多人认为这是一个好主意，但在一个优秀的管理者那里，我们只能听到否定的回答。管理者的工作职责之一，就是面对无休止的、随时都会到来的麻烦，工作中的任一环节，都需要管理者足够的重视。

美国加利福尼亚大学商学院的教授本尼斯，就是这一观点的拥护者。在他看来，那些失败的企业之所以失败，就是因为在企业发展的过程中，那些非日常的工作推迟了所有内部人员的日常工作，并扼杀了所有的计划和基本变化。所谓"非日常的工作"，显然是指那些不请自来的麻烦。通过阐述这一看法，本尼斯向所有的管理者，介绍了一个万分重要的管理定律——本尼斯第一定律：绝不能忽视计划执行环节中，可能出现或已经出现的，看似微不足道的问题。

任何计划都是美好的，就像任何前路都是崎岖的一样。如果不是太过较真，我们完全可以把任何一个刚拟定出发展战略的企业，形容为玻璃前嗡嗡飞舞的蜜蜂：前途光明，路途杳渺。对于那些心怀壮志的管理者，我们必须要无情地指出这样一个事实：在理想与现实之间，隔了无数个意外的变局；其中任何一个意外，都有可能让他们阴沟里翻船。

这一说法绝不是危言耸听。如果我们对那些成功的企业有过足够的了解，就可以发现，这些企业在预防机制上，都下了很大的力气。表面上看起来他们是上天的宠儿，其实只不过是比别人多留了一个心眼儿罢了。而这看似简单的"多一个心眼儿"，就是本尼斯第一定律最苦口婆心的劝告。

著名快餐麦当劳的创始人雷·克劳克曾经说过这样一句话："我十分强调细节的重要性。在我看来，如果你想把整件事做好，就必须做好业务中的每个基础环节。"麦当劳后来的历任总裁也都继承了这一管理理念，

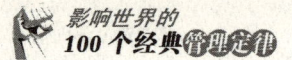

这使得麦当劳在世界快餐行业中占据了重要的地位。

麦当劳十分注意服务环节的每一个细节，并且对每位员工都提出了同样的要求。每一位员工刚进麦当劳时，首先会领到一顶白色的帽子，然后从最简单的炸薯条工作开始学起。等掌握炸薯条方法之后，他们又要学习做奶昔，就这样一直做到烤圆面包和牛肉饼。休息期间，他们也必须待在一间小屋子里，接受电视培训——在房间里有一台电视和一台录像机，不停循环播放着诸如如何更好地做一个汉堡、如何保持薯条松脆之类的宣传片等等。

不仅如此，为了避免任何因疏漏而招致的意外，麦当劳还费尽心思编写了一本《麦当劳手册》，书中囊括了麦当劳所有服务的每个过程和细节。通过这一本书，即使是刚入行的菜鸟也可以在最短的时间内熟悉工作流程，成为老手。

或许有一部分管理者认为，对各个环节都操心费神，只是在加重管理者的工作负担。然而，即使这一工作真的成为负担，我们也只能请管理者们多多担待。要知道，负担即使真的加重，管理者多少也是可以承受得起的；可对于企业来说，任何微小的意外变局，都是不能承受之轻。

美国国际电话电报公司的行政总裁哈罗德·吉宁认为：一名卓越的管理者从来不会对细节问题撒手不顾，反而在适当的时候会对它追根究底。

在工作中，吉宁也是一个极为苛求的人，他对细节的执着堪称"疯魔"。吉宁有着令常人惊异的记忆力和速读能力，他喜欢亲自了解原始数据，而不是由下属把材料总结好再交给他。他曾经说：有许多事不需要我知道，但在事后，我必须要知道这是怎么回事。一旦发现任何问题，他就会迅速地行动起来，并要求负责该项目的下属介绍详细情况，以便在最短时间内解决。他的一位行政主管说过："在国际电话电报公司由吉宁一级解决的问题——有许多是小问题——比其他任何一家大公司都要多。"毫无疑问，这是一种极为婆婆妈妈的管理作风。但事实上，吉宁通过这种严格细致的工作作风和办事原则，使公司的规模在很短时间内，就扩大了足足10倍！

在现代组织管理当中，有一个最为基本的概念——过程管理。所谓过程，是指"将输入转化为输出的、彼此相互联结的一系列活动。"这一定义不仅是对"过程"二字的直观解释，同时更提醒了管理者们这样一个事实：任何一个与企业当下目标相关联的领域，都必须纳入到管理者的工作之中。

俗话说，千里之堤，溃于蚁穴，即使规模再为庞大、实力再为雄厚的企业，也不能拍着胸脯，保证自己一定能够安然度过所有的风浪。而管理者最为稳妥的做法，就是引导企业走一条平稳的路，至少也要尽量规避意外干扰，使企业的运行步调不至于经常被打断。

当然，我们也要承认，管理者不是万能的，他们也不是机器人，要让他们永不疲倦地全盘了解，显然是寄望太多，也是太过刁难。因此，我们得建议管理者们：你们需要一个好的监管机制。人力监管的效率远远不如制度监管高，有效的机制同样可以在第一时间内，起到遏制负面影响的作用。总而言之，对管理者来说，重视企业目标，就要重视过程；重视过程，就必须要重视规避意外。

42. 戴伯尔法则：管理者要适当"独裁"

在现代的管理制度和管理方式当中，有一个极为出名的概念：企业民主管理。诚然，随着时代的进步和管理观念的转变，民主的企业管理方式，已经越来越受到企业管理者的重视和提倡，也确实为构建和谐企业提供了强大的动力。但民主管理模式在实际操作当中，仍然有许多难以避免的误区，这也是当今的企业管理者们所要警惕的地方。

对此，英国戴伯尔公司的总裁就一针见血地指出：民主虽然是现代管理的潮流，但若事事都要求民主，效果反而会不尽人意。在戴伯尔看来，许多企业及其管理者，正是由于在管理中事事要求民主，以至于失去了否决权。可企业一旦面临危机，否决权却是管理者舍此无它，必须使用的手段。那些选择放手的管理者，结果也只能任由危机宰割。

这一表述也即戴伯尔法则。戴伯尔法则的提出，无疑给纠结于"听从下属还是坚持自己"的管理者们，狠狠地当头敲了一棒。就像中国传统经典《庄子·应帝王》中，倏、忽与浑沌的故事那样，如果管理者每次都听从多数的意见，而放弃自己坚信正确的观点，结果很有可能使企业在巨大的危机面前彻底覆亡。

在当今时代，讲民主的管理者确实是十分开明的，但这并不等于说，民主是万能的管理方式。对管理者来说，应对危机的过程民主与否，并不是最重要、最该关心的事情。能否使企业成功地规避风险，才是衡量一个决策是否应该坚持的根本考量。

在美国历代总统当中，林肯不仅是伟大的，也是相当"个性"的。这一个性在他的决策工作中体现得尤其明显。

由于林肯之前的几任总统都比较弱势，惯于妥协，白宫政府的总统顾问，也都养成了过度参政的习惯。加上林肯的名气又比较小，所以他们并不买账。但林肯却毫不妥协，只要是自己认为正确的，就毫不动摇地坚持。

有一次，林肯召集6位幕僚一起开会，期间提出了一项重要的法案。然而6位幕僚之间，彼此的意见也不统一，最终引发了激烈的争论。林肯在听完他们的争论之后，仍然觉得自己的意见是正确的，但6位幕僚这个时候又都站出来，一致表示反对林肯的法案。面对这一情形，林肯没有退让，而是强硬地表示：尽管只有他一个人赞成，他仍要宣布，这个法案通过了。

在主政白宫期间，这种强硬贯穿了林肯的全部政务工作。在内阁中，林肯的部长们都只负责所在部门的纯行政事务，而那些政策问题，也一律由他自己来决定。

有人对此十分不满，并抱怨林肯的做法导致内阁看起来就像是个摆设。而林肯并没有因此动摇，还特别讲了一则《狮子与樵夫》的寓言故事来说明他的想法：有一天，一只狮子爱上了樵夫的女儿，并且特意登门提亲。樵夫为了赶走狮子，就要求狮子拔去牙齿、剪掉利爪。等到狮子按照樵夫的要求一一照办后，却被樵夫用棍棒彻底制服。在他看来，如果自己也事事听从幕僚的意见，自己与故事当中的狮子又有什么区别呢？

如果说林肯是一头不愿妥协的猛狮，那么身为企业的管理者，同样不能忘却了自己该有的领导魄力。我们确实不能否认，民主是当今时代的管理原则，但管理者们也不要忘了"如鱼饮水，冷暖自知"这一明训。很多时候，一项决策的利害攸关，只有管理者才能更好地感受体悟，虽然所有人都有参与的权利，但也只有管理者才有做出决定的资格。资格，与权利是有着很大区别的。

虽然民主可以广泛地吸纳意见，但也很容易造成时间、人力和物力的重大浪费。在瞬息万变的市场当中，上天留给企业管理者的机会，通常只在转瞬之间，但要想让所有人都接受，显然还需要一个过程——一个时间长到足以错过机遇的过程。这样一来，企业当中的民主决策反而成为了降低效率、破坏机遇甚至是动摇企业根基的"黑手"。这种说法在情理上或许令人难以接受，但如果管理者对此漠视，结果可能会更加令人难以面对。

不论是民主讨论也好，独断专行也罢，企业管理者做出决策的出发点，只应取决于这一决策能否有助于达成目标，是否不违背获利第一的企业决策法则。相比于企业的本质追求，民主和独断都只是工具，用过之后就可以丢弃在一边。如果在这个问题上优柔寡断、举棋不定，管理者不仅会坐失良机，更会在危机面前彻底失去抵抗的能力。

事实上，如果管理者的适当"独裁"真的不可原谅，那么在任何一个组织当中，就不需要特别设立管理者，组织当中也就不需要有层级之分了。然而事实却是：在任何一个组织当中，最高的管理者都有且只有一位。这一事实的存在也证明了戴伯尔法则的正确性与可行性。对当今的管

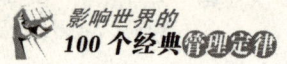

理者来说，既然自己有别于下属的独特身份还存在，那也就意味着自己的独特权力依然正当、权威。民主讨论，说到底，是为了给管理者最终的决策提供参考依据，而管理者所要做的，就是吸纳其中的正确意见，做出更加合理的判断。也就是说，如果群体的意见并不能为企业的发展和决策带来助益时，管理者就不应该为形所役，而是要坚持自己的正确看法，力排众议、一锤定音。

43. 崔西法则：工作流程要一减再减

对以利润最大化为根本追求的企业来说，"效益"二字的重要性可谓是不言而喻。但在一个企业的生产流通过程中，效益却有着一个时时刻刻都在干扰自己的"死对头"——成本。在任何一个企业内，有识的管理者们都把削减高昂成本，看作是管理工作的一项重大任务。但要想降低成本，我们就得先搞清楚一个问题：高昂的成本究竟自何而来？

客观地说，不同企业所面临的发展境况不同，自身内部的问题也不尽相同，因此成本也不会固化。但纵观当今企业发展过程中的种种问题，我们需要提醒所有的管理者们：工作流程不可太烦琐。

管理学中著名的崔西定律，通过数据对这一道理做了更加精准的阐述。崔西定律认为：任何工作的困难度，与其执行步骤的数目平方都是成正比的。倘若完成一件工作有3个执行步骤，这一工作的困难度就可以看作是"9"；倘若有5个执行步骤，那么这一工作的困难度就是"25"。

崔西定律极为形象地描述了一个企业烦琐的工作流程给企业目标的实施所带来的巨大阻碍和高昂成本。对企业的效益来说，这一成本可以说是触目惊心。但是，我们也不得不承认这样一个悲哀的事实：在当今大多数企业中，人员冗杂、机构庞大、官僚作风的问题都是家常便饭。由于这些问题的存在，越是规模庞大的企业，就越是容易出现尾大不掉的尴尬局面。

这一情况的存在显然是不合理的，更是任何一位企业的管理者都必须全力解决的问题。因为这些问题的存在，原本可以轻易完成的工作，就在一大拨人、一大批部门的互相扯皮当中，被割断、撕裂，这一后果可以说是极为严峻的。

到了20世纪80年代初的时候，身为美国汽车业三大巨头之一的福特公司，也遭到了本田、丰田等日本竞争对手的强势冲击。为了巩固自身在市场上的地位，福特公司想方设法降低企业的生产成本，主要是削减管理费用和行政开支。

当时，福特在北美应付款部门的员工多达500人，整个部门人员冗杂，工作效率十分低下。因此，福特公司制定了全新的改革方案：通过运用信息技术，减少信息传递的流程，以此削减20%的部门员工。

就在这一计划即将付诸实行的时候，福特公司的管理层偶然间参观了马自达公司。参观的结果也深深震撼了福特公司的管理层：在马自达公司的应付款部门，竟然只有区区5名员工！就算马自达公司规模本来小，按照比例计算，裁员之后的福特公司，仍旧比马自达多雇用了5倍员工！于是，先前的改革方案立即被叫停，福特的管理层们紧急展开了新一轮改革方案的商讨，决定对公司及与应付账款部门相关的整个业务流程，进行彻底的改革重组。

在改革之前，福特应付款部门的业务流程是这样的：

采购部门向供货商发订单，并将订单复印件发往应付款部门；

供货商发货，验收部门验收之后，将报告单发往应付款部门；

供货商将发票发往应付款部门；

等订单、报告、发票聚齐之后，应付款部门才能付款。

由于彼此总有偏差，应付款部门大多数时候都用在了三方的协调工作上，因此导致了极为高昂的成本。经过改革之后，这一流程出现了全新的变化：

采购部门发出订单，并将订单详情输入联机数据库；

由验收部门核对供货商的货单与联机数据是否一致。如果一致就收

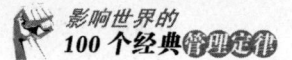

货,并在终端上按键通知数据库,由计算机按时付款。

在福特公司的新业务流程中,发票被彻底取缔了。之前,应付款部门需要在发票上核对多达14项的内容,但改革之后,部门只需要核对零件名称、数量和供货商代码即可。比起过去,这一流程可说是极为便捷,福特公司也因此裁减了75%的冗员;由于订单和验收单的自然吻合,付款工作也减少了许多审核流程,不仅使付款更为及时,也使得部门的财务信息更加公开、透明、准确。

福特公司的这一改革,堪称是企业部门改革的教科书级案例,透过这一案例,管理者们想必更能够感受到,简单的流程与更大的企业效益之间,有着多么紧密的联系。我们完全可以这么说:简化的流程与更高的效益,本来就是一体两面,如果没有前者作为基础,后者也无法独立存在。

越是精密的仪器,就越是经不起拆卸,因为其中任何一个微小的部分,都会影响整体的运行。在形势复杂、竞争激烈的市场当中,企业要想更好地面对风险,显然不能这样"娇气"。所以,上天留给管理者唯一的选择,就是让企业的工作更加简明、运转更加流畅。

一个企业内部的流程越多,管理者所要考虑的事情就越多。有一句话说得好:智者千虑,必有一失。任凭管理者花费再多的心血,也不可能做到事事周全,如此看来,管理者把企业工作复杂化的做法,简直就是在给自己挖坑。即使管理者做出这一决定的初衷再好,结果也必然是南辕北辙、缘木求鱼。

不妨让我们这样比喻:企业当前所处阶段,是纸上的一个点;而企业所要实现的目标,就是另外一个点。相信对几何稍有了解的人都知道两点之间,线段最短。如果说尽快达成目标,是企业发展的唯一选择,那么管理者们理所当然的,应该选择那条最短的直线,也就是尽量削减影响进度的工作流程。只有这样,管理者才能在企业与目标之间,架起一座最为平稳、短途、便捷的大桥,才能实现企业更好更快的发展。

第五章
规章制度

很多时候,从规章制度当中,就能看到一个企业的精神面貌和发展前途。规章制度从来都不仅仅是冷冰冰的条款,其中也折射出企业管理者的管理理念和智慧。

任何一家企业的规章制度都不尽相同,但有一点基本原则是无论如何都不会改变的:规范企业内部的员工行为,保证企业各项工作的正常开展。因此,这些规章并不是轻易拟就,管理者必须结合企业的发展目标和内外形势,从实际出发细细敲定。

但是,规章制度也有一些必须保持的基本特征,比如权威性、规范性、约束性、程序性……若是不具备这些特征,规章制度也就无法发挥保证企业正常运转的积极作用。

除此之外,管理者也要确保规章制度强有力的执行。这一点很大程度上取决于管理者本人的魄力和表率。如果得不到实施,再好的规章制度也只能束之高阁,沦为一纸空文。从这些方面去考察,很大程度上就可以判断一家企业的优劣了。

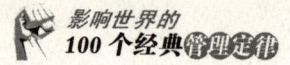

44. 热炉法则:火烈则人畏,宽待则多难

春秋时期,郑国有一位杰出的政治家名叫子产。子产在临死的时候,曾经拉着继承者太叔的手告诉他这么一个道理:"火很猛烈,人们都心怀畏惧,所以玩火而死的人很少;水很柔善,人们都不当回事,结果溺水而亡的人很多。"最后子产告诉太叔:管理的手段一定要严明。太叔一开始还不愿意动用严厉的刑罚,结果郑国盗贼四起。太叔这才赶忙改变策略,严厉打击违法犯罪,才让郑国的犯罪消停下来。

这个故事体现了西方管理学中的一个重要法则——热炉法则。热炉法则是对管理中惩处原则的重要阐述,主要包含以下四个原则:

第一,热炉是非常灼热的,人一旦接触,就必然会被烫伤——这是警告性原则的体现。这一原则要求管理者经常对下属进行规章制度的教育,作为警告;第二,不论何时,人只要接触热炉,每次都会被烫伤——这是一致性原则的体现。这一原则指的是管理者对于下属每次的违规行为,都要做出相应的处罚;第三,人只要一接触到热炉,就立即会被烫伤——这是即时性原则。管理者对违规行为的处罚必须及时有效,不能拖延时间;第四,不论是谁碰到热炉,结果都是被烫伤——这是公平性原则。管理者心中要不存偏私,对下属的违规一视同仁,同时自己也要以身作则。

简而言之,热炉法则的含义就是:一个组织中的成员,不论其身份高低、权力大小,只要触犯了规章制度,就必须受到惩罚。而在惩罚过程中,警告性、一致性、即时性和公平性的原则,管理者始终都不能丢弃。

巧的是,对于这一管理法则,在中国也有着高度相同的阐述。中国有一句古话:"人心似铁,官法如炉。"即使人心像钢铁一样冷酷,也顶不住刑律这个大熔炉的煅烧,最终只能乖乖屈服。

热炉效应可说是管理学中管人用人的诸多原则当中的一大要点。每一个下属都是有思想、有灵魂的活生生的人，他们秉性各异、脾气不同，又承担着不同的工作，为团队发挥着不同的作用。如何让这些不同的树叶都牢牢地攀附于同一根枝条，是管理者的重要工作之一。员工难免会犯下错误，但如何惩罚制裁，考验的却是管理者的智慧。对那些犹豫不决的管理者来说，默诵热炉法则显然是个不错的选择。尽管扮黑脸总是让人十分为难，但对那些成功的管理者而言，惩罚的效果也是十分明显的。

在美国新泽西州有一家汽车代理公司，公司的销售经理叫作查尔斯·派克。查尔斯·派克尽管平时表现得风度翩翩、通情达理，但当他面对员工的消极怠工时，总会摆出严厉的面孔，让人心有余悸。

某月，因为一名销售员的销售额实在太差，查尔斯便将那位销售员叫到办公室里长谈。在谈话中，查尔斯针对提高销售额的问题进行了分析，并主动向员工表示自己可以在哪些方面起到帮助作用。等到一周以后，这位销售员还是没有卖出一辆车，并且在面对查尔斯的时候，表现得十分坦然、毫不愧疚。查尔斯当即大发雷霆，并告诉他，自己绝不接受他的销售成果。不仅如此，查尔斯还将桌上的笔记本朝着这名销售员砸了过去。就在当天，这名受到批评惩处的销售员就卖出了两辆汽车。事后查尔斯说道："之前我就找他谈过话，说过自己会帮助他。但我必须切实地做点什么……我不会对他们道歉……我对我的员工是很严格，但他们都知道我是为了他们好。如果善用惩罚，就真的能够奏效。"

从这个案例中，管理者们想必一定有所体会。一个聪明的管理者，不仅能够激励并鼓舞员工，而当员工实在不像话的时候，也能不吝发泄自己的怒火。虽然极端的做法有时会显得毫无风度，但在纠治错误面前，风度还有那么重要么？当然，如果能够彻底掌握热炉法则，管理者们未必非得牺牲自己的风度，来纠正员工的错误了。

热炉法则的关键在于四原则，与之相应的，管理者的惩罚活动，也必须注意以下四点：

(1) 不教而杀谓之虐。

这一点要求管理者必须在事前对下属应该遵守的条例、注意的事项加以说明，尤其是对犯错的惩罚结果要明确告知。这也是管理者的义务所在。只有事前讲明，下属才会感受到管理者严肃认真的态度，才能端正自己的行为。

(2) 惩罚一致不轻改。

那些屡次犯错的员工总是让管理者最为头疼。尤其是隔三岔五就犯点小迷糊的员工，很多时候，管理者也没有足够的耐心一再纠正，但这一做法却与热炉法则相违背。热炉法则强调管理者对屡次犯错的下属应该决不姑息，只有每次都摆出最强硬的态度，才能在这类下属脑中种下遵守规章的潜意识。

(3) 第一时间做裁决。

管理者对员工违规行为的惩罚，不仅要在内容上严格，在时机把握上也一样要严苛。如果管理者犹犹豫豫，下属违规的行为可能就会愈演愈烈。不仅如此，犹疑不决的态度也会把自己优柔寡断的一面展现给员工，丧失自己的权威。这显然是管理者的大忌。

(4) 一视同仁不偏私。

国有国法，家有家规，规章条令面前，没有哪个员工可以凌驾于准则之上。不仅对员工要一视同仁，对于自己的定位，管理者也要有所觉悟。如果严于责人而宽于律己，这样的管理者显然也是失职的。这一原则往深了讲，也强调管理者要对事不对人，在惩罚中不带任何主观的色彩，单以下属的行为作出相应的惩处。

45. 破窗理论：大道不诛，诛首恶

中国有句俗语，叫作千里之堤，溃于蚁穴，说的是巨大的灾难，往往都是因小事而起。某种程度上说，这个微不足道的开头，才是整个事情的关键。作为管理者，如果能在第一时间，对最先出现的情况做出合理有效的应对，往后的一系列巨大危机或许就可以避免了。

这一说法绝非夸大其词，而是有着深刻的理论根据的，这一理论根据就是著名的"破窗理论"。这一理论本是针对犯罪学而提出的，但到了今时今日，破窗理论已经在社会管理、企业管理和经济管理中被广泛地运用。

破窗理论的提出者，是美国的政治学家詹姆士·威尔逊，以及犯罪学家凯琳。这一理论的提出并非毫无根据，而是基于一个著名的实验。

在美国的斯坦福大学，有一位名叫菲利普·津巴多的著名心理学家。在1969年的时候，津巴多做了一个社会试验。他找来了两辆一模一样的汽车，将其中一辆停在了位于美国加州帕洛阿尔托的中产阶级社区；另一辆则被停在了纽约数一数二的贫民区——布朗克斯区。津巴多将停在布朗克斯区的那辆汽车的车牌摘掉，又打开了车的顶棚。结果，仅仅过了一晚上，这辆汽车就被偷走了。而放在中产阶级社区的那辆车，过了一个星期都没人理睬。津巴多便将那辆车的玻璃敲出了一个大洞。结果仅仅过了几个小时，这辆车也不翼而飞。

根据这一实验，威尔逊和凯琳提出了破窗效应的理论。这一理论认为，如果某幢建筑物的窗户玻璃被人打坏，又得不到及时的维修保护，别人就会因受到纵容而继续毁坏别的窗户。时间一久，这些破窗户就会给人留下无序的印象。这种印象一旦产生，犯罪的土壤也就随之滋生。

破窗理论的提出，对那些长久以来一直为规范团队行为而苦恼的管理者来说，不亚于当头一棒。出了问题之后的问责，是大部分管理者都能够做到的事情，但事后的弥补工作总是会浪费更多的精力、人力甚至是物力，对于任何一个团队来说，这都是一笔巨大的损失。破窗理论带给管理者的一点核心启示就是：防微杜渐，严惩首恶。

在美国有一家规模不大的公司，由于很少炒员工的鱿鱼，在行业内一直为人津津乐道。但这家公司的资深员工杰瑞却没想到，自己因为一时的糊涂，竟成了被辞退的一员。

杰瑞在公司里是一名资深的车间工人。有一天，他在切割台上工作完后，便将切割刀前的防护挡板卸了下来。没有了防护挡板，就会出现安全隐患，杰瑞之所以这么做，也只是为了能够更加快捷地收取加工零件，让自己的工作进度更快一些。但这一幕恰好被刚刚走进车间视察的主管看到了。主管对此十分气愤，不仅责令他将挡板装好，更站在原地对他斥责了半个多小时。第二天，杰瑞刚到公司，就被老板叫到了办公室里。老板对杰瑞说："身为一名老员工，你应该比所有人更懂得安全对于公司的重要性。即使你在某一天工作进度稍微慢了，公司也可以找个人、抽个时间来弥补。可安全事故一旦发生，导致员工失去健康与生命，那是公司永远都无法弥补的。"

当杰瑞离开公司的那天，他第一次流泪了。在公司工作的这几年里，他受到过表扬，也受到过批评，但从来没有被彻底否定。但这一次，他知道，自己在无意间触碰到的，是公司的底线。

破窗理论认为，任何一种不良现象的形成，都是由于管理者没有在第一时间内，对已经出现的坏事苗头进行纠治所造成。有不少的管理者，经常会轻视员工那些看似微小的疏忽，但在这些疏忽的背后，却隐藏着巨大的风险。从管理者对这些疏忽的态度中，也可以看出他们能否称得上合格的管理者。

破窗理论给管理者的一点核心启示就是：严惩第一个违法乱纪之人。中国伟大的思想家孔子对此曾经说过一句话："大道不诛，诛首恶。"这可以说是管理学中用人管人的一大要点。上级对首个犯错之人所采取的态度，并不仅仅关乎双方，对团队里的其他成员来说，也是一种极大的暗示，管理者如果对某个人放纵，到头来就会发现，整个团队都变得松弛、无序。

为了杜绝这一现象，管理者务必要谨记以下要点：

(1) 谨慎对待员工的小错。

通常情况下，管理者并非是有意偏袒员工，只是缺乏了远虑，没有顺着那些细微失误顺藤摸瓜，忽略了可能因此带来的巨大困扰。这其实是在质问管理者，是否具有敏捷的思维和清晰的头脑？即使管理者真的无暇顾及太多，也可以有退而求其次的选择——勿以恶小而纵之。不论工作多么繁忙，管理者至少请牢记这一点，这样一来，可以避免日后的很多麻烦。

(2) 力求规章制度的完善。

单纯依靠严惩首恶的态度，还不足以彻底做好管理工作。身为领导层，就应该有更深入的思考。那些引发巨大恶果的微小错误，很多时候都昭示了一个团队中，规章条例还不够严谨、细致的事实，这一点可以看作是管理者的失职。要想确保下属在工作中减少纰漏，管理者就必须做好查漏补缺的工作。规矩细致了，人们才能知道何者该为，何者不可为，这也是从源头上杜绝第一扇破窗的明智做法。

46. 权威暗示效应：打造领导力

每个打开电视观看节目的观众，一定不会对形形色色的广告感到陌生。人们很轻易地就能发现一个现象，很多商家在为自己的产品做广告

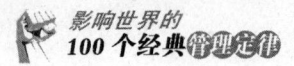

时,都会选择明星来代言。这一现象中,就蕴含着管理学中的一大管理原则——权威效应,也称权威暗示效应。

关于权威暗示效应,美国的心理学家曾经做过这样一个实验:实验者趁着某个班级学生上课的时机,在课堂上向学生们介绍了一位据说是从德国来的著名"化学家"。这位"化学家"进了教室之后,便开始向所有学生介绍自己的最新发现——一瓶装在玻璃瓶里的蒸馏水。据这位"化学家"介绍,这是他新发现的一种略带气味的化学物质。接着,他让每位学生都闻了一遍,并要求闻到气味的学生举手示意。结果,有一大半的学生都举起了手——很显然,这瓶所谓的新化学物质不过是一个谎言,所谓的特殊气味也不存在。只是由于这位权威"化学家"的言语暗示,才让大多数学生都在不知不觉间受到了影响。

通过这个实验的例子,人们就可以明白权威效应有多么强大了。看到了这一效应的强大力量,人们也就可以理解那些商家为什么愿意花费数万、甚至数十万的广告费用,只为了让某位明星在电视广告中,为自己的产品吆喝那么几十秒。商家不是傻子,花那么大代价自然不是钱多没地方扔,他们正是看到了明星权威的价值,才做出这么下血本的选择。事实上,明星的代言一旦发挥作用,带给商家的利益,又岂止是代言的代价所能比拟的?

同样的,身为企业的经营管理者,即使不曾听说权威暗示效应这一理论,想必也不会轻视权威的作用。权威是管理者身上必贴的标签,某种意义上,失去了权威的管理者,就不能称之为是合格的管理者。管理者对员工来说,不仅是工作开展与运转的核心,更是他们心灵上的依托。人人都有安全心理,跟从权威人物的指引,更能让他们觉得安心;人们也有赞许心理,相信按照权威人士的要求去做,是获取他人认可与赞美的最佳渠道。把握了人们的这一心理,经营管理者就可以在工作中无往而不利。

关于权威暗示效应的运用,有这么一个小故事可以作为说明:

美国有一位商人，在出版行业摸爬滚打了多年。有一年，他的书库出现了一批滞销的书籍，过了许久都未能脱手。经过一番考虑，他想到了一个好点子：借用总统进行推销。于是，他将一本书送给总统，并先后几次写信给总统，请求他做出评价。总统忙于政务，又不耐其烦，于是随口回应说："这本书还不错。"出版社收到回信后如获至宝，当即在书的封面上大肆宣扬：总统读后觉得本书很好。这番宣言一出，读者纷纷购买，这批书很快就被抢购一空。

过了一段时间，出版商又有一批书需要尽快出手，于是他再次想到了总统。被戏弄了的总统决定和他开个小玩笑，于是回复他说："这本书真是糟糕透了。"不料出版商却四处宣扬：这是一本总统十分讨厌的书。出于好奇，很多人纷纷再次购买，这批书又被抢购一空。

总统得知这一消息后哭笑不得，于是当出版商第三次将书送到他面前时，他死活不肯开口。结果出版商这一次又把标语换成了：这是一本总统都难以评定的书。这一次的标语比起前两次更震撼，这批书同样很快销售一空。

这是活用权威暗示效应的一大经典案例，在商业管理中也经常会被提起。通过这一案例，管理者对自身权威作用的认识，想必也会更上一层楼。

在管理工作中，管理者经常要面对的问题之一，就是"如何让别人听我的"。不论是从个人满足来讲，还是从团队的有序运转来看，管理者的言出法随，都是有其必要的。但要让别人听自己的，却不是那么容易的事情。很多简单粗暴的管理者，都会用极端恶劣的态度来面对下属，这种负面激励虽然一时可见效果，但显然不是万能的灵药；还有的管理者性格柔弱，一味地扮演老好人，对员工极尽宽谅。这样的做法，虽然可以让员工感怀一时，但时间一久他们也会彻底懈怠。这两类管理者都没有意识到权威才是管理下属的关键。

当然，权威并不等同于火起物摧的狂猛，更多的是风行草偃的协和。也就是说，管理者的权威，并不等同于强势霸道的命令。权威的形成因素是多方面的，权威本身也存在多种类别，如传统权威（依赖于传统或习俗的权利领导形式）、魅力权威（依赖个人魅力而形成的领导关系）、理性法定权威（以理性和法律规定为基础行使权威）。不同的权威有不同的适用范围，对管理者而言，了解权威、运用权威，也是更为有效的管理手段。

当今时代的管理者权威，表现得更加复杂多样。封建时代君权神授的思想土壤已经湮灭，一个优秀的管理者唯有通过加强自身的修养，才能树立更加良性的权威。现代的权威，更多的取决于管理者的思想、能力、品质等要素，也与团队内部思想上取得共鸣、情感上能够沟通有重大的联系。只有在这些方面表现的足够优秀，权威才能真正诞生。

47. 萨盖定律：管理标准要一致

萨盖是英国的一位著名心理学家，也是萨盖定律的提出者。关于这一定律，萨盖是通过一个有趣的动物小故事来说明的：

在森林之中住着一群猴子，它们每天都在太阳升起的时候外出觅食，太阳下山之后返回休息，每一天都过得十分平静。

有一天，一只猴子捡到了一位游客遗落在森林里的表。这只聪明的猴子很快就弄懂了表的用途。从此以后，它在猴群的地位有了显著的提高。一开始，所有的猴子都来向它请教准确的时间；后来，这只猴子便担负起了为整个猴群规划作息时间的重任。再后来，这只猴子威望日高，最终当上了猴群的首领。

成为了猴群的首领之后，这只猴子并没有忘记自己成为猴王的原因。它认为手表能够给自己带来好运，于是四处寻找其他手表。最终，它又捡到了两块手表。

但捡到新手表的猴王，不但没有收获新的好运，反而遇上了麻烦。他突然意识到，这三块手表的时间根本就不一致！这样一来，它也不知道该相信哪块手表了。很快地，猴群里的其他猴子也发现，当它们向自己的首领询问时间的时候，首领也变得支支吾吾、莫衷一是。从此之后，猴群的作息时间越发混乱，这只猴子的威信也一再下跌。

面对两块时间不一致的手表，别说是猴子，就算是人也会无所适从。同样的，如果让一个人同时接受多个不同的标准或观念，这个人的行为也必然会乱套。这就是萨盖定律的内容，也被称之为"手表定律"。

管理的过程中，任何一项工作都应该有一个标准作为评判。管理工作中的一大要义也就随之浮现了：标准应该是什么样的？管理者在确定标准的时候，除了要保证这一标准能够有效传达以外，还要保证下属能够领会自己的意思，贯彻自己的指示。如果自己所订立的标准中，包含着相互矛盾、前后不一的内容；又或者自己的标准不具有最高的权威，与其他管理者的指示相互冲突，下级员工们必然会陷入迷惑与混乱之中，整个团队的工作也就乱套了。

也许有人会对此不屑一顾，认为这样的说法是危言耸听。但事实上，在现代企业管理之中，这种双标的问题却屡见不鲜，也使企业蒙受了巨大的损失。关于这一点，英国皇家饼干公司与德国艾黛琳饼干生产商的故事，就是最好的说明。

德国的饼干生产商艾黛琳，与英国皇家饼干公司原本是势均力敌的市场对手。为了实现 $1+1>2$，两家跨国公司决定合作。新公司被命名为"皇家艾戴琳"，它的成立，宣告了世界第二大消费食品公司的诞生。公司的高管更是得意扬扬地宣称：这是一次"对等合并"，必将成为欧洲企业间携手合作的典范。

然而事实却与公司高管预料的相反。公司成立之后过了 5 个月，整合的进度却远远落后于当初定下的日程。原来，虽然新的公司成立了，但英国和德国的政府对此却并不认可；两国的媒体对于新公司的成立也是嘘声一片；甚至两家公司的投资者也没有明确表态。当然，比起这些，更为糟糕的是两家公司的高层之间也有分歧，无法达成一致。来自英国皇家饼干公司的旧员工，也流露出明显的反德情绪。

之所以会出现这样的情况，说到底，是由于两家来自不同国家的公司，在民族文化和企业文化上都存在着巨大的分歧。两家不同的管理模式，在领导层就无法达成一致，员工们更是不知该听从谁的意见。这才是"皇家艾黛琳"出现困境的根本原因。

"皇家艾黛琳"所面临的问题，就好像是之前故事中的那只猴子一样，由于彼此冲突的标准，限制了自己的脚步。对管理者而言，萨盖定律的要点就是三个字——定于一。一，看似简单，却可以凌驾于众多之上，成为最高的准则。

对管理者来说，要想做到"一"，就需要先从自己做起。很多管理者由于事前缺乏明确的规划，或者乐于享受指挥下属的权威，经常朝令夕改，想到一出是一出，令员工苦不堪言。这种做法务必要取缔。

萨盖定律带给管理者的启示，主要是以下几点：

(1) 目标只能有一个。

团队的任何一项工作，都是围绕着一个确定的目标来运行，对管理者而言，确立目标是不容疏忽大意的问题。但不同的人有不同的思维方式，管理者在做这一工作的时候，就不能仅仅着眼于大方向，更要保证下属团队对于目标，有最明晰的认识了解。做到这一点，才能最大程度地避免因员工的理解差异，而导致团队内部出现分歧。

(2) 领导只能有一个。

关于这一管理原则，拿破仑曾经说过这么一句话：宁愿要一个平庸的将军带领一支军队，也不要两个天才同时领导一支军队。领导对一个团队而言，起到的是引领前进方向的作用，要是同时出现两个标准不同的领导，这一作用就无法彻底发挥。相互冲突的多个标准，也会让下属员工茫然不知所措，使团队的工作彻底乱套。这就告诫管理者在确定领导的时候，万不可忽视"一"的重要性。

（3）管理标准要一致。

不论面对哪一位下属，管理的标准要一致。说得具体一点，就是管理者一定要严格按照条例规章来实行管理。在一个团队之内，管理者对于下属员工，理应做到一视同仁。如果戴着有色眼镜，对下属有亲疏的区别，在条例规章方面大搞差异化标准，显然无法得到下属的认同。这种做法同时也会损害管理者以及规章条例的权威性，对团队来说，是一种巨大的破坏。

48. 责任分散效应：一个和尚抬水喝，三个和尚没水喝

中国有一个有趣的小故事，叫作《三个和尚没水吃》，这一故事实质上揭示了管理学之中的一个重要定理——责任分散效应。现实当中，每一个人都有惰性，而管理的意义就在于规避人的惰性，使他们能够时时发挥出自己的潜能与力量。如果对权责没有明确的划分，放纵了人的惰性，团队中的每个人就会像故事中的三个和尚一样，最终因互相推卸责任而引发滔天火灾。

说起团结的时候，人们总会提到人多力量大这句经典话语。但在现实的团队中，众多成员之间互相推诿扯皮、无人担责的情况也十分常见。如何纠治这一现象，也是横在管理者面前的一道难题。要想改变这一现状，首先要对人处于群体当中的心理活动，有一个起码的了解。

为了研究国内外都很常见的旁观者现象，有两位年轻的心理学家约

翰·巴利和比博·拉塔内,曾特意做过一个实验。他们选出了72名不知真相的参与者,分别以一对一和四对一的方式与一假扮的癫痫病患者保持距离。他们想要弄明白的是:在交谈过程中,当那个假病人大呼救命时,72名不知真相的参与者会做出什么样的选择。事后的统计显示:在一对一的那些组,有85％的人选择了见义勇为;而在那些4人小组中,只有31％的人采取了行动!

这一实验在很大程度上,还原了各种社会集体冷漠事件。集体冷漠的行为总是与社会悲剧联系在一起,但造成悲剧的根源真的是因为人心的冷酷或道德的沦丧这么简单?在上述的实验中,那些参与者的道德水平也并未有什么明显区别,只是由于身处环境的不同,而导致了各自选择的不同。

这种选择的不同,往深了说是由于承担责任的不同。在某一特定的事件中,如果只有一个人承担责任,或者只有一个人在场,这个人就会意识到自己是唯一的"责任人",基本上也就可以确保能做出相应的举措;但如果有一群人在场,结果就会变得不同了。面对突发情况,如果管理者在事前没有明确指定负责人,整个团队的所有成员,就都会认为自己是无责任的。这种反应是人的正常心理,由这一心理活动所体现出来的,就是责任分散效应。

在20世纪70年代的美国,发生了这样一件事情:1964年3月13日的凌晨3点多钟,有一位名叫凯蒂·珍诺维丝的年轻女子结束了一天的酒吧工作,独自一人行走在回家的路上。当她走到自己位于纽约郊区的公寓时,遇上了一名匪徒。当时凯蒂大声疾呼,眼见周围的邻居都亮起了灯,凶手只好躲了起来。等了半天,周围邻居却没有任何进一步的反应,凶手便再次行凶。这一次凯蒂再次大呼救命,邻居也再一次亮起了灯——和上次一样,他们再没有别的举动。眼见如此,刚刚躲起来的凶手再次悍然现身,将凯蒂刺杀在自家的楼梯上,而后逃离了现场。据事后警方调查,当时至少有 38 位凯蒂的邻居在窗前看到了这一幕，但不仅没有人出手相救，甚至连打电话报警的人也一个没有。这个消息一出，轰动了整个纽约。

责任分散效应所带来的巨大恶果，从这一事件就能清楚看出。

责任分散效应不仅会体现在社会事件中，只要有团体的地方，就一定会出现这类情况。对行政管理者而言，这也是一个不容忽视的问题。如果对于责任的归属没有足够明确的判断与认定，不论是事前的领导工作，还是事后的追责工作，都会遭遇巨大的阻碍。

当把任务交给一个人单独去完成的时候，责任与个人就被牢牢地绑在了一起，不论是对于决策还是负责，这个人都能有着明确的觉悟，就好像一个人担水的和尚；但如果让一个人融入团队之中，他对于自己责任的认识就会变得模糊、虚化。尤其是在集体做出决策的过程中，所有人都会认为自己只不过负担了一小部分的责任。在这样的思想影响下，团队的所有成员都会消极应付，甚至互相推诿，就像三个和尚那样，互相推卸责任，自己却毫无作为。

责任分散效应给管理者的核心启示只有一点：凡事提前指派好负责人。群体决策虽然可以吸纳更广泛的意见，但也在无意间弱化了责任的归属。提前指定好责任人，可以使团队围绕着一个核心来运作，既避免了分歧的扩大，又能够统一集体的力量，起到事半功倍的效果；一旦出现了问题，管理者也能够针对负责人做出切实有力的批评与惩罚。相比面对互相推卸责任、争执不休的混乱场面，单独对一个人发号施令与指责批评，显然更能提高效率，也更能看到成果。

当然，通过这样的做法，也只能在一定程度上消除责任分散带来的负面影响。迄今为止，心理学家们虽然广泛地研究，却还是不能彻底打破这一效应。管理者要是明白了这一点，对于责任分散效应就会有更多的重视了吧。

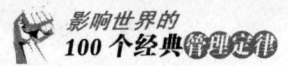

49. 赫勒法则：监督，让工作更为高效

在强调人性化管理的今天，很多管理者都会反思传统的僵化管理模式，在管理工作中带入更多的人文关怀。这一举动毫无疑问，是管理者思想和工作进步的体现。但在赞扬管理者这一改变的同时，我们也不得不适当地给他们浇一点冷水：监督员工的工作仍然不可以轻忽。尽管从地位上来说，员工与管理者是互相合作的平等关系，但不同的层级却决定了双方不同的分工——身为管理层，监督，就是自己本职工作的重要内容，事实上，管理本身也意味着上级对下级工作的掌控与监督。任何人都有惰性，管理工作的一大意义也就在于抑制员工的惰性，让他们以更加饱满的精神投入到工作当中去。

这一观点并非是一家之言，而是管理学当中的一个重要论点。对此最为有名的论断，是英国著名管理学家 H·赫勒提出的，他的观点也被管理界称为"赫勒法则"。赫勒法则认为：当一个人知道自己的工作成绩有人检查时，他就会为了工作而加倍努力。通常情况下，管理者们都会认为，自己的监督是员工所厌恶的事情。但事实上，作为"社会人"的员工，也有着自己的情感需求。马斯洛在自己的需要层次理论中，把尊重与认可的需求放在了很高的层次，这一举动也可以被看作是对赫勒法则的变相补充。

对员工来说，严格的监督固然是一种精神折磨，可一旦管理者彻底放弃了关注，他们又会觉得自己受到了组织的漠视，这就是人心理复杂的一种表现。也许在一开始的时候，员工们还会为自己终于摆脱了管理者的目光而沾沾自喜、精神昂扬，但随着时间的流逝，大部分员工反而会变得消沉，因为失去了管理者的关注，也就等于宣告他们被管理者放弃了。

如此看来，员工的这种心理真可称得上十分有趣，但也提醒了管理者：不要因为员工的一时抱怨就彻底放松了监督。把监督掌控在一个合理的范围内，反而能让员工表现得更加卖力。我们可以发现，在那些著名的成功企业中，管理者会把监督工作看得十分重要，并且想尽各种办法，带动整个管理层来有效地监督员工。

雷·克拉克是美国著名的企业家，也是世界著名快餐品牌麦当劳的真正奠基人，被《时代》杂志称为是全球最有影响力的企业创始人之一。克拉克不仅是一位慧眼如炬的杰出企业家，也是一位十分优秀的管理者。

虽然是麦当劳公司的老板，克拉克却一点儿也不喜欢那种整天仰躺在办公室的松软皮椅上、抽着香烟看着文件、对汇报工作的下属指指点点的领导生活。一有时间，他就会溜出办公室，钻到公司各个部门的基层办公室里，四处走访调查，了解员工的工作情况。因此，他的领导工作一点儿也不轻松。

有一年，麦当劳公司由于经营不善，面临着严重的亏损危机，公司里笼罩着一层浓重的压抑气氛，许多员工都表现得消极了许多。克拉克经过仔细的观察，发现公司的许多管理层人员，都表现得十分官僚主义，他们总是习惯靠在舒适的椅背上，对请示工作的员工指手画脚，并把许多宝贵的时间，浪费在了抽烟和闲聊上。这样一来，失去了上级监督与检查的下属员工，也都放松了自己的工作。为了改变这一现状，克拉克想出了一个"损招"，他在公司下令：立即锯掉公司所有经理的椅子靠背，不得拖延。命令一出，几乎所有的经理都大骂克拉克是疯子，但很快，他们就明白了克拉克的苦心。

失去了舒服的座椅，经理们再也不能像往日那样坐在办公室里，于是他们只好像克拉克那样走出办公室，四处巡视员工的工作。这一举动使整个麦当劳公司的工作风貌都焕然一新。因为来自上级的关注，所有员工都再次感受到了领导的重视，而那些受到表扬的员工，更是十分投入。很快

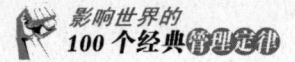

的，麦当劳的经营就再次有了起色，并且成功地实现了扭亏为盈。

我们必须要明确的一点是，赫勒法则所强调的，并不是监督带给员工的压力，而是动力。在赫勒看来，真正合理且有效的监督，并不是通过逼迫、增加压力的方式，来促使员工提高工作的效率，而是通过对员工的监督，向员工传达这样一种信息：我一直都在关注着你。这种关注是带有关心意味的，而非冷冰冰的审视。也就是说，当监督能够带给员工温暖关怀的感受时，监督工作才算是做到了最高的层次。

对于企业的管理者来说，监督就意味着动力。激励机制虽然是更为正向的引导方式，但一味地讲究优厚待遇，反而会使员工滋生安逸、懈怠的想法，放松对自己的要求，也忽视了对工作的重视。而监督机制的意义，恰恰就在于弥补激励机制的这一缺陷。以有效的监督作为保障，就可以在很大程度上避免员工人浮于事、不求努力。此外，监督还可以传达出这样一种观念：管理者对员工寄予了厚望。在这种观念的影响下，员工也会对自己与公司的关系有更加积极的认识，产生更多的归属感。因此，我们也可以说，有效的监督不仅不会令员工不满，相反同样可以赢得员工的心。

50. 奥卡姆剃刀定律：越简单就越有效

爱迪生身边有一位名叫阿普顿的助手。阿普顿是毕业于美国普林斯顿大学的高才生，因此对于自学成才的爱迪生十分看不起，工作中也经常表现得十分傲慢。

有一天，爱迪生在做一项实验的时候，需要了解一个梨形电灯泡的容积数据，但自己手头也有一堆事情，于是他便把测量灯泡容积的工作交给了阿普顿。阿普顿最初的时候不以为意，孰料当他真正开始计算的时候，结果却根本不像他想的那样轻松。他先用尺子上下量了几遍，又在纸上画好灯泡的草图，列出了一道算式，算来算去，算得满头大汗仍没算出来。之后，一连换了几十个公式，还是没结果。两个小时很快就过去了，阿普顿仍对着桌上的纸张满头大汗，急得满脸通红。

等了许久的爱迪生十分不解，于是便好奇地走进阿普顿的工作室。了解情况之后，爱迪生微笑着拿起灯泡，将水灌满了灯泡，然后交给阿普顿说："现在你把这里的水倒进量杯里，再记录下它的刻度，那就是我们所需要的数据。"阿普顿这才豁然开朗，不由得十分尴尬。

故事中的助手阿普顿犯下了两点错误：第一，不懂得做人的谦卑；第二，不懂得在工作中化繁为简。第一点暂且抛开不论，单说第二点，现实中，许多企业管理者在管理公司的时候，也会在决策、组织等方面犯下同样的错误。针对这一错误，有一条著名的哲学定理提出了针锋相对的批判。

奥卡姆剃刀定律对企业管理者的启示在于：企业的组织机构应该精简，而管理者的任务之一，就是在制定企业的规章制度之时，不能违背"精简高效"这一原则。这一启示对于管理者来说，也确实称得上是一把剔除企业赘瘤的锋利剃刀。

通用电气公司是当今世界上最大的一家提供技术和服务业务的跨国公司。在漫长的发展历史中，通用电气也曾遇到过各种危机，但却始终不曾倒下。即使是在世界经济严重衰退的90年代初，通用汽车、福特汽车、IBM公司等企业连年巨额亏损的情况下，通用电气仍然一枝独秀，利润年年增长。

通用电气之所以能够有此成功，与时任公司总裁的韦尔奇有着密不可分的关系。韦尔奇是80年代初接任总裁的，刚一上任，韦尔奇就感受到了通用电气内部存在的巨大危机。韦尔奇发现，就像许多美国大企业一样，通用电气也存在着机构臃肿、部门林立、层次繁多、层级复杂、反应迟钝的问题，这一问题在当时的美国，被人们谐称为"恐龙症"。由于这一问题的存在，通用电气在与日本、德国等对手的竞争中处处吃亏。为了改变这一现状，韦尔奇采取了各种措施，其中最主要的一项就是精简机构、减少层次。

刚一上台，韦尔奇就制定了各种规章条例，大刀阔斧地进行改革。当时的通用电气有40万员工，其中，挂"经理"头衔的就多达25000人。高级经理有500人，副总裁也有130多位。管理层级足足有12个，工资级别也多达29级。经过韦尔奇的一番整顿，公司减少了350多个部门，员工也裁剪到了27万人。不仅如此，在管理层级上，韦尔奇还要求全公司任何部门，从一线员工到他之间均不得超过5个层级。这样一来，公司的个别经理甚至要直接面对100多名员工！有人担心这样会导致管理者管不过来，韦尔奇却回答说，要是管理者管得过来，就说明层级压缩得还不够。事实上，通过这一举措，通用电气大量减少了公司的运营成本，还使得公司运转更为高效，这也正是通用电气能够胜出的主要原因之一。

对任何一个企业的管理者来说，"简单有效"四个字，都是自己在面对企业管理时，必须时刻谨记的原则。不论是在制度上、层级上，还是目标策略上，内容项目越是烦琐，企业所要付出的成本就越高昂。对于追求最大利益的企业来说，这种成本显然是一种拖累。为了避免被拖累，管理者们在企业经营之中，就要做到以下两点：

(1) 精兵简政，避免机构重叠。

奥卡姆定律对管理者最为直接的建议，就是做好组织内部机构调整工作。不论是横向的部门分工，或是纵向的层次级别，组织要是太过扩散，管理的效力就会被削弱。这种削弱可能是在信息沟通与传递上，也可能是在部门彼此的协调一致上。不论是哪一方面出了问题，带给组织的都是无尽的困扰。

(2) 目标明确，不要多头并进。

任何一个组织都有其短板，对此，管理者所要做的就是扬长避短，发挥最大优势。也就是说，在制定组织的目标之时，管理者应该明确对方的最大优势在哪些方面，然后围绕着这一主题，拟定相应的策略，并力求组织的规章制度能够确保这一策略有效实施。如果盲目贪多、贪大，妄图全盘掌握，就会给组织的工作造成重大阻碍。

51. 蜕皮效应：打破局限，超越自我

　　成功之路从来都不是一帆风顺，那些世界知名成功企业背后，也都有一段坎坷崎岖的发展路程。事实上，尽管有一些企业的经营者抱怨自己总是遇到麻烦，但比起那些成功的企业，他们所谓的那些困境，或许根本就不值一提。一个优秀的管理者之所以能够将企业做大做强、走向辉煌，靠的并不仅仅是运气，更多的，是因为他们能够正视自我、超越自我。

　　在自然界中，许多节肢动物和爬行动物随着生长，身体上的表皮会逐渐脱落，由新长出的表皮来代替。通常情况下，每蜕皮一次，它们就会长大一些。美国作家迪斯根据生物的这一特性指出：大多数时候，每个人都会下意识的给自己划出一条界线，一旦要越过这条界限，他们就会产生恐惧不安的心理。为了追求安全感，他们会画地为牢，丧失突破自我的勇气。但是，如果想要追求更大的成功，每个人都必须打破内心的束缚，不断挑战自己、突破自己。在这一过程中，人们需要不断地否定现在的自己，并使自己变得更强，就像动物的蜕皮成长。因此，他的这一观点也被叫作"蜕皮效应"。

　　这一效应对那些在企业经营之中经常自缚手脚、犹疑不决的管理者来说，可谓是极具激励效果的。通过蜕皮效应，迪斯给管理者们传达了这样一种启示：不论过去自己经历过多少困境与失败，那都是昨日之事；从今天起，管理者们所要面对的，不仅是全新的一天，更是全新的未来。企业

的成败虽然不能尽如人意，但管理者的态度与选择却全看自己的心里还有多少勇气与不甘。即使是面对惨败的结局，大逆转的精彩结局也并非不可能上演，关键就在于，管理者要有破而后立、重建一切的坚定信念。

说起披萨，人们第一时间都会想到必胜客，但除此之外，还有一家排名世界第二的披萨——达美乐。比起必胜客，达美乐的资历要远逊于前者，之所以能够取得成功，就是因为达美乐的老板莫纳汉，是一位勇于不断突破自我的优秀管理者。

莫纳汉的童年经历十分悲惨，幼年丧父、家中贫穷的他甚至没能读完大学。但在巨大的困境面前，莫纳汉仍未丧失生活的信心。当他听说有一家披萨店即将倒闭的时候，他当即做出决定，与哥哥一起借了500美金，买下这家店自主经营。由于每周都要工作长达100小时，哥哥选择了退出，从此，莫纳汉只好独自一人经营。然而，他并没有被工作的辛苦吓倒，反而为自己的小店注册了"Domino's"（达美乐）这么一个名字，希望将来有一天，自己的店也能不断扩张。

在莫纳汉的努力经营下，达美乐的连锁业务也开始兴起。可就在这时，一场大火将一切化为灰烬。不仅如此，店里的所有账册和凭证也一并被烧毁。由于自己没有缴纳保险金，莫纳汉不仅没有得到赔偿，反而损失了15万美元。面对这一困境，莫纳汉依旧没有退缩，反而继续坚持扩展自己的店面。

为了扩大连锁经营，莫纳汉甚至采用了举债经营的模式。这一模式有利有弊，倒霉的莫纳汉也因此再次遭遇了重大挫折。就在他还没来得及做出应对的时候，达美乐已经负债高达150万美元，这还不包括银行的借贷和税务。最后，银行接管了达美乐。

银行接管之后，莫纳汉表示自己愿意以每周200美金的薪酬，每天工作15个小时，因此他得以继续留在达美乐。后来，银行也认为达美乐无药可救，建议莫纳汉提出破产保护申请。如果提出这一申请，莫纳汉就可以摆脱庞大的债务，但莫纳汉坚决不干。通过长期的努力，莫纳汉终于再次找到了出路：使披萨的菜单简单化，并缩小披萨的尺寸。就是这一简单的方法，现今仍然在披萨业发挥着巨大的作用。不仅如此，他还在配料和面团上反复研究，终于得到了一种达美乐独有的披萨。通过这些付出，达美乐最终以成功者的姿态，成为了世界排名第二的披萨连锁集团。

随便翻开一页达美乐的成功史，映入我们眼帘的都是一片暗淡，可有谁能够想到，就是这样一个饱经磨难的企业，最终却没有倒下，反倒牢牢地站在了行业的前列？若说这种逆转是偶然，显然是太牵强了一些。达美乐老板莫纳汉通过自己的血泪奋斗史，为所有的管理者上了一堂惊心动魄的成功管理课。

不论是沉湎于过去的失败中无法自拔，还是憧憬于美好的未来而浮想联翩，人们总是忽略了一点：现在的自己还称不上最好，自身还有很大的进步余地。畏惧失败而不敢争取也好，骄傲自满而不愿改变也罢，这些都绝不是正确的想法，更不是一个企业管理者应有的心态。只有时刻不忘自己对企业的责任，不忘自己身为管理者的本职，积极进取、不断创新，才能迎来企业更加美好的明天。

对还在渴望着成功的企业经营者来说，越是当自己还处于困境之中时，就越是不能忘却自己的身份与责任，更不能忘了自己曾经期许的未来。当把理想中的目标作为终极追求时，管理者们就能很清醒地意识到，自己还有着巨大的发展潜力。试着让自己去接近目标，而不是因为眼前的失败就改变目标，这样，成功的希望就始终存在。

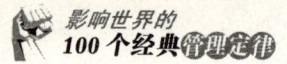

52. 潘恩定理：制度面前，领导也要低头

T·潘恩是美国著名的政治学家。从自己的本职工作出发，针对政府的权利义务这一问题，他提出了一条管理学上，脍炙人口的著名定理：如果没有人监督，对国王是不能信任的。这一定理也被称作"潘恩定理"。熟知西方政治思想史的人或许知道，潘恩其实是一位在自由主义方面比较突出的代表人物。但即便如此，他仍然重点强调了"监督"对于管理的重要性。因此，这一观点毫无疑问，值得所有的管理者深思。

值得一提的是，潘恩对于监督不仅充分重视，在阐述监督之于管理的重要性时，他的观点也十分全面。通常情况下，人们都会建议管理者去监督下属，但在潘恩看来，管理者本人也是监督的重点对象之一。

这一观点的提出，对管理学的理论来说，不可不谓是一个巨大的进步和重要的补充。在现实中，虽然位居高层的管理者轻易就能引导团队去执行自己的意志，但管理者也并非万能。惯于乾纲独断的管理者一旦出现了问题，同样会给集体利益造成巨大的损害。潘恩提出对管理者的监督，实质上也是为了避免因管理者个人的不当，而影响整体。对此，分粥故事就是最好的说明。

有一个 7 人的小团体，平时都是共同生活在一起。其中的每位成员，都是现实当中的平凡人士，他们没有什么祸害别人的险恶用心，只是难免会有些自私自利。他们希望能够采用一种平和的方式，通过制定制度来解决每天的吃饭问题：在没有任何称量用具和带刻度的容器的情况下，平均地分食同一锅粥。

为了解决这一问题，他们积极地发挥聪明才智，采取了多种多样的方法。经过多次的努力，他们终于建立起了日益完善的制度。这一过程主要经历了以下几个阶段：

最初的时候，他们票选出一个人负责分粥事宜。但没过多久大家就发现，这个人自己碗里的粥，总是比其他人要多，于是只好另外换了一个人。但是，不论换谁分粥，最多的一碗粥总是分到了主持分粥者的手里。这一事实验证了管理学中的一个重要道理：权力导致腐败，绝对的权力导致绝对腐败。

接下来，大家决定由所有人轮流主持分粥，每人一天。这一决定实质上是默许了个人可以为自己多分的事实，同时也把为自己多分的机会分给了每一个人。这一制度表面上看起来公平，但却导致了每个人在一周中只有一天能够吃饱，其余六天都饥肠辘辘。于是，管理学中的又一个观点被证实了：绝对的权力导致资源浪费。

紧接着，大家决定由团队中最为德高望重的人主持分粥。一开始的时候，分粥还能保持公正公平，但没过多久，这位主持者就开始偏袒与自己关系亲密的人。这一条路也没有走得通。

后来，他们又专门成立了分粥委员会和监督委员会，形成监督和制约。尽管公平得以保证，可由于太过拖沓，等分好粥时，粥早就凉了。

最后，他们还是决定由每个人轮流值日分粥，但有一条规定：分粥的人必须拿最后那碗。从此以后，7只碗里的粥终于做到了一样多。因为所有人都认识到，如果他不能做到公平公正，最少的那份肯定会在自己手里。

这一故事十分形象地阐述了权力监督，或者说，是管理者监督的重要性。而且我们也不得不进一步指出：在现实中，一个组织的监督工作会比分粥故事更加复杂，如果单靠管理者一个人来做决定，不仅会损害团队其他人的利益，还会给团队带来巨大的损害。

李健熙是韩国三星集团的第二任总裁。当他从父亲手中接任三星的时候，三星已经是韩国第二大的企业，涉及电子、金融、机械、化学等多个领域。但李健熙出于个人对汽车的狂热，决定带领三星集团加入汽车行业。

彼时的韩国汽车业，长期由现代、起亚和大宇所垄断，即使以三星的实力，要挤入汽车行业也绝非易事。何况，三星的主营方向是电子产品集成电路片的研发，对于汽车制造并无足够了解。就连三星集团的其他高层也认为这一决定太过冒险。但对汽车充满狂热的李健熙却固执己见，"果断"成立了三星汽车公司。但令他没想到的是，一场规模空前的经济危机突然席卷了韩国。韩国政府出于市场调控的初衷，也没有援助三星的这一计划，再加上高昂的建厂、生产成本，三星汽车很快就严重亏损了，到了最后更不得不提出破产保护申请。为此，三星还不得不卖掉10个附属公司，裁减5万员工来保证财务结构的稳定。

管理者即使再优秀，在制定组织目标的时候也难免带有主观臆断的色彩，一步之差，结果很可能就是万劫不复。案例中的三星通过弃车保帅，总算是成功逃过一劫，而那些败局已定、无力回天的公司，却不知道还有多少。

不论是在企业还是在其他组织，只要是有管理的地方，对管理者就必须做出一定的监督与限制。时至今日，任何一个组织都不能仅仅依赖少数人而运转，只有制度才是最为可靠的。如果凡事都依靠管理者个人裁决，一旦管理者失误，整个组织都会陷入瘫痪。不论管理者本人是否会觉得这是对自己的束缚，这种监督与限制都是势在必行的。对管理者的监督还有另外一层用意：帮助管理者更加精准地定位自己的身份和职责。作为管理者本人，在组织的制度建设工作中，也不能仅仅盯着下属，更应该适当地"作茧自缚"。如果说茧中可以孕育出美丽的蝴蝶，对管理者的良好监督，同样可以实现企业的更优发展。

53. 洛克忠告：规矩要少，执行要严

"天下之事，不难于立法，而难于法之必行。"这是中国明代著名政治家、改革家张居正的话。对任何一个组织的领导者来说，这句话也同样适用于自己的管理。

任何一个组织要实现有效的运转，都需要领导者来进行管理。但领导者也不可能去时时监督、事事躬行，一个好的机制在这个时候，就派上了大用场。通过制定合理的规章制度，拟定标准和程序，下属员工就能够更加直观地了解何事可为，何事不可为，按照一定的流程和标准，自发地开展自己的工作。

那么问题就来了：何谓合理的规章制度？或者说，一个合理的规章制度，是否要在某些方面达到一定要求？对此，英国著名的哲学家约翰·洛克提出了别树一帜的管理观点，也就是著名的洛克忠告：好的规矩就是少的规矩，也是能够确保执行的规矩。

对当今时代的任何一个企业来说，更高的效益都是他们孜孜以求的目标，而繁文缛节显然是一种巨大的阻碍。组织的规矩越是烦琐，内部员工的"禁区"也就越多，组织内的成员也难免会在开展工作的时候，感到束缚了。成员的这种工作负担，也会转化为组织的额外成本，久而久之，组织的运转效率就会下降。

太过烦琐的规章制度不仅会束缚组织成员，使他们无法发挥所长，还会使他们身心疲惫，对工作产生消极抗拒的心理。员工失去了工作的热情和积极性，对任何一个组织来说都是巨大的隐忧。这就是洛克忠告的第一层含义：组织内部的规矩应当简洁明了，容易执行。

但仅仅是做到简洁明了，还不足以彻底摆平一切麻烦。中国汉朝的开

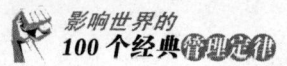

国皇帝刘邦初入咸阳时,曾与城内老百姓"约法三章":杀人者死,伤人及盗抵罪。多数人都只看到了刘邦立法的简约,但如果我们细细品味这三条简单的律令,就可以发现,它们其实有着不容置喙与触犯的威严。杀人等同于死,伤人及盗等于抵罪,刘邦的话虽然简单,却囊括了一条规章所应包含的禁区与应对这两大内容。

这就是洛克忠告的第二层含义:规章制度的权威性不容挑战。律令设置太多,人们会觉得厌烦;可要是规章少了,他们又难免不当一回事。所以,他们一旦触犯了条令,管理者就必须严厉执行惩处,给他们以最深刻的教训。这一点与管理学中的另一著名法则——热炉法则——有着异曲同工之妙。

17—18世纪的时候,英国的许多犯人都被遣送到澳洲流放服刑。英国政府为了降低成本,便把运送罪犯的任务承包给了那些私营船主,并按照上船时船上的罪犯人头数付给船主运费。

然而英国政府没有想到的是,那些船主们为了降低运营成本,牟取暴利,对船上的罪犯根本就不管不顾。他们大量克扣罪犯的食物,将之囤积起来以便上岸后卖钱,甚至刚一出海就将罪犯扔进大海之中。再加上每船所要遣送的罪犯太多,生存环境恶劣,许多罪犯都死在了航行途中。

船主的这一做法令英国政府十分头疼。如果加强船上的医疗措施,为罪犯多发放食物,还是无法解决船主谋私的问题,而且也会增加运输成本;可要是专门派遣官员负责监督,同样会增加政府开支,而且也不能保证官员与船主不会合谋。这两种选择令英国政府左右为难,所幸的是,最后他们总算想出了办法。

英国政府的新规定几乎没有什么变化,唯一不同的就是:付费改为按照船只到达澳洲时,船上的罪犯人头数来计算。这下,船主们对罪犯的态度来了个180度的大转弯。本来对罪犯十分残酷的船主们,都想尽一切办法让罪犯生存下去。早期时,能够活着到达澳洲的罪犯只有60%,新规定一出,存活率最高居然达到了99%!

从这一案例中我们能够看出：任何时候，规矩都是不可或缺的；一旦没有了规矩，底线都难以保全。无怪乎有人因此感叹：制度就是生命！其实，制度不仅能够挽救个人的生命，更是维系组织生命的基础。

一个组织必须要有一定的准则，这样，内部成员才能够有章可循，以规章为指导，有效地开展自己的工作。总有一些管理者认为，规矩越是详尽细密，下属们的工作才能更加贴合目标。因此，他们总是设置各种条条框框，并以为只要这样就可以做到万无一失。但事实上，他们却忽略了这样一个事实：下属也许不如自己聪明，但他们也绝对不是傻瓜。在开展工作的过程中，每一位成员都有可能随时涌现出更加精妙的点子，这是管理者所不能掌控的，更不是冰冷的规章制度可以取代的。

因此，任何一位管理者在制定规章条例的时候，都要尽量遵循这一原则：精兵简政。根植于人心最深处的伟大创造力，只有在最为宽松的环境下，才能得到最佳的展现，过分强调制度只能扼杀所有成员的潜能，这与追求效益的组织目标显然是背道而驰的。

同时，管理者也务必明辨"宽松的规矩"与"无规矩"之间的区别和界限。一方面，对内宽松不等于说要无底线地放纵，组织内的任何一位成员，仍然要受到最简单的规矩的制约，不能丝毫逾越；另一方面，若是连最宽松的规矩都得不到执行，那就和没规矩没有什么两样了。这样不仅不利于组织工作的开展，同时也是对管理者权威最大的挑衅与动摇，最终使组织的运转崩溃。这样的教训在古今中外都曾多次上演，也是所有管理者需要反思的。

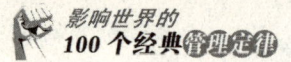

54. 金鱼缸法则：把管理者关进笼子里

金鱼缸法则是一个新兴的管理法则，这一法则的出现，也是企业在新时期发展到一定程度的必然。随着市场经济在全球范围内的不断扩展，越来越多的企业如雨后春笋般兴起，在自身取得成功的发展过程中，企业的规模也越做越大。然而这个时候，企业却也不得不面临这样一个尴尬的事实：随着规模的壮大，企业的层级也会逐渐增多，分工也会越来越细，内部的信息沟通与人员交流也会变得愈发烦琐。这种情况的出现，对企业的进一步发展无疑是一种巨大阻碍。如何解决这一问题，也是所有企业管理者必须要面对的课题。

倡导"管理透明化"的金鱼缸法则，正是针对这一情形而提出的。提出这一法则的，是日本"最佳"电器株式会社的社长北田光男。北田光男曾经明确表示：企业增强管理透明度的重点，应当放在各级经营管理者的经济收入上，企业各级领导者的经济收入和费用报销都应该如实地向企业利益相关者公开，接受企业利益相关者的批评建议，并根据员工们的意见，对经营管理进行改进。通过这一系列规定，管理者就像被关进了一个透明的笼子里，企业内部的任何一位员工，都能够很轻易地实现对管理层的监督，如同观察一只被放在玻璃缸里的金鱼一样。这就是"金鱼缸法则"的由来。把管理者关进笼子里，不仅可以规范管理者自身的行为，更能够激发员工的主人翁意识，可以说是一举两得。

有一天，美国IBM公司的掌门人汤姆斯·华森带着客人去参观厂房。可令他没想到的是，他与客人刚走到厂房门口，就被一名警卫拦下了。还没等汤姆斯开口，警卫就一脸严肃地说道："对不起先生，由于您的识别牌不对，所以你们都不能进去。"原来IBM公司有个规定，任何人在进厂区的时候，必须要佩戴浅蓝色的识别牌，警卫才可以放行。在 IBM 公司的行政大楼里，公司本部的工作人员所佩戴的，一律都是粉红色识别牌，汤姆斯·华森和他的一些下属们自然也不例外，无怪乎会被警卫拦下。这时，汤姆斯一旁的董事长助理马上站了出来，向警卫表明了汤姆斯的身份，要求警卫放行。然而没想到的是，警卫却以公司规定为理由，再次拒绝了助理的要求。就在气氛陷入僵局时，汤姆斯笑着表示警卫说的有道理，并当场派人迅速赶回公司总部，为所有人换来了浅蓝色的识别牌。替换过识别牌后，汤姆斯一行人才得以顺利地进入厂房。

法律面前，人人平等，在企业的规章面前，领导也不应该有区别于下属员工的所谓"特权"。尽管在企业当中，管理者居于主导的地位，但我们也不得不指出这样一个显著的事实：一个企业的衰败，最先都是从管理者开始。金鱼缸法则对管理者的种种近似"刁难"的要求，正是基于对这一现实的反思。任何一位企业的管理者都要在工作中增加透明度，将自身的管理工作置于公司全体人员的监督之下。唯有如此，管理者才能最大限度地，确保自己的一言一行、一举一动都不会触及公司的根本利益。通过这一举措，管理者也可以赢得所有员工的信任。而上级与下级之间的彼此互信，正是一个组织发展的前提之一。

说起管理透明化，欧美国家政府可以说是全世界所有组织管理者的表率。在能源项目之中，除了对下辖各部门的职责做出明确划分以外，政府还主动邀请各种具有社会性质的部门，一起构建政府监管体系，确保项目的监管工作透明高效。

在德国，参与能效项目管理的部门就有联邦经济与技术部；联邦环境、自然保护和核安全部；联邦交通、建筑与城市发展部这三大"巨头"。根据职责的不同，德国政府规定由这三大巨头分别负责传统能源、新型能源以及交通建筑领域的能源消费与节能管理工作。不仅如此，德国中央政府还特意组织下辖的各级政府部门、专门监督机构和企业行业协会，共同组成监督小组，负责监督三个部门对能源能效法律法规的推进和实施状况。在这样多方位、多角度的监管之下，三大部门看似权力很大，却也不得不依法行事，不敢有丝毫的触犯。

通过德国政府部门在强有力的监管面前吃瘪的故事，我们可以看到金鱼缸法则的强大。我们更可以信誓旦旦地向所有人宣布：金鱼缸法则，是当今时代任何企业与组织管理的基本原则和必然选择。不论在哪个领域，只要有管理者的存在，相应地，人们就必须准备好那间透明的"牢笼"。

"把管理者关进笼子里"，听起来确实不是一句能让管理者舒服的话，但在企业的发展存亡面前，想必只要是有识的管理者都会做出合理的妥协。事实上，时至今日，管理透明化已经成为不可扭转的大趋势，任何组织与企业的管理者，除了接受也就只剩下被淘汰这一选择。透过透明化的管理，表面上看到的是一个"窝囊"的管理者，其实背后隐藏着的，却是一个生机勃勃、胜机无限的强大企业。

第六章
员工激励管理

"一切内心要争取的条件、希望、愿望、动力都构成了对人的激励——它是人类活动的一种内心状态。"对于激励,美国管理学家贝雷尔森和斯坦尼尔给出了以上的定义。激励是管理者的一项重要人事工作,激励的结果与企业的发展之间,有着极为紧密的联系。企业目标的实现,最终仍是要通过人来实现,只有工作态度积极上进的员工,才能为企业带来源源不断的发展动力。

很多管理者都希望自己的激励足够有效,想要有效就必须先做到用心。如果员工的表现不尽人意,需要管理者采取激励手段的时候,通常都是因为他们遇到了一些难题。这些难题也许出在工作中,也许源自生活的其他方面,管理者必须做到仔细研究、对症下药。如果忽视员工负面情绪的来源,又想着调动他们积极的情绪,无疑是南辕北辙。

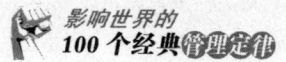

55. 德西效应：物质奖励不能滥用

在形形色色的员工当中，哪一类人才是深受管理者喜爱的？不同的管理者也许会有不同的侧重，但态度积极、对工作上心的员工，显然是管理者所需要的。为了保证员工能够拿出最大的热情，管理者通常会采用物质奖励的方式，来调动员工的积极性。但是，管理者千万要记住，一味地滥用物质奖励，效果可能会适得其反。在管理学中有一个著名的"德西效应"，就是对这一情况的说明。

1971年，美国著名的心理学家德西，在一所高校内进行了一次有趣的解题实验。他随机抽取了一批大学生，要求每个人去单独完成一些趣味题的解答工作，并将这一实验分为了三个阶段：

第一个阶段，所有参与解答题目的学生，在解出答案以后都没有任何的报酬；第二个阶段，德西将这些学生随机分为了两组。其中一组的成员每解出一道题，就会得到1美元的奖励，另外一组仍像之前那样，没有任何奖励；到了第三阶段，改为自由活动时间，实验者则趁机观察这些参与实验的大学生是否还热衷于解题。

通过观察，研究人员发现，虽然有奖励的一组在第二阶段表现得十分用心，但到了自由活动的第三阶段，反而没几个人愿意继续解题了；反倒是无奖励组在第三个阶段，仍然保留了极大程度的热情，他们将更多的时间用在了解答题目上。

德西因此得出一个轰动了管理界的重要结论：在某些情况下，人们在外在报酬和内在报酬兼得的时候，不但不会增强工作动机，反而会降低工作动机。换言之，当一个人沉浸在乐趣中、充满热情地努力付出时，外部物质奖励不但不会提高他的积极性，反而会使他的积极性降低。这就是管理学中的一大颠覆性发现——德西效应。

在管理工作中，调动员工积极性，使他们全身心地投入企业或团队的工作中，一直是所有管理者都不能忽视的问题。为了做好这一工作，很多时候，管理者们都会各显神通，用尽种种办法。其中，提高薪酬大概是最为普遍的一种方式了。但也有很多管理者悲哀地发现，尽管自己把薪水一涨再涨，员工们对自己仍然没有流露出多少感激，对工作也没有更加上心，甚至还有一部分员工怎么也留不住。

如果和这些管理者们说"员工要的不是钱"，他们一定会嗤之以鼻——开玩笑，工作难道还有不是为了钱的？但事实上，这样的员工还真不在少数。或者说，持有这一想法的管理者，根本就没有看到工作对人的意义。工作对任何一个员工来说，都不仅仅是为了换取物质报酬这么简单，他们的内在心理需求也同样重要。如果工作不能给他们内心带来满足，物质报酬的吸引力也会降低。

这就是德西效应给所有管理者敲响的一记警钟。僵化的条令只能塑造僵化的团体，物质的奖励也只能在外在需求上满足员工。但每一个员工都是活生生的人，对他们而言，能否在工作中满足自己的内在需求，才是这份工作的终极价值所在。一个优秀的管理者，绝不只是拿钱来砸员工的自大狂，也不是漠视员工内心的冷血者。只有懂得倾听员工，抚平他们的内心，让他们感受到工作的乐趣，才能让员工心有所归。

在美国马萨诸塞州的巴莫尔有一家公司，名叫戴蒙德国际纸板箱厂。1981年，由于市场出现萎缩，很多员工对公司的前景都产生了质疑与担忧，对工作的热情也不断下降。管理层敏锐地发现了这一现象，于是便针对所有员工做了调查。根据调查显示，65%的员工认为管理层对自己不够尊重，56%的员工对公司的未来抱着悲观的看法，79%的员工则认为，他们为公司的努力付出，并没有得到应有的报偿。但在市场开始萎缩的背景下，提高薪酬显然是不明智、也不足以抚平员工情绪的做法。于是，公司的管理层推出了一项名为"100分俱乐部"的计划,规定公司内的所有员工,只要全年工作绩效超过了当年的平均水平,就可以获得相应的加分,比如,没有出现安全事故是20分、全勤是25分……公司每年都会在年底进行一次核算,并将结果送到每一位员工的家中。如果哪位员工达到了100分,就可以获得一件印有公司标志和"100分俱乐部"臂章的精美外套。

过了两年之后,公司通过调查数据发现,公司的生产率提高了16.5%,与之相对应的,产品差错率下降了足足40%!员工的不满度下降了72%,由于安全事故而浪费的时间减少了43.7%,公司每年的利润还增加了100万美元。

就在当年年底,86%的员工对管理层的看法变成了"很重视我们"。81%的员工认为公司终于看到了自己的努力,还有79%的员工认为自己的工作与组织的关系更加紧密了。

通过这一案例,管理者们可以看出,员工的内心需求得到满足对团队和公司有着何等巨大的意义。德西效应给管理者的建议就是:永远不要让下属失去工作的乐趣。总有一些人宣称:社会中的工作就是枯燥乏味的,人就应该在枯燥的工作中去体悟生活。但事实上,作为一个活生生的人,员工们无论如何都不可能彻底割舍对趣味的追求,能够在这方面满足他们,对整个团队来说都是一种巨大的成功。

56. 罗森塔尔效应:期许的力量

管理者应该如何看待自己的员工?很多时候,这个问题也许并未引起管理者的重视。一方面也许是说不出口,另一方面可能管理者压根儿就没想过。也许在不少管理者看来,自己与雇员的关系,仅仅是一人出钱、一人出力的互惠互利合作，并不值得投注过多的私人感情。然而事实却是，鼓励的言辞看似不可食用的"画饼"，却也能够起到"充饥"的作用。一旦员工感受到管理者的期望目光，得到管理者的鼓励，满足了情感方面的需求，即使物质薪酬条件没有太大的变化，他们也可以取得令管理者侧目的成就。

在看似简单的鼓励之中，就蕴含着足以改变世界的力量。管理界中的一大著名定律罗森塔尔效应，就是对这一观点的最佳阐释。

罗森塔尔博士是美国哈佛大学的一位教授。1960年的时候，他在加州的一所学校做了一个实验：

新学期伊始，在罗森塔尔博士的授意下，该学校的校长将两名老师叫到办公室中，告诉他们，综合最近三四年的教学表现来看，他们两人是这所学校中最为优秀的教师。为此，学校特地从今年新招收的学生当中，挑选了一批最为优秀、智商最高的，交由他们两人负责教课。最后，校长一再叮嘱两人：千万不能将这个消息告诉家长和学生，要按照平常那样去教导他们。

两位教师眼见校长竟把如此重任交给自己，不由得都十分激动。在接下来的日子里，他们更加积极地备课、更加热情地教学，一年之后，两人所负责的班级的学生，成绩在全校中最为优秀，甚至比起其他班级要高出好几倍。

当两位老师喜滋滋地向校长汇报这一喜讯时，校长却微笑着说出了事实的真相：原来，这批学生只是当初随意挑选出来的，在智商方面，并没有比其他班级的学生高出多少。听到这一消息，两位老师大吃一惊，只好暗自庆幸：幸亏自己教学有方。

见到两位老师的模样，校长又告诉他们一个更为重磅的消息：其实，他们二人也只是从教师中随机选出来的，而不是所谓经过评选的"最好老师"。听到这一消息，两位老师这才目瞪口呆。

这个实验充分展示了期待的力量，在教育界中，也一直被从事教育研究的工作人员奉为经典。随着时代的发展，这一实验所揭示的罗森塔尔效应（又称期待效应、比马龙效应、皮格马利翁效应），也成为了管理人员必须把握的一大要点。多少年来，在商业界中不知涌现了多少巨头、精英，这些人之所以能够缔造传奇，与他们善于运用鼓励的手段是分不开的。从他们的传奇故事中，其他管理者也可以学到很多经验。如果细心观察就会发现，这些大人物对于罗森塔尔效应的运用，都达到了炉火纯青的地步。

说起快餐业，很多中国人都会第一时间想到肯德基、麦当劳、德克士等品牌，但他们却很少听说过温蒂汉堡的大名。事实上，这家很少为中国人所知的快餐品牌，却在当今世界的快餐业排名第三，远远高于肯德基。

温蒂汉堡的创始人名叫戴夫·托马斯，最初的时候，他也是肯德基的一员。但后来为了实现自己拥有一家餐厅的梦想，他毅然脱离了肯德基，创办了温蒂汉堡。在温蒂汉堡最初创立的时候，托马斯甚至根本就没有营运的规划，但他还是找到了之前在肯德基的同事，告诉他们："我付的薪水不高，但我必须开更多的分店，让你们负责。"听了这番饱含期许的话语，许多同事都大为感动，毅然答应和他一起，经营这家还没有发展愿景的小快餐店。所有人都没有想到，就是这么一家连长远规划都没有的小餐厅，竟然成为了世界性的速食连锁店，取得了巨大的成功！

罗森塔尔效应不仅会应验在管理者的下属身上，甚至对管理者而言，也可以起到十分重要的作用。许多商业巨子在最初的时候，也是受到了激励的影响。

戴尔·卡耐基是一位大名鼎鼎的成功学大师，20世纪在全球范围内都享有盛誉。然而，他小的时候却十分顽劣，经常恶作剧，就连他的父亲也十分厌恶他。

后来，卡耐基的继母出现在了他的生命中。在父亲当着他的面告诉继母,这是一个"最坏的男孩"时,卡耐基的继母却用自己的鼓励让卡耐基感受到了无穷的力量。后来,继母又给卡耐基买了一台二手打字机,并告诉他,自己相信他必然能够成为一名作家。正是这份鼓励的力量,让卡耐基成为20世纪最具影响力的人物之一。

从这两个事例,管理者就可以看出,积极的期盼对一个团队来说,有着何等强大的推动力。不管是面对下属员工,还是看待团队当下所面临的困境,期许的力量都是必不可少的。

罗森塔尔效应留给管理者的启示还不止如此。现在管理者已经知道,罗森塔尔效应的本质,就在于暗示对人心产生的巨大影响——影响既然有正面,也有反面的。管理者在工作中,要面对的可不仅仅是需要鼓励的下属,更有面对困境劳神费力的自己啊!面对工作中的不如意,如果受到了负面暗示的影响,也会造成决策的重大失误,这是罗森塔尔效应对管理者的更深提醒。

57. 霍桑效应:除了"物质激励","心理按摩"也很重要

霍桑效应的发现,源自美国科学家于1924年进行的霍桑实验。霍桑实验,也是心理学史上最著名的实验之一。这一实验先后经历了4个阶段,经由两批研究人员历时9年,才最终得出了研究结论。霍桑实验不仅在心理学史上享有盛誉,同时在管理学史上也占据着重要地位。

霍桑实验最开始的时候,研究者是想通过对外界环境的研究,找到一条能够提高生产率的途径。为了实现这一目的,美国科学家们从照明、工资、休息时间、午餐、环境等方面出发,进行了长达两年半的实验。结果却毫无所得。

到了1927年,来自美国哈佛大学的教授梅奥接手了这一实验,将其推

向了第二个阶段——"福利实验"。在这一阶段中，梅奥等人发现，外在环境并不能起到调动员工积极性的作用，但荣誉感与成员彼此间的良好关系，却可以改善人的工作态度。通过这一发现，实验又推向了第三阶段。

到了第三阶段，梅奥等研究人员开始大力推进访谈工作，在短短两年间，他们共与2万多名员工进行了沟通。通过沟通发现，每一位员工对工作的不满背后，都有着更深层次的个人原因，这些顾虑也在一定程度上影响了他们的工作效率。

第四个阶段是对群体的研究。在研究中，梅奥等人发现了一个现象，虽然每个员工的工作快慢不尽相同，但到了一天结束的时候，他们的进度却总是相对一致。虽然是实行计件工资制，很多干得快的员工也会在完成一大半的时候停下工来，哪怕时间还很充裕。之所以如此，是因为他们担心自己干得快会导致同事的失业，又或者出现更高的生产定额。由此，梅奥等人提出了管理学中一个十分重要的概念——非正式群体。

随着这一试验落下帷幕，霍桑效应也被梅奥等人总结出来。霍桑效应的内容主要是：第一，否定"经济人"假设，提出"社会人"的理论。也就是说，比起物质奖励，每一个员工的内心需求也同样重要，想要让他们更加卖力地干活，还是要从心理方面去下功夫；第二，也是霍桑效应最重要的一点，就是非正式组织的存在，以及它对整个团体的巨大意义。这一点至今仍是管理学课程中的必考要点，更是领导工作中，对管理者至为重要、绝不能忽略的重大因素。

通过了解，人们很容易就能发现，整个霍桑实验和霍桑效应说了半天归根结底其实只有一个字——人。梅奥在1933年结束实验后，曾出版有《工业文明的人类问题》一书，在书中，他提出了当时全新的一种管理理论——人际关系学说。在这一学说中，梅奥的主要观点就是：管理者不能仅仅在物质激励方面下功夫，更要注重员工的心理需求、精神需求——霍桑效应给管理者的启示也在于此。

说起对人的重视，Google 公司的做法堪称企业的典范。据一位 Google 的工作人员介绍，当时她接到 Google 打来的招聘电话时，时间已经是晚上 9 点。正常情况下，到了这个时候，一般的公司都已经下班，但 Google 却绝不容许错过每一个投简历的人。

在培训的时候，Google 也十分重视对员工的品格素质的教育。Google 培训员工的一个重要宗旨就是：员工不仅要聪明，还必须是个懂得团队合作的好人。Google 十分强调每一个成员在团队里的合作表现，力求营造对所有员工都最为和谐的氛围。

在上班时间的问题上，Google 也表现得十分宽宏大量、通情达理。Google 公司实行的是弹性工作制，而不是常规公司的朝九晚五硬性规定。在 Google，经常有员工睡到大中午才去上班，公司对此并没有微词。Google 充分理解，员工的灵感是不能强求的，为此，工作时间上也应该有所放松。

这一放松还体现在另一规定上。Google 管理层明确规定，每位员工每一周内，都有 20% 的工作时间可以用来做工作以外的事情，为的只是调节员工的大脑，以利于更好的创新。事实上，Google 员工也利用这 20% 的时间，为公司带来了巨大的创收。

不仅如此，Google 还对管理层作出了约束，绝不容许他们限制员工在公司内的自由流动。Google 内部也有许多员工，会出于兴趣从一个部门转向另一个部门。很多时候，在自己喜欢的岗位上，他们也都能发挥出巨大的优势。

案例中 Google 公司的种种做法，在许多常规的企业管理者看来都是难以想象和接受的。当然，其中也有一部分原因在于，这些公司现在的层次还够不到那种高度。但无论如何，管理者都必须铭记，每一个员工，都是活生生的人，都有着极为丰富的情感想法和诉求。如果仅仅把他们看作是为了满足自己物质私利而工作的机器，忽略了他们在情感上的苦恼和需求，对他们的精神没有充分的体会、宽慰，就无法彻底解决员工在工作过程中，表现出来的消极、怠工行为。

对管理者而言，应该从霍桑效应中重点把握以下三点：

(1) 正确看待自己的下属员工。

用何种眼光看待员工，往往也会收到来自员工的同等反馈。有的管理者仅仅把自己与员工看作是交易的双方，没有想到员工也会希望在工作中，能够得到情感上的填补。忽视他们的这一需求，就无法彻底激发他们的能动性。

(2) 引导员工发泄心中的不满。

要说员工对企业没有一点微词和意见，那是绝对不可能的。一个企业在运行过程中，不可避免地会出现各类问题，同时也会影响到一部分员工，使他们心怀意见。如果漠视他们的不满与意见，就会失去他们对企业的归属感，逐渐离心离德。对想要做大做强的企业来说，这显然是违背宗旨的做法。

(3) 非正式团体对企业的作用。

很多管理者都对非正式团体表现得反应过激，不得不说这是一种错误的做法。人与人之间基于某种一致而走得近，本来就是人之常情。何况对于彼此毫无血缘关系的员工来说，小团体反而更能让员工产生亲切的感觉，进而上升到对企业的认同。优秀的管理者所要做的，是平衡好个人、非正式团体与企业整体三者之间的关系，增强企业的向心力和凝聚力。

58. 坎特法则：管理员工，尊重先行

管理学的观点也在不断地进步，相信到了21世纪的今天，没有几个管理者是没听过"人性化管理"这一词的。所谓人性化管理，就是指在整个

企业管理过程中，充分注意员工的人性要素，以充分挖掘人的潜能为己任。深得管理界人士重视的坎特法则，就是基于人性化管理的观点提出的。

哈佛商学院的教授罗莎贝斯·莫斯·坎特提出，在当今时代的管理工作中，尊重员工是人性化管理的必然要求，也是回报率最高的情感投资。尊重员工，是领导者应该具备的职业素养，而且尊重员工本身就是获得员工尊重的一种重要途径。坎特所说的尊重，主要是指管理者对员工私人身份的尊重和体谅。

在管理学中，随着"经济人理论"与"社会人理论"的相继提出，我们基本可以确定，员工的情感需求确实存在，这一需求也确实会给工作带来重要的影响。坎特法则之所以强调从员工的私人身份角度出发，也正是在呼吁管理者们：千万不要漠视员工，漠视他们生而为人的正常需求。有些管理者惯于对员工进行严格的控制，并对他们的私人情感一再压抑。这并不是一个成功的管理者所应该有的做法。

MBB公司是德国主要的一家航空和宇航企业。但在这个企业里，外人经常可以看到这样一种情景：上下班的时候，所有的职工在进入或离开之前，都会拿出自己的身份证放在电子计算器里，而在计算器的屏幕上，马上就会显示出这位职工在本周内已经工作了多长时间。原来，MBB公司实行的是灵活的上下班机制，只考核工作绩效，而不注重具体时间。每位员工只要能在规定的期限内完成工作的进度，就可以拿到全额薪金，根据工作质量的高低，还可以拿到不同的奖金。这样一来，所有员工的工作时间就都有了一定的弹性，不仅不需要像别的公司职员那样，每天饱受上下班的交通拥挤之苦，甚至还可以抽出时间去做自己的私人要事。MBB公司的这一规定，使所有员工都充分感受到了公司对他们的理解、尊重，因此都对工作充满了责任感。

现实当中，有相当一部分思想僵化保守的管理者，在他们的观念中，员工的私人情感需求与企业的利益，就是天然对立的存在。他们也总会把员工的私人需求看作是洪水猛兽，不惜采取各种苛刻的手段进行压制。然而，这种做法不过是杞人忧天，心中压着一块石头的员工，不论管理者怎么鞭策，得到的反馈都是苍白无力的，管理员工的本意，本来就在于消除员工的内心顾虑。

相较于大多数企业而言，日本日立公司堪称另类。之所以这么说，就在于他们人性化的管理制度上。通常情况下，办公室恋情都是不被公司允许的，但日立公司却偏偏要反其道而行之。

田中是日立公司的一名老员工，在日立公司已经工作超过12个年头。在田中眼里，日立公司就像是自己的家。为什么这么说呢？原来，田中的婚姻之所以能够成功，也与日立公司的牵线搭桥有关。

在日立公司总部大厦的八楼，有一个专为日立的职工设立的婚介部门，叫作"鹊桥"。在田中刚到公司的时候，他的同事们就纷纷撺掇他，把自己的身高、体重、学历、爱好、家庭背景等资料，输入了"鹊桥"的网络系统中。日立公司有一个规定，但凡一名员工向公司递交了求偶申请，他就有权调阅"鹊桥"的档案，来寻找自己满意的人选。如果员工心中有了人选，公司便会向那位人选递交申请人的档案，一旦对方同意，就安排两者见面约会。田中与自己的爱妻惠子，正是通过这样的方式认识的。两人的第一次见面是在公司附近的一家餐厅，而婚礼则是由公司的另一机构"月下老"主持操办的。通过如此周密的安排，日立公司赢得了所有员工的拥护和爱戴，在他们的心目中有了不同于其他公司的意义。尤其是那些通过公司喜结良缘的员工，更把日立公司看成了自己的"大家庭"，在日常工作中，也有了更为高涨的热情。这种情感归属，比起物质激励或岗位提升，更能调动他们的积极性。

员工学会主动分担责任，是任何管理者都梦寐以求的事情，但想要实现这一目标，却不能靠蛮干。俗话说，强扭的瓜不甜，通过强迫灌输的方式来传达"为集体奉献"的理念，只能引起员工本能的抗拒。要改变员工的看法，管理者也需要"少些套路，多些走心"。

或许在管理者眼中，员工的能力还很有限，为了保证完成工作，他们就应该做出一些适当的"牺牲"。但是，当"牺牲"不是出自本意的时候，管理者的那些要求，实质上就等同于诛心。自上而下的命令虽然具有权威，但失去了平等的立场，员工终究不会在内心完全认同。因此，我们还是要建议那些苛刻的管理者们，重新定位自己的身份，以一个引导者、帮助者的身份，尊重员工的情感、倾听员工的诉求，最终达到不令而行的更高管理境界。

59. 蓝斯登定律：让员工开开心心地工作

相信所有人都听说过"干一行不如爱一行"这句话。在现实当中我们也可以发现，那些满怀热情去工作的员工，他们的心情总是愉悦的，他们的工作成果也总是最好的。发现了这一要点的管理者们，也都会在这个问题上动脑筋——如何才能使我的员工快乐起来？管理学中有一条蓝斯登定律，就是对这一问题的解释说明。

蓝斯登定律的提出者是美国的管理学家蓝斯登。对于蓝斯登定律，人们用这样一句话来概括：当你在往上爬的时候，只有确保梯子是整洁的，才能使自己不会在下来的时候跌倒。当然，这里所指的"梯子"，就是员工。之前刚刚提到，在一个企业内部，生产率最高的员工并不是薪酬最高的那批，而是心情最为快乐的那批。而心情的快乐与否，却与工作环境有着紧密的关系。工作环境愉快，员工也能够积极地投入工作；工作环境糟糕，员工就会心怀抵触，严重影响工作的效率。

从以上的描述不难看出，我们的管理者又多了一样重要的工作——为员工营造愉悦的工作环境，这也是蓝斯登定律给管理者的启示。传统的管理者一般都是权威型，他们会摆出严肃刻板的面孔，高高在上地发号施令，并认为这才是管理者应有的样子。然而，在平等观念深入人心的当今社会，即使是在层级分明的职场上，员工们也不会乐于接受这种类型的领导与管理方式。对他们而言，在轻松的工作环境中与一位平易近人的领导相处，远比在严肃沉闷的环境中与那些板着脸不苟言笑的领导相处，更能调动自己的工作积极性。那些强调个人权威与绝对服从、不知营造轻松快乐的工作环境的管理者，显然是在管理思想上陷入了误区。

很多管理者都经常忽略了这一点：以何等身份去与自己的下属员工对话，也是管理工作中十分重要的一环。不同的领导管理风格，展现出来的是不同的团队风貌，团队中的员工，也就会有不同的精神面貌和工作表现。通过那些知名企业的事例，我们就可以更好地说明这一观点。

诞生于1939年的美国惠普公司，是一家享誉全球的IT巨擘。惠普在长达65年的发展中，总结出了许多管理之道，其中有一条"周游式管理办法"，就是惠普公司的一项独创管理方式。

所谓的"周游式管理办法"，实质上就是提倡、鼓励公司的管理层深入基层，直接与下属员工进行对话。为了更好地促成这一工作，惠普公司还在办公室的布局上做出了巨大的改变——采用在当时美国极为少见的"敞开式大房间"。惠普公司中的所有员工，不论其职位高低，都聚集在同一个大房间一起办公，不论是哪一级的领导，都不设立单独的办公室。一个房间中，各部门人员仅仅依靠矮屏作为分隔，只有少量的会议室和会客室除外。甚至，惠普对每一级的领导都不设立职称，员工即使面对董事长，也可以直呼其名。这种举措看似不利于领导层维护自身的威严，但实质上，却使得公司上下各级人员彼此十分通气，工作的环境也十分宽松、和谐。

惠普公司的这种做法，可以说是"以员工为本"的最佳体现。在传统的权威型管理中，领导者总是要摆出严厉的面孔，并与员工保持着适当的距离，把自己表现得高高在上，凛然不可冒犯。但这种做法却很容易割裂员工与领导者之间的联系，更使员工承受巨大的工作压力，心情也难以舒畅、愉悦。在这样的心态下工作，效率与成果就可想而知了。因此，我们在这里必须向所有的管理者强调一点——快乐乃员工之本。

随着这一结论的得出，我们的管理者也该有所明悟：任何付出都会有回报，如果能够给员工带来轻松愉悦的工作环境，员工就会以更为优秀的工作成果作为回馈。那么，又该如何去营造这样的美好氛围呢？从蓝斯登定律中，我们大致可以得出以下三点建议：

(1) **友善的态度很重要。**

对管理者而言，员工的表情可以看作是一面镜子，一面照出自己态度的镜子。如果自己展现给员工的是强硬、蛮横的一面，从员工的表情中，我们也可以看出他们所承受的压力之大。如果能够换一种态度，把员工看作是自己的"哥们儿"，适当地放低自己的身段、降低自己的姿态，站在平等的立场上去倾听他们的想法，就不仅可以听到更多有用的建议，更能让他们紧绷的心松弛下来，以更加饱满的精神投入工作。

(2) **人文的气息很重要。**

想要调动员工的积极性，所需要的不仅仅是管理者个人对员工的态度，更与整个工作环境有关。从最浅显的地方说起，不同的公司在办公室的布局上，也会有很明显的优劣之别。有的布局视野开阔、光线明亮，对开展工作极为便利，员工一进入其中就会感受到公司浓浓的人文关怀；有的布局却是狭小单调，压抑沉闷，半点都不能提起人的兴趣。再往深了说，不同公司的组织制度，也使员工心情迥异。只有富于人文关怀的工作环境，才是对员工最为有利的。

(3) **适当的维护很重要。**

"顾客是上帝"——这是管理者经常向员工强调的观点。但事实上，对管理者而言，员工又何尝不是企业的核心呢？任何一家企业，都有可能面临员工与顾客冲突的情境，通常情况下，管理者都是站在顾客一边。可也有一些特殊情况，是顾客的做法失当。对这种情形下的两者冲突，管理者不论采取何种方法，都千万要谨记一点：不能让自己的员工寒心。如果管理者一味地委屈员工、迁就无理的顾客，就会在无意间给员工传达出这么一种观点：比起公司的利益，你们的委屈半文不值。这种观念每加深一次，员工的内心就会被挫伤一次，到最后，伤害的还是公司的利益。

60. 蓝伯格定理：用压力给员工加油

用人问题对管理者来说，永远都是一个十分难做、却又不得不做的工作。每位管理者都希望，自己的员工能够以最大的热情投入工作，但要实现这一目的，却经常需要瞻前顾后、反复思量。管得要是太松，员工或许就不把自己与工作当回事；可管得要是紧了，他们或许又会有压力。无怪乎日本的经营之神松下幸之助都要感叹：用人真是苦恼啊！

用人工作确实需要面对各种问题，尤其是员工的压力问题，这让许多管理者心中惴惴。但在美国，却有人对此不屑一顾。路易斯·B·蓝伯格，是美国的一位著名银行家，他对所有的管理者都提出了大胆的建议：为员工制造必要的危机感。这一理念即是蓝伯格定理。在蓝伯格看来，令所有人都害怕、排斥的压力，只要经过适当的转化，也可以成为员工前进的动力。

蓝伯格的这一观点，无异于是对所有管理者的打气和加油。虽然我们相信，大部分的管理者应该都听过"井无压力不出油，人无压力轻飘飘"这句话，但他们却仍然会有些许的疑问：在日常的管理工作中，危机感和压力，真的是可行的激励之道吗？

答案是肯定的。古往今来，人类历史上许多杰出人物，都用自己的血泪史证明了人在压力面前的勇敢与无畏。当然，这也是蓝伯格定理的一个重要前提：压力只有在能够承受的人那里，才能转化为巨大的动力。

林肯毫无疑问，就是一位能够顶住压力获取成功的人。林肯是美国人心目中最伟大的总统之一，但在他成功之前，失败的压力早已将他压得喘不过气来。对此，我们只需要了解他的"失败履历"就可以看出来。

1832年，林肯失业。

1832年，林肯竞选州议员，失败。

1833年，林肯经商失败，欠下一笔16年才还完的债。

1835年，订婚之后结婚前夕，未婚妻病逝。

1836年，林肯精神崩溃，卧床半年。

1838年，努力竞选州议员，失败。

1840年，竞选国会候选人，落选。

1843年，竞选国会议员连任，失败。

1848年，寻求国会议员连任，失败。

1849年，申请本州土地局长一职，被拒绝。

1854年，竞选参议员，落选。

1856年，在共和党全国代表大会上争取副总统提名，得票不到100张，失败。

1858年，再次竞选参议员，失败。

这样的一份人生履历摆在面前，相信任何人看了之后，都唏嘘不已。事实上，我们也都无法想象，林肯这位伟人一生当中所承受的压力究竟有多么巨大。但庆幸的是，林肯最终还是成功了。他的成功也无疑是向世人宣布，在压力面前，人们可以走得更远。

当然，实事求是地讲，像林肯这样的杰出人物，历史上确实也没有几位。所以，当我们回顾蓝伯格定理的时候，千万不要忘了"压力适当"这一原则。管理者们始终都要记得：给员工压力，是为了让他们爆发动力，而不是把他们彻底压垮。

美国有一位企业家，他同时经营着许多工厂，其中一个工厂的效益始终令他十分不满。这个工厂中的许多员工都对工作敷衍了事，产品投放到市场之后，也总是引起消费者的不满和投诉。这位企业家不论怎么开导，都无法使员工改变工作作风，为此他十分苦恼。

这家工厂一直以来，实行的都是两班轮流制。有一天，这位企业家在视察这家工厂的时候，刚好赶上两班交接，夜间的工人在此时纷纷下班。这位企业家灵机一动，拦住其中一位工人问道："你们的工作流水线每天能走几次？"员工回答说："5次。"这位老板当即在车间的黑板上写下了"5"这个字。当日间工人看到老板的这一举动后，不由得十分紧张，于是当天便特意努力工作，将流水线的工作量提升到了六次。而企业家也当即将黑板上的"5"擦去，郑重其事的写上了"6"。

很快就到了晚上，夜间工人再次进入工厂。当他们发现自己的工作记录被打破时，也感受到了不小的压力。为了证明自己，他们干脆将平时的工作量翻了一番，达到了10次！到了第二天，当日间工人发现自己的记录又被打破之后，当即感到了更大的压力。于是他们埋头苦干，竟然再次把工作量超过了十次。就这样，两拨工人彼此之间，都因为对方努力工作所带来的压力而不断提升自己，最终，这家工厂成为了企业家所有的厂子中，效益最好的一个。

这位企业家的管理之道，真可谓是神来一笔，到了炉火纯青的地步。给员工的压力要是太大，员工很可能会彻底撂挑子不干；给员工的压力要是太小，员工又会不当一回事。这样一来，管理者本人反而要为难了。所有的管理者都应该学会像案例中的那位企业家一样，巧妙地避开直面员工的尴尬，将压力在不经意间，灌注到每位员工的身上。

这显然是一个超高难度的问题，极其考验管理者的智慧。但这也是当今组织管理中，管理者迟早会面临的选择。尤其是在企业当中，压力的促进作用会表现得更为明显，巧妙合理地利用压力、督促员工，是当今的企业经营管理者，无论如何都要百分百掌握的技能。

61. 奖励失败论：嘉奖失败换来成功

在一个团队中，没有哪个员工不会失败、失职。事实上，就连管理者本人也无法确保自己可以一直正确。但偏偏在现实当中，很少有管理者能够接受员工的失职结果。对这些管理者而言，如果我们建议他们去褒奖那些失败、失职的员工，他们一定会十分愕然：什么？褒奖？对那些不称职的家伙，我们不仅不该批评，反而还要夸奖他们？通用电气公司的总裁韦尔奇表示：是的，没错，我们就是要褒奖他们。

这也是韦尔奇的奖励失败论的主要观点。在韦尔奇看来，员工的成功固然值得奖励，但失败也同样需要管理者的重视。当然，这种重视并不是通过负向的激励来体现的，而是通过正向的激励。

这一管理理论可说是别出心裁，它的提出，在一定程度上也是对管理学观念的"颠覆"。但是，作为一名世界顶尖的商业精英，我们有理由相信韦尔奇绝不是信口开河。我们也要提醒管理者们，正视韦尔奇的这一惊人观点。事实上，历史上也确实有不少优秀的管理者们，已经在自己的管理活动中，贯彻了韦尔奇的这一管理妙论。

在拿破仑称霸欧洲的过程中，为了征服意大利，亲率大军征讨。在一次战斗前夕，拿破仑夜间无法入睡，便走出兵营，四处巡查岗哨。

这不巡查还好，一巡查，拿破仑发现其中一名哨兵，由于过度劳累，竟然把枪扔在一旁，倚着树根睡着了。哨兵的这一疏忽，可以说是极为严重的失职！但拿破仑看到之后，既没有叫醒哨兵，更没有大发雷霆，反而

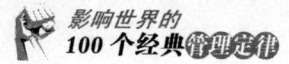

默默地拿起了枪,替他站了足足半个小时的岗。

半个小时之后哨兵醒来,一眼就看到正在替自己拿枪站岗的司令官。他吓出了一身冷汗,跪倒在拿破仑的面前,感到十分惶恐和绝望。

但拿破仑并没有斥责哨兵,而是和颜悦色地说:"朋友,这是你的枪。你们艰苦作战,又走了很远的路,一时瞌睡也在情理之中。但眼下,任何一点微小疏忽都可能危害全军。刚才我并不瞌睡,所以替你站了一会儿,下次可千万要小心。"

在一向强调从严治理的军队管理中,能够对失职的下属做到这地步,拿破仑"欧洲四大杰出军事统帅之一"的称号,的确不是浪得虚名。只有杰出的统帅,才能打造传奇的军队,这一点既是拿破仑的真实写照,也是给所有管理者的启发。

相信这一做法还是会令许多管理者难以理解。但实质上,奖励员工的失败,并不等同于认可员工的失败,更不等同于鼓励员工继续失败。奖励失败论的本质,是通过奖励这种正向的方式,来扭转失败者的想法,变相地使他们改过自新。

在南非有一个名叫巴贝姆的小村庄,尽管经过了悠久的岁月,但一个古老的习俗,一直保留在村子里。

每当村子里有人犯了错误,村里的长老都会召集所有村民。将这个犯错之人团团围住。但接下来的事情却不是惩罚,甚至也不是指责或批评。所有围住犯错者的村民,都会被要求讲出一件犯错者的善行,或是他的优点。不论男女老幼,也不论时间长短,大家都必须一直说下去,直到所有人都再说不出来为止。

犯了错的人在一开始的时候,都会十分惶恐、畏惧、愧疚,到了最后,都会被众人的称赞感动得涕泪交加。众人的称赞和鼓励,如同一剂良药,把犯错者所有的邪恶念头都清洗得干干净净。经过这样一次精神洗礼之后,他再也不会犯之前的错误了。

不论是在哪个领域的管理工作，这种反其道而行之的激励办法都大有可行之处。陶行知教育同学、卡耐基与母亲的故事，也都体现了奖励失败论的卓越用处。看着这些层出不穷的例子，我们也完全可以挺起胸膛，对朝着犯错员工大发雷霆的管理者们拍拍肩膀，说一句：算了，我们还是换个招吧！

不过，在管理者们决定改换方式之前，请允许我们再次强调一遍：奖励失败，不等于认同失败。这是一条很难把握的界限，但管理者要真的把握不好，反而会进一步纵容员工。在决定实施失败奖励之前，管理者首先要明确一点：这一失败是否可以采取奖励？或者说，做出奖励的理由是否充足？在确定了这一点之后，管理者才可以根据员工的表现，做出适当的奖励。

但管理者也千万要牢记一点：由于这种奖励是建立在员工失败的基础上的，因此自己的任何措施，都必须带有纠治错误的色彩，或者说，必须与失败针锋相对。如果自己只是按图索骥，漫无目的地采取奖励方式来宽慰员工，失败奖励也就背离了初衷，无法从根本上发挥作用。总而言之，这是一项极为考验管理者智慧的工作，需要管理者根据实情来好好拿捏。

62. 麦克兰定理：让员工做一回管理者

我们可以很轻易地发现这么一个事实：在有的公司，所有的员工都卖力工作，充满干劲儿；而在另外一些公司，那些员工都懒怠懈怠，毫无工作激情。如果说这是因为人的秉性各不相同，但偏偏又有一些员工在不同的工作单位，表现得却截然相反。很显然，员工的工作态度和绩效，绝不仅仅源自自身态度，背后还有更多的原因。

大多数时候，企业的管理者们都会把绩效不高的原因，归结为员工的智商、经验和技能等，但美国哈佛大学的教授、著名的心理学家戴维·麦克莱兰，对这一解释却并不满足。经过他的研究，他得出了更为精准的结论。

20世纪60年代的时候，人们普遍对传统的管理理念产生了怀疑。在这一背景下，麦克莱兰带领自己的研究团队，进行了各种深入的分析。

麦克莱兰的团队首先对传统的学术能力和知识技能进行了测评，而后进行了各种研究。他们发现：这一类传统的测评并不如人们所想的那样，能够预测一个人的工作绩效和职业生涯成败；尤其是，当把这一测评用在少数民族、妇女和社会较低阶层人士的时候，谬误就更加大了。这一事实结果令他们大为惊讶。随着研究的继续深入，麦克莱兰的研究团队终于发现：从根本上影响个人绩效的，是一些可称为"资质"的东西，比如"成就动机""人际理解"，又或是"团队影响力"之类。

这一结论就是著名的麦克莱兰定理。在这一定理中，麦克莱兰教授实质上是提出了一种全新的管理学理论——成就需要理论。这一理论的提出，对管理学，尤其是人力资源管理学，产生了巨大的影响。同时，对管理学当中的领导理论而言，这一定律也是极具启发意义的。

对那些为员工绩效而头疼的管理者们而言，麦克莱兰定理无疑是给他们以全新的启示。之前的管理者们，更多的是通过严苛的制度、物质的激励来调动员工，比此更进一步的是情感关怀。但现在，麦克莱兰告诉这些管理者们一个更为重要的事实：员工，也需要获得成就感的满足。

沃尔玛公司是世界上营业额最大的公司，创始人是山姆·沃尔顿。通过40年的努力，沃尔玛从一个杂货店成功发展为世界最大的零售王国。这其中，与山姆·沃尔顿独特的激励机制密切相关。

沃尔顿有一句著名的口号："把员工视为合伙人。"在公司的管理工作中，沃尔顿也确实是这样做的。他认为，不论一家公司的设备如何高端，可要是没有高层的管理人员、失去了愿意为公司整个系统运行而兢兢业工作的员工，也会显得毫无价值与意义。他始终坚持把所有员工都看作合作伙伴，并致力于与他们建立亲密友善的关系。

为此，沃尔顿采取了三个措施：第一，利润分享计划。他规定：但凡在沃尔玛工作超过31年、每年工作时间超过1000小时的员工，都可以分享公司利润；第二，雇员持股计划。员工一旦离开公司，也可以以现金或股票的方式取得这部分利润，并且在购买公司股票的时候，会以工资扣除的方式，以低于市场价格15元的价格来购得；第三，损耗奖励计划。损耗对任何一位零售业的经营者而言，都是巨大的敌人，沃尔顿通过这一计划，使所有员工能与公司共享因避免了损耗所带来的利益，不仅有效地避免了盗窃的发生，也使得员工工作更加卖力，公司效益愈发显著。

人人内心都有一杆秤，很多时候，管理者怎么看待员工，员工就怎么看待管理者。对于管理者而言，如果没有充分重视自己的员工，不论自己如何努力，员工们也很难买账，很难为了公司的效益去竭尽全力。如果只把员工看作是为自己工作的人，显然就大错特错了。人人都需要更多的满足，对员工来说，因工作而获得成就感也是一种重要的需求。

山姆·沃尔顿显然是一位深谙此道的优秀管理者，从他的口号中，我们也可以看出他对员工的身份地位是如何地抬高——这种抬高对方身价的话语，显然没有哪个员工会拒绝。尤其是，沃尔顿没有把这一切止于口号，而是采取了切实的措施。通过这一系列措施，沃尔玛的员工在身份和待遇上，都被赋予了不同的意义，看起来，也确实更像是一位优秀企业家的"合伙人"了。

管理者们千万别小看了这个空泛的身份头衔。对任何一家公司的员工而言，这种身份上的认同带给他们的成就感，甚至要超过他们从工作中获得的物质利益。通过在这方面满足员工，管理者们也得以不花更多气力，就轻易地使员工更加卖力。这实在称得上是一种"四两拨千斤"的管理玄妙。

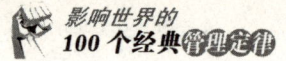

通过解读成就需要理论,我们也可以给所有的管理者一个更进一步的忠告、建议:不要让员工像员工,而要让他们像领导。若说有什么方法能让员工有最大的成就感,满足他们的权力欲显然是最佳的方式。不论是适当的授权也好,还是让员工参与更多的公司管理也好,当员工的身份带有"领导"的色彩时,他们无疑会为此更加骄傲。同时,这种成就感也可以激发他们更多的主人翁意识与责任感。这个时候,管理者们即使不亲自出马指挥,员工也会自发地投入更多的工作激情,公司的效益也就自然而然地提高了。

63. 戴伊定理:不给权利,何来义务

任何一个组织都有可能出现这样的情况:不论管理者本人吆喝得多么大声,下属的员工就是纹丝不动。甚至于,中层的管理者也对上级的命令阳奉阴违、敷衍了事。在戴伊定理看来,造成这种情况的原因不是管理者管得太少,相反是因为管得太多。

戴伊定理是由美国的社会学家T·戴伊提出的。在戴伊看来,一个合格的管理者,必须要懂得放权之道。"只有当人们直接参与具体的决策时,才能称得上拥有权利"——这就是戴伊定理的主要内容,也是所有管理者在沟通不同层级、领导整个团队的工作中,所要明确的一个道理。

根据这一道理,我们也可以得出评价一个管理者是否合格的重要依据。通常情况下,人们都会追捧那些在工作中兢兢业业、事必躬亲的管理者,认为只有忙得团团转,才是对工作负责的表现;也有的管理者出于对员工的不信任,总是要将一切都牢牢抓住自己手里。以戴伊定理的观点来看,这样的管理作风都是极其失误的。

马罗尔医生手下有两个实习生,一男一女,分别叫作纳特和埃米。尽

管在同一人手下做事，两人的表现却天差地别。在众人眼中，纳特总是穿着一尘不染的白大褂，神采奕奕；而埃米却总是披着沾满不同颜色药水的白大褂，从一个病房跑到另一个病房。纳特每天的上下班严格遵守法定时间，朝九晚五从不提前或拖延；埃米则每天早早来到医院，晚上加班直到深夜。然而，在医院一年一度的优秀实习生评选中，众人眼中的勤劳模范埃米却惨遭落选，反倒是纳特成功入围。

人们都对这一结果十分不满，纷纷替埃米鸣不平。对此，评委马罗尔医生的解释是：埃米负责过头了。救治病人需要所有医生分工协作，才能更好地完成，而埃米大包大揽的做法，不仅导致自己劳累过度、状态不佳，也导致了工作中的更多失误。纳特的入围在于他懂得职责的边界，对责任以外的事情谨慎对待。因此，他的工作反而很少出现差错。

管理者的工作要点在于掌控大局，而非掌握全部。事实上，要凭借个人的力量来完成一切管理事务，也是丝毫不可能、不可取的做法。不论是面对最基层的员工，还是其他层级的下属，作为最高一级的管理者，都要想办法让下级参与到自己的管理事务中来，借此通过他们的力量，实现更为高效的管理。

保罗·盖蒂是美国的石油大亨，也是曾经的美国首富。年轻的时候，保罗·盖蒂家境并不富裕，他的产业也只有一片收成很差的旱田。

在一次偶然的情况下，正在田里挖水井的保罗·盖蒂发现，从自己的田里冒出一些黑浓浓的液体，后来他知道那就是石油。就这样，水井变成了油井，旱田变成了油田，发现了致富之路的保罗·盖蒂摇身一变，成为了一名石油公司的老板。

为了开发油田，保罗·盖蒂开始十分用心地经营自己的事业。他不仅雇用了大量的工人开采石油，还有事没事便到各个油田里巡视。很快他就发现，每次他去油田视察的时候，都能发现有人浪费原料，而且有闲人游逛。他当即把工头找来，要求工头们消除浪费和清除闲人。可是，等他下次再去的时候,浪费现象和闲人依然如故,屡禁不止。

保罗百思不得其解:为何他一去就能看得到的浪费和闲人现象,那些天天待在油田里的工头却视而不见?更重要的是,为何他再三要求,这种状况都始终不见改善?后来,保罗遇到了一位管理学家,便向他请教。专家一句话点醒了梦中人,他说:"那是你的油田。"

保罗立即召来各工头,向他们郑重宣布:从此以后,他会把油田的经营权交给他们,作为代价,25%的油田效益也将由他们全权支配。

这一规章一出,所有的工头都一改往日的管理作风,整个油田的开发工作也焕然一新。从此,保罗再巡视油田时,发现不仅浪费现象彻底消失,无关闲人也都销声匿迹,油田的产量也大幅增加。

管理者不是万能的,适当地允许自己做不到一些事情也并不可耻。重要的是,要从自己的组织内部,挑选出可以承担自己部分责任、代替自己去行使部分管理职能的优秀员工。即使没有这样的优秀员工也不要紧,通过有效的激励手段,原本看起来不负责任的员工,也能成为自己的左膀右臂。管理者所要考虑的关键在于,如何才能让这样的员工主动起来。

很多时候,由于管理者大权独揽的做法,原本富有才干的下属,也会觉得不受重视和信任,更会怀疑上司是不是在有意打压自己。在这种负面心理的影响下,他们的表现也会越来越糟、效率也会越来越低。人人都希望主导别人而不是被别人主导;人人都会对攸关自己利益的事情,表现得更加上心。戴伊定理正是抓准了人的这一心理,才对管理者提出了放权的建议。

每位员工都会把自己的需求寄托于工作当中,这一需求不外乎物质上的和精神上的。管理者所要采取的激励手段,也无法忽略这两个范畴。适当地将权利赋予下属员工,表面上看起来是扔给他们更多的义务,但员工更为在意的,却是管理者授权背后的认可与信任。在这份认可与信任的激励下,管理者和企业也会从员工的努力中,收获更加完美的成果。

64. 洛伯定理：懂得放权，让员工自主当家

有一句充满哲理的话是这么说的：放下比拿起更难。对管理者来说，这一句话同样意味深长。管理者虽说担负着一个组织、企业内部更为艰巨的责任，但也手握比普通员工更大的权柄。很多管理者出于责任心，或是对权力的热衷，会把组织内部的大小事务都牢牢地抓在自己的手里，很少会相信自己的下属、授权给自己的下属。但是，对一个真正优秀的管理者而言，妥善的放权，是比用权更为高明的管理手段。

R·洛伯是美国著名的管理学家。在研究企业和组织的管理活动时，洛伯发现了这样一种怪现象：某些管理者总是担心下属无法领会自己的意思，因此事必躬亲，任何事务都必须经过自己发号施令，才可以交由下属去办。结果某天自己临时无法在场，下属面对突发情况却手足无措，不知如何应对。通过对这一现象的研究，洛伯最终提出了一个令所有管理者都不得不承认的事实：对一个经理人来说，最要紧的不是你在场时的情况，而是你不在场时会怎样。如果只想让下属听你的，那么当你不在身边时他们就不知道应该听谁的了。这一现象也被称为是洛伯定理。

事实上，了解洛伯定理并非什么难事，难得是让所有的管理者都能接受这一观点。对于那些把权力死死握在手中、就是不愿放下的管理者来说，洛伯定理实在称得上是苦口婆心的劝告。

我们必须要承认这样一个事实：管理者也并非是天生养成的。我们有充分的理由确信：在任何一个成熟的组织或企业中，身居管理层的人，也都是从被管理者的身份转变而来。既然自己能够做到这一步，他们就完全没有理由把自己的员工看作是一无所长的人。在实际的工作中，员工们比起埋头于自己安排的事务，也同样需要试着去管理一些事务，学着当家做

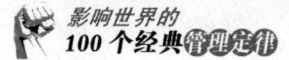

主。这既是管理者对员工培养责任的体现，也是为了保证在管理者缺失的情况下，员工能够扮演好临时负责人的角色，冷静应对，不慌不乱，不至于因为失去了平时的主心骨而束手无策。

说起金融大鳄索罗斯，即使是很少关注经济的人也一定不会陌生。熟悉索罗斯的人都知道，索罗斯就是一位懂得放权的杰出管理者。在日常的管理中，索罗斯会把许多事情都交给员工，鼓励他们自作主张。索罗斯之所以会如此，与他的某次经历有关。

一开始的时候，索罗斯也是一个十分"忙碌"的管理者，他曾经向下属明确表示：所有重要的文件，都必须由他亲自审核。有一次，索罗斯在外地出差了很长时间才回来，等他刚进办公室，秘书就搬出了一大摞文件请他批示。索罗斯一看才知道，这些文件都是他在外出差时，堆积在办公室里的，其中还有几份是十分急迫需要批示的。索罗斯当即生气地质问秘书：为什么不把这些文件交给各部门经理去批示？秘书委屈地表示，由于索罗斯之前的话，她不敢随意把文件交给他人负责。

听了秘书的理由，索罗斯深感自己的失策。于是他当即召集所有部门经理开会，在会议上宣布：从今以后，除非是实在解决不了的问题，一律不要打扰他。这一决定宣布以后，索罗斯办公桌上的文件骤减，有时候他还风趣的调侃道："这帮家伙现在都不搭理我了。"

相信在看到索罗斯的真实事例以后，所有对洛伯定理还存疑的管理者，心中都一定有了正确的答案。关键在于，管理者们能否转变自己的管理模式，对员工给予更多的信任，并适当下放自己的管理权力给下属，让他们能够在必要时承担起更多的责任。

洛伯定理对管理者来说，其实是一种极为周全的考量。如果一个管理者只知道把一切都抓在手里，不相信员工的工作能力、不培养员工的组织能力，员工也无法对组织有更高的认同。一旦遇到管理者暂时缺席的特殊情况，员工们也很难有积极性去主动承担挽救危亡的责任。退一步说，即使员工有这样的觉悟，平时缺少足够工作锻炼的他们，也未必能够自如地应对局面，做好当家的工作。说到底，因管理者不肯放权而受到影响的，最终也只能是企业自身罢了。

即使是从一个企业的发展角度来讲，人才的培养也要向着更高的层次发展。而其中的一项重点，就是对员工的管理才能的培养。一个企业的做大做强，需要不断汇集更多的优秀管理人才，替管理者分担相应的责任。只有这样，管理者才能更加专注地投身于攸关企业发展的要务中，才能更好地引领整个企业，在竞争中取得更大的优势。如果对下属处处质疑、堤防，不知道信任他们、指点他们，一旦遇到突发情况，就会出现"蜀中无大将，廖化做先锋"的困顿局面。

所以，洛伯定理给管理者的建议就是：不论如何，对于放权一事，管理者绝对不能吝啬。只要是下属能够完成的事情，管理者就千万不要乱插手，否则只能是限制了下属的正常发挥，把本来有序的局面打乱。即使放权并没有一定的标准，管理者最起码也要确保一点：下属能够在自己缺席的情况下，拥有最起码的应对危机、处理大事的常识和能力。如果只知道让他们围绕着自己运转，一旦自己不在，整个企业都有可能陷入无序的混乱之中。

65. 古狄逊定理：通过授权放松自己

古往今来，最忙碌的管理者是谁？说起这个问题，不同的人心中会有不同的人选，但想必很多中国人脑海中，都会自动浮现出这样一段话："丞相夙兴夜寐，罚二十以上皆亲览焉。所啖之食，日不过数升。"这段话出自《三国演义》，话中的"丞相"，自然就是我们熟知的诸葛孔明了。诸葛亮一生"鞠躬尽瘁，死而后已"，为了蜀汉的社稷可说是用尽了毕生的

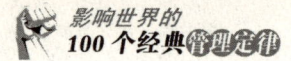

心血，但若是依据当今的管理学观点来看，诸葛亮是否是一个合格的管理者呢？

对于这个问题，我们可以先放在一边，看看其他的管理者是怎么说的。看完之后，或许我们就会有新的体会和感悟了。

说起管理者，人们都会想到西装革履、有条不紊地发号施令的领导者形象，然而在现实中，我们经常可以发现那些焦头烂额、手忙脚乱、比自己的下属还要忙碌的管理者。只要稍加辨别，我们就可以看到这些管理者身上的一个通病：把所有事儿都揽到自己身上。这些管理者并非是喜欢忙碌，下属们也并不是无法分担，只是由于这些管理者太过忧心，总觉得员工无法做好，最终把自己变成了公司里最忙的那一个人。

对于这一现象，英国证券交易所的前主管N·古狄逊做出了毫不客气的点评：管理的艺术在于让别人干活。一个累坏了的管理者，必然是最差劲的管理者。在古狄逊看来，管理的真谛并不是管理者自己动手干活，而在于管理者要善于管理别人，来为自己干活。这一观点就是管理界著名的古狄逊定理。

古狄逊定理完全可以看作是那些疲于奔命的管理者的脱身之道。在一个企业之中，管理者固然是越全能、越优秀就越好，但这也不等于说，管理者就必须无时无刻不展现自己的全能天赋。管理之所以叫作管理而不叫干活，就是因为管理与干活之间有着很大的区分。才能再多，也不代表可以成为一个合格的管理者，因为对管理者来说，指导下属展现才能去做事，远比自己展现才能更为重要。

企业不是靠管理者一个人撑起来的，而是靠所有员工共同的努力，才能够不断地做大做强，因此，管理者千万不能有个人英雄主义的想法和行动，而是要信任、依靠全体员工的智慧和能力，来更好地实现企业的价值。因此，古狄逊定理给管理者的启示，其实也就是要"懂得授权"。

西门子公司就是一家非常注重授权管理、也善于通过授权来调动员工积极性的企业。

长期以来，西门子公司一直都坚信，管理者只有充分调动员工的工作积极性，才能让他们以饱满的热情投入到工作中，为客户提供更加优质的服务和产品。为此，西门子公司强调：管理者的领导艺术，才是调动员工积极性、激励员工、留住人才的重要因素。而信任员工、授权给员工、为员工实现自己的目标而排忧解难，则被列为管理者的重要任务。

不仅如此，西门子公司还为管理者详细列举了授权的逻辑：授权的前提是对员工有充分的信任；信任的前提是员工有足够的能力；要让员工有能力，管理者就必须做好指导工作；要指导员工，就必须先与员工对话、沟通；对话的目的是承诺，也就是说，管理者要给员工值得期许的目标，并且要给他们实实在在的发展空间。

正是这种建立在信任基础之上的授权，给西门子员工以极大的热情。不论是在哪一个业务部门，又或是职能部门，西门子的每一位员工，彼此之间都十分亲密，共同推进了西门子公司各项业务的不断发展。

从西门子公司的案例中，管理者们对于授权对企业的意义，或许有了更进一步的认识。世界上的企业多如过江之鲫，但能够真正脱颖而出的却是少数。担任管理岗位的职员数量更为庞大，但优秀的管理者总是少见。这难道是由于外在原因所导致的吗？答案显然是否定的。

对任何一位管理者来说，授权都不仅仅是对自己管理能力的考验，更是对自己管理智慧的考验。也就是说，管理者不仅要在实际工作中做好授权的工作，更要有坦然面对授权的正确心态。很多时候，即使是那些看起来有难度的工作任务，员工也完全可以凭借自己的能力去做好，管理者的怀疑和胡乱插手，反而会拖累工作的进展。

比起插手下属员工的工作并将一切大包大揽，管理者还是在指导方面下功夫更加合适。企业中的工作是永远也做不完的，想到这一点，那些为了员工的琐事而操心、烦劳的管理者，或许就应该及时地停下手头的那些

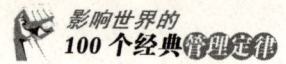

"破事"，好好地思考下自己的做法是否对企业最为有利。员工对企业来说，是和管理者同等重要的构成部分，员工的工作能力在很大程度上决定了企业的未来。如果管理者把一切都紧紧地抓在手里，再为优秀的员工也无法通过工作来检验自己的实际能力，发现自己的不足，使自己更加优秀。对企业来说，这样的员工是没有实际意义的，企业的发展也是空谈。

讲到这里，让我们再回到本章最初的问题，对于诸葛亮是否是合格的管理者这一问题，也就不难得出正确的结论了。对管理者来说，放下手头的工作，有时候会比拿起更为合适，这既是授权的意义所在，也是管理工作的重点所在。

66. 史坦普定理：授权也要有个限度

围绕管理者授权这一话题，本章之前所列举的诸多定理，都各自从不同角度做出了阐述与说明，但是想必还是有一些管理者会犹豫。事实上，尽管我们一再强调授权的重要性和必要性，但在这里，我们也必须指出，这些管理者的疑惑也不是毫无理由的。授权，是管理工作中极为重要的一项工作，也是极为高深的管理艺术，随随便便就交给下属、放任下属去自由发挥的做法，显然是对授权的误解。说到此处，也许有人会怀疑：这与之前所提到的拜伦法则不是自相矛盾吗？针对这一疑惑，有一条叫作史坦普定理的管理定律，做出了恰如其分的解释。

授权，历来是管理者们十分强调的一个问题，但对于如何才是合理的授权，每个人都各执一词，没有一个定论。在这些形形色色、各有侧重的管理学说中，彼特·史坦普的观点毫无疑问是十分特殊的。相比其他大力宣扬授权好处的学说，史坦普的观点却反其道而行之，为管理者们从反面提供了新的思考。

彼特·史坦普是一位著名的管理学家，他所提出的观点也被称为是史坦普定理。史坦普认为，授权虽然是管理工作中不可或缺的重要一环，但在授权的时候，也有一个与之相应的概念：控权。也就是说，管理者不论是因何授权、对谁授权，都要满足一定的前提条件，并把授权保持在一定的限度内。只有在这样的前提下，才能放心大胆地做出授权的决定；也只有这样的授权，才是对企业负责、对企业有利的做法。

对于这一观点，有一个国王与猴子的著名小故事，或许可以作为补充说明。故事是这样的：

有一位国王因为无聊，就养了一只猴子。他十分喜爱这只猴子，也十分信任它，到了最后，甚至将自己的宝剑也交由猴子保管。一天，国王带着猴子到树林中散步，感到有些困乏之后，国王便告诉猴子，自己要躺下歇一会，希望它来保护自己。猴子也答应了。然而，当猴子发现有蜜蜂趴在国王头上的时候，它却抽出宝剑朝着蜜蜂狠狠地砍了下去，结果，国王就这样死在了忠心的猴子手里，"愚忠"的猴子也被国王的侍卫抓走处决。

这则寓言故事在管理界广为流传。从故事的内容来看，可以说是对史坦普定理的绝佳说明。史坦普定理的核心观点就是授权要对人对事，管理者在事前一定要周详地考虑。如果说，寓言故事只是虚构的，不足以佐证观点，那就让我们来看一个真实的案例吧。

说起巴林银行，金融界可谓是无人不知，无人不晓。巴林银行最初创建于1763年，经过几代人的努力，最终成为了英国一家历史悠久、地位显赫的老牌贵族银行，就连英国王室，也是巴林银行的老客户。但就是这样一家有着200多年历史的老牌银行，却在1995年2月27日宣布了破产。这一消息传出，无疑轰动了整个金融界。但更令人意外的是，导致破产的推手，竟然是一位只有28岁的年轻员工，尼克·理森。

尼克·理森是巴林银行的一位年轻职员，最初进入巴林银行，主要是做期货买卖这一工作。由于在最初的3年，理森的业绩十分突出，甚至一个人的绩效就赶得上全银行的人,所以又被调任为新加坡分行的经理。到了后来,巴林银行的董事会决定:赋予理森先斩后奏的权力。这一授权本是为了让理森给银行带来更大的收益,没想到,埋下的却是巴林银行破产的伏笔。

从1994年开始,理森认为日本股市会上扬,于是大量购进日本日经股票指数期货。到了后来,干脆把巴林银行的身家全部压在了日经指数的升值上。然而,到了后来,日经指数不但没有上,反而持续下跌。每下跌一点,巴林银行都会损失近200万美元。尽管英格兰银行一再挽救,却无力回天,最终只能眼睁睁地看着这家历史悠久的银行,就这样黯然宣布了破产。

授权对于任何一位管理者来说,都绝非简单的工作。从巴林银行的故事中,我们就可以明确看到这一点。历来,人们都强调管理者要做到人尽其才,但比起这个,量才而用对管理者来说,却是难度系数要更高的工作。在用人之前,先要考虑好授权的对象是否是"疑人",如果对对方的能力品行都存有疑虑,授权的决定就可以暂缓一下了。

史坦普定理实质上是建议管理者们:授权之前,先要做好筛选工作。识别人才,检验的是管理者的卓越眼光,要求管理者们确定一点:自己所要授予的权,与自己所要倚重的人,两者之间是否匹配?事实上,像巴林银行这样的悲剧,在其他企业中也经常上演,只不过是程度和危害大小不同罢了。因此,这一工作对管理者来说是十分必要的。

授权于人之前,管理者主要是要对授权对象做出中肯的评价,以此为依据,断定是否可以对其委以重任。即使得出肯定的结论之后,也应该为授权对象设置明显的范围、禁区。这种做法也是未雨绸缪,员工一旦出现问题,管理者也可以及时纠治。盲目的授权不仅不能说明管理者的坦荡,反而只能展现管理者的愚蠢无知。

67. 波特定理：批评员工要讲究方法

面对在工作中犯了错误的员工，相信没有哪个管理者可以做到无动于衷、毫不在意。很多管理者也许会直截了当地做出一番批评就算了，事后不会再在意。然而，波特定理却告诉我们，在员工犯错的时候采取何种态度来应对，也是对管理者的一种考验。

在管理学界一直有两种管理理论：X 理论和 Y 理论。其中，X 理论是基于人性本恶的观点，主张通过惩罚来规范员工、激发员工；Y 理论则是基于人性本善的观点，认为管理方式应该以激励为主，以此来调动员工的积极性。英国的行为学家 L·W·波特，根据长期以来的研究和观察，结合这两种不同的管理理论，专门针对领导者的批评管理工作，提出了著名的波特理论。该理论的观点主要是：一个管理者最大的失策，就在于老是盯着下属员工的错误不放。即使批评是必要的，领导者也要在批评之前，先对当事人做出表扬，这样，才能使得批评更为有效。

批评员工，是很多管理者都会采取的做法，但如果我们细心观察也许不难发现：许多时候，管理者的批评并没有发挥足够的作用。面对上级疾声厉色的批评，许多员工都会左耳进、右耳出，根本没有放在心上——也许他们还会据理力争。这样的结果显然不是管理者想要的，但我们有理由相信，遇到这种倒霉事的管理者绝不在少数。对这些苦恼的管理者，我们只有一点提示：好好看看波特定理。

管理者因员工犯错生气，这是可以理解的；管理者对犯错员工做出批评，也可以理解。但是，身为管理者，自己更应该明白：批评的初衷是为了什么？想来不会有管理会说：没什么，我就是为了发泄不爽。批评的意义，说到底是为了使被批评者能够在以后的工作中，避免犯下同样的错误,并且能够以更加积极饱满的态度,去面对新的工作与挑战。既然是这样,如果批评过于严厉苛刻,岂不是适得其反了吗?想通了这一点,苦恼的管理者们也许就豁然开朗了。

美国商业机器公司曾经有一位高级负责人,由于工作中的一时疏忽,给公司造成了1000万美金的巨大损失。事情发生以后,公司里的许多人都向董事长建议,将他开除了事。面对这一重大的后果以及单位同事的严重不满,这位负责人食不下咽,寝食难安。与此同时,董事长对于如何处理他也陷入了深深的思考。经过反复的考虑,他最终认为:对企业家来说,一时的失败也是一种副产品。只要能够知耻而后勇,这位负责人仍然可以为企业创造更大的财富。

第二天刚刚上班,董事长就把这位负责人叫到自己的办公室,严肃地向他宣布:从今天起,将他调往另一部门担任同等重要的岗位。这一决定令那位负责人吃惊不已。他不解地问道:"为什么您还是这样信任我,而不是把我开除?"董事长听了之后,严肃又不失幽默地回答说:"如果那样做,岂不是在你身上白花了1000万美元的'学费'?"最终,这位负责人没有令董事长失望,几年以后,凭借着坚韧的意志和惊人的智慧,这位负责人在新的工作岗位上为公司做出了巨大的贡献。

案例中的这位董事长,可以说是一位相当睿智的优秀管理者。之所以这么说,是因为他不仅能够坦然面对员工的重大失误,更能够看到员工的错误背后更深层次的东西。对此,通用电气公司的CEO韦尔奇也曾明确指出:如果管理者只是盯着员工的错误不放,唯一的后果就是从此没有人再愿意尝试,而没有人敢于尝试远比犯错更为可怕,因为它会导致团队里所有成员都故步自封,为了避免错误而不敢进行工作上的突破。对于管理者来说,重要的不是让自己的下属不犯任何错误,而是要让他们在犯了错误以后,能够勇敢地承担起自己的责任,并在跌倒之后再次爬起来。这一观点对所有的管理者来说,都是十分适用的。

不要盯着员工的错误不放，这是波特定理的核心要义，但波特定理也提到了批评工作势在必行的要点——相信对急性子的管理者来说，他们同样需要了解这一要点。在批评员工时候，批评的尺度是一个很重要、却又很难把握的关键，一旦过了头，结果反而会向着不利的局面发展。为了避免这种情况，波特定理又给管理者提出了新的有效建议：先扬后抑。

不同的管理者，所采用的批评方式也差异悬殊，但先扬后抑的批评方式，是最容易让人接受的。对犯了错误的员工来说，错误本身就是他们心中的一块石头，管理者如果直接斥责他们，只能加重他们的心理负担，降低自己的批评效率。在进入正题之前，如果能像拉家常那样，先对员工平时的工作做出肯定，消除他们的一部分负面情绪，再把他们的错误一一列举出来，批评的话语就更容易为他们所接受。在做出批评以后，倘若还能再对他们的错误进行一些剖析和提示，他们必然能够更加感激管理者，在往后的工作中，也会更加卖力地为团队奉献自己的心血与汗水。

68. 南风法则：南风之薰兮，可解员工之愠

每一位企业管理者都希望能够最大限度地调动员工的积极性，以此求得企业的最大化利益和发展。但要让员工真心真意地去为企业付出，管理者少不了要费一番心思，要先走入员工的内心、赢得他们的心意。那么，如何才能赢得员工内心的回应呢？在法国作家拉·封丹笔下，有这样一个有趣的寓言故事，读完之后，管理者们应该就会有更加明确的认识了。

一天，威猛的北风正乘着强劲的气流飞行，就在它快要到达南方时，却遇上了南风的阻拦。北风非常生气，它对南风喊道："你为什么要挡住我，没看见我在前进吗？"南风笑着回答："你已经越界了，这里已经不是你待的地方了，赶紧掉头回去吧。"

北风还是不服气："那你为什么待在这里？难道我没有你厉害，要不我们比试比试！"

南风说："好啊！比什么？"

"就比看谁能把行人身上的大衣吹掉！"北风说。

于是北风施展它的威力，呼啸着箭一般地奔向大地，带着冰雪、带着寒气。在犀利的北风中，行人们的大衣并没有被吹飞，反而裹得更紧了。

南风只是轻轻地吐了口气，大地冰雪消融，花红柳绿。太阳暖融融地照在行人的身上，他们不由自主地都脱下了大衣。

人们根据这一故事，总结出了管理学当中的一个重要原则——南风法则。不知该说是意外的巧合，还是冥冥之中的必然，同样的主角、同样的观点，在古代的中国，也有着十分文艺的表述。相传五帝之一的舜在南游的时候，曾经写过这么一首歌："南风之熏兮，可以解吾民之愠兮；南风之时兮，可以阜吾民之财兮。"这首歌也被记载在了《礼记·乐记》当中。不论是拉·封丹笔下的南风也好，又或是舜帝口中的南风也罢，其中都蕴含了"怀柔"这一重要的管理学要义，即使到了今日，这一观点也仍然没有过时。

南风法则的核心观点可以概括为一句话：温暖的关怀胜过严酷的压迫。在传统的经济人假设当中，员工被看作是一切为了薪资的"经济动物"，管理者对员工若非以利为饵，就是残酷压榨。现在我们都知道，员工的人性在工作当中同样存在，有了人性，自然也就有了人情。

因此，一个真正高明而优秀的管理者，应该始终把员工的人性需求放在首位，退一步说，至少也要把员工看作是一个平等的人来尊重。抛开层级地位来看，管理者与下属员工在本质上并无二致，人心都是肉长的，员工也都需要来自组织和上级的温情关怀。

对任何一个组织而言，即使是从利益得失的角度来看，管理者的情感付出，也不都是一种浪费。古诗当中有"投我以木桃，报之以琼瑶"之说，对企业的员工来说，一个付出了温暖与关怀的管理者，值得他们倾全力付出。

1927年，维拉德·马里奥特在美国开设了第一家A&W啤酒店，时至今日，他的家族产业已经发展成为横跨全球的连锁酒店。纵观马里奥特的成功经验，不外乎其高明的用人哲学。马里奥特的用人哲学，可以用"发现、雇佣、培育、善待如同家人"这样一句话来总结，正是由于他及后继人始终不渝地贯彻这一用人理念，才有了马里奥特饭店集团的今天。

事实上，在"9·11"恐怖袭击事件之前的几年，美国的经济一直处于衰退中，酒店业的生意普遍不景气。"9·11"事件引起的全国性恐慌，更是直接影响了人们的旅游和出行，也使美国的宾馆饭店都陷入了绝望当中。在这样的经济形势下，大部分酒店都大量地遣散工作人员，但时任CEO的小马里奥特，却始终将集团北美分部雇员的辞退率严格地控制在了1%以下，并且仍然保留了医疗健康福利，即使每周只工作18个小时的员工，也同样可以享受到。在酒店业整体下滑的环境下，小马里奥特的这一举措，无疑是对酒店全体员工最大的善意与关怀。因此，即便是在这样严重不利的形势下，马里奥特酒店的员工依然能打起了精神，以自己的满心热情，为上门的顾客提供了更好的服务，也为酒店创造出了更高的利润。

古语有云：得人心者得天下。对于企业的管理者来说，得到员工之心，也就等于企业成功在望。所以，我们有充分的理由提醒管理者：想要得到员工的心，管理者本人首先要做到用心。只有自己用一颗真心去理解员工、关怀员工，员工才会以心作为回应。管理者与员工的心灵碰撞，就会迸发出推动企业发展的无与伦比的巨大力量。

南风法则还有一个更加形象的名称——"温暖法则"，也就是说，管理者在与员工互动的过程中，要始终不忘"温暖"二字。其中最浅显的做法，莫过于关心员工的内心想法和实际需求，但仅仅做到这一点也只能说是刚刚合格。在体谅员工当下需求的同时，企业和管理者还应当秉持开放性的眼光，对员工的未来发展予以同样的重视和努力。只有这样全方位地、真诚地温暖自己的员工，才能让员工对企业产生更多的归属感，对管理者产生更多的感激和回报之心，从而在实际工作当中，表现得更加积极卖力、兢兢业业。

69. 马蝇效应：给员工不失时机地"挠痒痒"

相比于其他的管理定理，马蝇效应的出处显得更加"显赫"，因为它的提出者是美国历史上最为著名的总统之一——亚伯拉罕·林肯。总统在本质上，也是一位政府的管理者，林肯在担任总统期间，面对着一系列复杂形势，困难极大地考验了他的管理智慧。可以说，马蝇效应的诞生，正是林肯管理智慧的充分体现。

1860年，美国总统大选结束后的几个星期，有位名叫巴恩的大银行家特地建议林肯，千万不要将参议员蔡思选入内阁。这位银行家给出的理由是：蔡思是一个狂妄自大、权欲熏心的人，甚至连林肯本人他都不放在眼里。然而林肯听后却只是一笑了之。

实际上，这位银行家的话并非毫无根据，蔡思的确是个极端狂妄的家伙，不仅如此，他的嫉妒心也极重。他本想入主白宫，却败在林肯手下，不得已只好转而谋求国务卿一职，然而林肯却又任命了西华德。尽管林肯对他的能力也十分看重，还将他任命为美国的财政部长，并竭力避免与他产生摩擦，他却依然怀恨在心，总是愤愤不平。

《纽约时报》的主编亨利·雷蒙特对此十分不解，在拜访林肯的时候，他还专门向林肯询问了个中缘由。直到此时，林肯这才解释了自己一直纵容蔡思的理由：

林肯少年时，曾和他的兄弟在一个农场里犁地，偏偏犁地的那匹马很懒，总是慢慢腾腾，走走停停。可是有一段时间，那匹马却走得飞快。林肯经过观察发现，有一只很大的马蝇叮在马身上，他就顺手把马蝇打落了。孰料他兄弟却抱怨林肯不该这样做，因为若不是马蝇的叮咬，马也不可能跑得快起来。在林肯看来，权力欲正像那只使蔡思充满积极性的"马蝇"。也正是为了使蔡思能够积极地参与政事，林肯才对他一再纵容。

不可否认，一个企业内部的员工，思想大多还停留在普通人的阶段，他们对于工作，也经常会产生逃避、怠惰的心理。然而，尽管管理者们不得不承认这一事实，却也很难容忍这一事实。好在我们还有种种激励手段，可以以此来触碰员工的"痛点"，让他们猛地直起身子，继续投入到企业当前的工作中去。

或许在相当一部分管理者眼中，平稳的发展才是企业的头等大事，员工只要不折腾，保持平静的工作态度就足够了。但这样的态度用在与同行业对手的竞争中，显然有些不够。何况，企业内部最不能失去的，就是员工们那一颗颗积极上进的心。俗话说，不进则退。在众多对手齐头并进、各显神通、斗智斗勇的背景下独自踱步缓行，无异于宣告自己的失败。

美国林肯电气公司拥有2400多名员工，年销售额高达44亿美元。在其公司内部有着一套独特的激励员工的方案。

林肯电气公司实行按件计酬，而非最低小时工资制，员工入职只要达到两年，便可以分享年终奖金。林肯电气公司的奖金计算公式，全面考虑了公司的毛利润和员工的生产率及业绩，在美国制造业中，可以说是对工人最为合理、有利的奖金制度。在过去的几十年里，员工的平均奖金额是基本工资的95%，该公司相当一部分员工的年收入都越过了10万美元大关。在经济形势较好的时候，员工的年均收入为44000美元左右，当时，从事制造业员工的年平均收入还只有17000美元；在不景气的年头里，如1982年的世界经济危机期间，员工的收入降为27000美元，比起其他同行业公司仍然是一笔"高薪"。

自1958年起，公司开始推行职业保障政策，从那时起，他们没有辞退过一名员工。当然，作为回报，员工也要付出相应的"代价"：在经济萧条时期，他们必须接受减少工时和工作调换的决定，为了维持每周30小时的最低工作量，有时必须调整到另外一个低薪酬的岗位上去工作。

公司还规定：如果工人生产的部件不合格，除非将这个部件修改至符合标准，否则就不计入工资中。严格的计件工资制度和高度竞争性的绩效评价系统，形成了一种高压力的氛围，但这种压力有利于生产率的提高。根据估计，林肯电气公司的总体生产率，起码是竞争对手的两倍！自经济大萧条以后，公司年年获利丰厚，没有缺过一次分红。与此同时，该公司还是美国工业界工人流动最低的公司之一。

懒惰消极的员工总是令管理者大为光火，但事实上，只要是人，就必然有着自己的七情六欲、五蕴炽盛。尽管从人性的角度来看不见得有多好，但对于管理者来说，这正是刺激员工积极性的绝佳切入点。只不过，每一个人的欲求和想望都不尽相同，管理者只有明辨其中的差异，对症下药、直击痛点，才能真正起到刺激员工的作用。

从这个层面上来说，马蝇效应可以说是极具操作性。虽然没有固定的方法而略显烦琐，但在某种意义上，也可以使管理者更加充分地利用自己的智慧，突破常规思路，不断开发出新颖的激励管理策略。不论对于被激励的员工而言，还是对管理者本人来说，这种尝试都具有极大意义。

第七章
人才管理

有一种观点认为,管理工作最重要的就是管理人才。在当今时代,人力资源结构可说是一个组织当中,最具优势的核心竞争力,脱离了人才,任何组织都难以为继。

在20世纪90年代的时候,企业当中最早出现了"人才管理"这一概念,很快,就成为整个管理界的"热点"。所有的企业管理者都意识到:企业的竞争就是人才的竞争,唯有用好人才,才能在竞争当中稳操胜券。

但人的复杂性也决定了这一工作的难度,松下集团的总裁松下幸之助就曾坦言,对他来说,用人是一项极端苦恼的工作。但与此同时,他也是了不起的用人高手,这也是松下成功的一大原因。

不仅仅是松下,对任何一位管理者来说,用人的工作都必须是放在首位的。现代企业管理的重点,不断地从对物转向对人,这也体现了新形势下,企业管理的趋势和未来的方向。

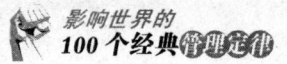

70. 晕轮效应：管理中勿以偏概全、一叶遮目

身为管理者，不可避免地要与新进员工进行面对面的接触。那么，我们不妨严肃地问一下管理者们：根据后来的表现，你对下属员工最初的认识是否正确？相信看到这个问题，很多管理者都会暗自摇头，为自己看走眼的往事而哑然失笑。其实，不仅是对管理者而言，几乎所有人都会因初次接触而对他人草草定论，却不得不在事后推翻了自己的看法。

第一印象很重要，第一印象也很不靠谱——相信很多管理者都会有这样的感慨。初次见面时，他人身上最鲜明的特征，总是能给自己留下最深刻的印象，人们也会下意识地根据这一印象来推测他人的整体。但这种以偏概全的做法对心思、性格都很复杂的人来说，显然不适用，这就是第一印象总是出错的原因。美国心理学家凯利将这种以偏概全的错误称为晕轮效应，也称光环效应。

在正式提出晕轮效应之前，凯利曾经在麻省理工学院做了一个关于第一印象的有趣实验：

凯利随机挑选了该学院的两个班级，然后抢在上课之前，由实验者向班级里的全体成员宣布：学校会临时请一名研究生来代课。接下来，他们分别向两个班级的学生介绍了这位研究生的一些性格特征，比如热情、勤奋、务实、果断等品质。但是，在对两班学生分别介绍时，实验者对这位研究生的性格做了一个小小的替换——把"热情"一词替换成了"冷漠"。两个班级的学生对此并不知情。下课以后，实验者发现，被告知研究生性格热情的班级，学生们在下课以后与研究生有说有笑，十分亲切；被告知研究生性格冷漠的班级，所有学生都对这位研究生敬而远之。

尽管这只是一个十分有趣的实验，但我们相信，任何一个有识的管理者看到这里，心中都会觉得不是滋味。仅仅是一个微小的概念差别，就会导致如此迥异的人际交往结果，如果在人力资源的管理问题上出现这一偏差，对企业造成的损失又会多么巨大！迄今为止，原本属于社会心理学范畴的晕轮效应，在企业管理中也得到了广泛的运用，这也正说明了晕轮效应对于企业管理的重要性。

不论是管理者在团队中所处的层次地位，还是他手中握有的决策权力，都要求他必须擦亮自己的眼睛，明辨眼前所有虚幻的表象，看到人与事最本质、最真实的一面。这也是晕轮效应对管理者的警示：在管理工作中，不论对人还是对事，千万不能以偏概全、一叶障目。一眼看错并不可怕，但要是被这种错误所迷惑，不论何人都要付出巨大的代价。

古今中外，有不少名人因为晕轮效应而碰壁，其中最具代表性的人物，就是俄国的著名诗人普希金了。普希金的妻子名叫娜塔丽娅·尼古拉耶夫娜·冈察洛娃，在当时的俄国有着"第一美人"的称号。在一次舞会上，普希金与娜塔丽娅意外邂逅，第一眼见到她后，普希金便深深地爱上了她，并且展开了疯狂的追求，最终抱得美人归。但想象中的幸福婚姻，却并没有就此到来。

原来，娜塔丽娅虽然从小接受了良好的教育，有着很高的修养和优雅的仪态，但对诗歌文学并不感兴趣。缺乏共同语言产生了严重的后果，两人虽然是夫妻，却在家里没有一句话可说。普希金有时也会把自己的诗念给娜塔丽娅，但每次娜塔丽娅都会捂着耳朵，一脸痛苦的表情。无奈之下，普希金只好经常陪着她，出席自己并不感兴趣的豪华舞会，为此丢下了创作，而且债台高筑。

悲剧的婚姻并没有到此结束。一位来自法国的落魄王室贵族也喜欢上了娜塔丽娅，并且逐渐俘获了她的心。无法忍受这一切的普希金，愤然提出了决斗的要求。最后，普希金在决斗中受了重伤而死，年仅38岁。

长久以来，普希金的死因都被归结在娜塔丽娅身上，但以管理者的眼光来看，这一观点显然是在推卸责任。普希金错误地将女人的美貌与修养，等同于两人结合的幸福，这种认知上的偏差，才是造成他生命悲剧的

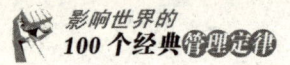

根源。

在企业管理中，因晕轮效应而误判他人、武断决策的事例并不罕见，这种做法对企业来说，往往会造成巨大的损失。

作为管理者，比起员工需要接触更多的信息，这些纷繁复杂的信息往往会在不经意间干扰管理者的用人或决策。晕轮效应也多发于这些方面，因此，管理者一定要着重注意以下两方面：

(1) **识人用人方面。**

人是一种复杂的动物，识人和用人更是高难度的工作，这恰恰又是每一个管理者都不能回避的问题。既然不能回避，管理者就只能争取做到最好。对于员工，尤其是新进员工，管理者要在信任的基础上多加一份留意，以求更快速、更全面地了解他们的优缺点。在用人时，也要避免因个人情感而出现的偏差，必须要做到实事求是、对事用人。

(2) **组织决策方面。**

发展前进的状态，是整个人类社会的大趋势，对企业也是一样。但发展也同时意味着淘汰落后，能否紧跟潮流、不断前进，就考验着每一个管理者的组织决策能力。为了做出正确的选择，管理者必须头脑清晰、冷静思考，不因一时的偏见轻率冒进，以至于阴沟翻船。对于眼前任何一个"机遇"，管理者都要全盘了解、详细把握，在这样的基础上，再决定企业的未来方向。

71. 斜坡球体定理：员工素质决定企业成败

斜坡球体定理的提出者，是海尔集团的 CEO 张瑞敏。在海尔集团，这一定律又被称为"海尔发展定律"，它也道出了企业的一般发展规律。

斜坡球体理论的观点认为，一个企业在市场上所处的位置，大致可以视之为斜坡上的一个球体，这个球体同时受到来自企业外部竞争和内部员工素质形成的压力。如果没有足够的正动力,企业在市场上所处的位置就会不断下滑。为了阻止海尔集团出现这样的情况,就需要不断加强内部的管理,提升员工的素质。

结合中国企业存在的问题,张瑞敏所提出的这一理论,可说极具现实意义。在中国的企业中,存在着一个明显有别于国外企业的缺点,那就是对于某一标准的执行,或是某一规章条例的遵守,无法做到善始善终。就拿办公室打扫这一简单的事项来说,领导向员工提出打扫干净的要求以后,员工们在最初的几天可能还会完全做到,但随着时日推移,打扫的质量就会越来越差,直到最后干脆放弃了打扫。这也是合资企业当中,老外们十分不理解的:好端端的,怎么突然就变了样呢?其实,这种基础工作方面的疏忽,也正是中国企业与外国企业的差距所在。

中国的企业家们,并不缺乏与外企叫板的勇气,在实力上,也未必没有一拼的资格,只是我们在诸多案例中,只看到了他们失败之后落寞不甘的身影。我们不得不承认,这些企业家在经营管理的过程中,犯下了太多致命的过错。尽管在某些方面,他们一度拥有巨大的优势,但在各个环节的细微之处,或者说在软实力上,他们却缺乏足够的重视。因此而饮败,也就成为了不可避免的结局。

1987年,美国著名的快餐连锁企业肯德基,在中国建立了首家西式餐厅,随后在中国迅速发展,很快就遍及了中国各大城市。

肯德基的出现,无疑是对中国传统餐饮界的巨大冲击。为了一争高下,也为了获取巨大的市场利益,一些中国的餐饮集团纷纷创办了中式快餐连锁店,上海的"荣华鸡"就是其中之一。

第一家荣华鸡于20世纪90年代初成立,并且打出了"肯德基开到哪,我就开到哪"的口号。事实上,由于口味更符合中国人,荣华鸡的营业额一度超过了肯德基。但仅仅过了6年,荣华鸡就宣布退出北京市场,宣告了失败;而肯德基却越做越大,就在荣华鸡失败的当年,肯德基在中国的连锁店突破了400家。

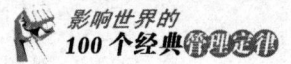

外来的肯德基为何能够获胜,这是令很多人都感到十分疑惑的问题。经过调查了解,人们才发现肯德基胜在了各个方面的细节管理上。

比起荣华鸡,肯德基的真正优势在于其严格的管理制度,在生产经营的每一个环节,都有着极为严苛的标准,丝毫不容马虎。对于每种作料的搭配,都要求做到精确;对于先切什么后切什么的顺序,也一律不能打乱;食物烹煮的时间长度,不能稍多或稍少;肯德基甚至规定:每只鸡养到7周就必须宰杀,虽然到了8周肉长得最多,肉质却会变老。这种近乎变态的细节规定,是肯德基能够击败中式餐饮的根本原因。

不仅如此,对于工作人员,肯德基也同样有着严格的要求。为了保证能够提供更优质的服务,肯德基对餐厅的所有工作人员,都根据其工作性质加以不同的培训。比如,每个新进员工都必须要有200小时的"新员工培训计划",加盟店经理的培训更是长达20周之久。

荣华鸡的老总后来总结失败教训,其中主要一条就是"管理规章不细不实"。与此相反,肯德基却凭借着自己对经营和员工的重视,取得了巨大的成功。

对经营者而言,每一个细节都比每一分钱更重要,这也是张瑞敏提出斜坡球体定理的初衷。对那些有心与国外企业一争高下的中国经营管理者而言,斜坡球体理论中,蕴含着极为重要的道理。

(1). 对各个环节都不能有疏漏之处,力求做到尽善尽美。

天下大事必做于细,尤其是在与巨无霸一般的外企竞争时,想要占据市场份额的一席之地,就千万不能对生产、经营、管理、流通等任何一个环节疏忽大意。唯有在各个环节的细微之处,都做到了精益求精,力求完美,才能称得上是真正一流的企业。为此,作为一个真正有远见的经营管理者,就必须组织好企业的标准化生产、管理。无标准,往往意味着无底线,失去了底线,也就失去了企业立足的基础。

(2) 重视对员工的激励管理,提升员工工作素质。

在斜坡球体定理看来,标准的执行不够,说到底是员工素质不高。这也是球体（企业）在斜坡（市场）上下滑的根本原因。人的问题如果没有得到解决，企业的发展就必然受到阻碍。要解决这一困扰，提升员工的素质是最根本的办法。作为管理者，要让员工切实感觉到自己对于企业的重要性，以及自己对企业不可推卸的重大责任，善用激励（包括正向激励与反向激励），让员工明确自己的方向。企业的发展壮大，离不开一批高素质的员工作为企业的中流砥柱，失去了依托，大厦就必然倾颓。

72. 不值得定律：值得去做，才能做好

"世上无难事，只怕有心人。"这句话在很多时候都能解释，为什么两个能力差不多的人，分别去完成同一件事，最终的结果却可以迥然不同、优劣明显。很多时候，比起智力和能力，心力才是最为重要的。

在面对不上进的员工时，想必所有组织管理者都会用同样的方法来鞭策。在这些员工缺乏工作热情的表现中，隐藏着管理学中一个用人要点——不值得定律。不值得定律是管理学中的一个经典定律，迄今为止，已经被广泛地应用在的管理领域的各个方面。

对不值得定律，学者们有一个极为形象、精炼的概括：不值得做的事情，就不值得做好。管理者们如果深入了解一番，就可以很容易地看出，那些对工作任务没有热情的员工，在他们心里很多时候，根本就不认可这份工作，别说是满怀热情了，他们搞不好还会在心里冷冷观视，随意敷衍。即使把事情做成功，他们也并不会以此为荣，更遑论成就感了——把事情交给这样的人去做，结果可想而知。

不值得定律，主要是对管理活动中居于被指挥一方的员工提出的，它给人的反面提醒就是：值得去做的事情，就一定要做好！但这一提醒也可以针对管理者的管理工作。

每个员工都是活生生的个体，有着自己的灵魂与思想，有着自己的价

值观，有着自己的喜好与厌恶。管理工作在很多时候，都要求管理者把所有员工的力量整合起来，为组织带来更大的利益。要想做到这一点，管理者就必须在充分了解下属员工的前提下，将他们分配在不同的岗位，委以不同的任务，确保每一位下属都能在自己喜欢的岗位上，为自己喜欢的工作发挥潜能和力量。做到这一点，管理者们眼中那些无所事事的员工，或许就可以刷新管理者原来的看法了。

隔行如隔山，对于约翰·戈达德这个名字，很少有人知晓。但对于探险爱好者来说，戈达德，这位20世纪著名的探险家，本身就是一座他们无法企及的高山。戈达德的传奇经历仅仅是因为一幅破旧的世界地图，但这幅地图却彻底放飞了戈达德的人生。

8岁生日那年，戈达德的爷爷送给他一幅世界地图，从此之后，戈达德就立下了走遍世界的宏愿。在15岁那年，他还煞有介事地写下了一本励志的自勉书籍《一生的志愿》。在书中，他详细地列举了自己想要做的127件事情：要去尼罗河、亚马逊河和刚果河探险；要骑野马、骆驼、大象甚至鸵鸟；要读完亚里士多德、柏拉图等人的所有名著；为非洲的孩子们筹集到100万美元的善款等等。

几乎每一个目标都可以让人热血沸腾，但不同于别人的是，戈达德是一个了不起的践行者。随着时光的流逝，戈达德并没有忘却自己的宏图构想，而是把它坚持了下来。在随后的40多年时间里，戈达德经历了无数风险，他走遍了世界各地……他当初订下的127个目标，也已经完成了106个！

很多人都觉得戈达德的做法实在是不可理喻。但在戈达德看来，既然是自己所笃信的目标，自己就值得去冒险，而这份坚持到了最后，也确实转化成为了伟大的成就。

从戈达德极富传奇色彩的励志故事中，不论是员工还是管理者都能得到深刻的启发。对组织的管理者而言，见识到了人心的伟力，就更要思考如何调动团队里每一位员工的心。

要想做到这一点，管理者首先要明白，不值得定律为何会对员工产生作用。在任何一位员工看来，工作都不仅仅是满足自己的物质需求这么简单，满足自己的情感需求，同样是工作的意义所在。一份对自己有吸引力的工作，必然能够让自己在工作过程中，同时获得物质与情感的满足。情感若是得不到满足，这样的工作完全是在浪费自己的生命。

这就可以解释，为什么优秀的管理者总是会根据员工的不同性情，为他们安排不同的岗位。如果员工所从事的，是与他们性格相抵触的工作，他们必然会为此耗费更多的心力与情感——这样的工作显然是很糟糕的。

因此，我们必须建议管理者们：一定要获取员工对组织和工作任务的认同感。如果员工对组织缺乏认同感，就要营造让每一个员工都能够认可的组织文化；如果他们对工作缺乏认同感，就要用各种方法来改变他们的工作方法。不论是积极的鼓励也好，还是为他们量体裁衣、分配合适的岗位也罢，总之，管理者一定要让他们感觉到：自己所从事的工作是意义重大的、是值得自己付出更多热情与努力的。

除此之外，在现代的企业管理中，管理者也需要扮演好"心灵导师"的角色。许多员工虽然有着对不值得定律的思考，但以他们的人生经历，还远不足以建立起正确的价值观，因此，管理者也需要对他们进行指导。有句话说得好：当局者迷，旁观者清。站在管理者的立场上，有时候更能看到员工的真实面貌，从而为他们拨开疑云，指点迷津。对员工来说，这样的管理者显然更能让他们产生归属感。

73. 蘑菇管理：不经风雨，就没有彩虹

如果要为初入职场的那段新人时光做出评价，相信不论是管理者还是普通员工，大部分人都会选择"苦涩"二字。确实，从一名职场小白成功转职晋阶，成为手把手去教导后进新人的老前辈、老员工，期间所要付出

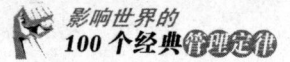

的绝不仅仅是努力与汗水,更有委屈与泪水。

任何新人在初入职场的时候,遇到的大多是这样的情形:领导对自己毫不重视;工作任务毫无技术含量;老一辈把事推给自己,他们反倒背着手在一边凉快;别人犯了错让自己代替受罚……企业组织面对职场新人的这一做法,也被趣称为"蘑菇管理"。

"蘑菇管理"的提出者,据说就是当今社会号称最苦最累的行业——程序员。在20世纪70年代的时候,程序员还是一个十分"新潮"的职业,当时社会上的许多人,都对这一职业十分不理解,对于那些年轻的程序员们,也抱持着怀疑和轻视的态度。于是,这些程序员便嘲笑自己是"像蘑菇一样地生活"。之所以用蘑菇来比喻,也与蘑菇的生存条件有关。

蘑菇有一个生长特性,就是不喜欢阳光,只有那些避免阳光直接照射的阴暗潮湿角落,才是蘑菇最为理想的生存之地。在古代的时候,人们也会养殖蘑菇,但所用的养料一般都是人或禽畜的排泄物。蘑菇就是在这样的条件下艰难地成长起来的,职场新人与此有着高度的类似。这就是"蘑菇管理"这一名词的最初由来。

面对这样的待遇,很多职场新人都会感觉受不了,但事实上,对新人来说,这样的一段经历却是职场成长必不可少的。而且若干年后回首往事,这样的一段经历也必然会是他们人生中一笔的宝贵财富。初入职场的新人缺乏对社会和工作的了解,很容易沉浸在美好而不切实际的幻想中,志大才疏、眼高手低。但在经历了一段阴暗的时期以后,他们就会学着正视现实、正视自己。这同时也是对管理者的启示:对于新人的指导提携固然很重要,但磨炼也是必不可少的。所以,不要对他们的不满心怀顾虑,也不要对他们的辛劳心中不忍,果断地黑起脸来,给他们一些"苦头"吃吧!

有些带有老好人倾向的管理者也许会担心,太过严苛的要求对新人是一种伤害,在轻松的工作环境中边干边学,也是一种很好的做法。很多时候,管理者对员工严苛,其实更有助于他们的进步。

野田圣子是日本政界的风云人物。1985年，刚刚毕业的野田圣子进入东京帝国饭店工作。令她没有想到的是，上司给她安排的职务，竟然是洗厕工！上司还特意提醒她：每天都必须将马桶擦洗得光洁如新。心理作用使得圣子几度作呕。她很想辞去这份工作，却又不甘心自己刚刚进入职场，就遭受这样的挫败。因为她在刚刚入职的时候曾经发誓：一定要走好人生的第一步！

就在圣子十分纠结的时候，酒店里一位老员工为她亲自展示了这份工作的流程：这位老员工一遍又一遍地擦洗马桶，直到擦洗得焕然一新，然后又将水灌入马桶。接着，他从中盛出一杯水一饮而尽，整个过程没有丝毫的犹豫。野田圣子看得目瞪口呆，当即暗自鼓舞自己，即使一辈子洗厕所，也要洗出成绩来。

此后，野田圣子为了检验自己的自信，为了证实自己的工作质量，更为了强化自己的敬业心，每次工作完成之后，也会喝一杯马桶里装的水。这份努力最终没有被辜负。1987年，圣子当选为岐阜县议会议员，是当时最年轻的县议员；1998年7月，她又担任了邮政大臣的职务，是日本最年轻的一位阁员。

当然，就事论事，野田圣子的成功并不能完全归功于洗厕所的经历，但如果我们把目光对准那些在新入职时稍遇挫则，就灰心丧气打了退堂鼓的人，或许也可以这么说——如果没有一开始洗厕所时所培养的坚忍与毅力，野田圣子后来也很难在政界取得这样的成就——即使她的家世再优越，自身要是不够坚毅，也绝无成功的可能。从野田圣子这一极端事例中，管理者们更应该体会"蘑菇管理"的真实含义：

(1) 不要在一开始过分看重新人。

这一点相信大多数的管理者都能够领会。对新人的了解需要一点时间，在完成这一工作之前，还是先不要高估他们的能力。即使口中说得头头是道，新人也很有可能是像赵括一样的人物，要是把所有重都交给他们，不仅勉为其难，更是昏了头脑。管理者对于新人应该保持冷静与耐心,慢慢地观察他们、考验他们,最后再把事情交给他们。

(2) 要善用各种方式来培养新人。

这一点也是蘑菇管理的关键所在。蘑菇的生长需要养分,想要让新人成为组织的中流砥柱,更需要花费心力去培养,使他们在工作中不断成长。管理者应该充分动用自己的用人手段,采取各种方法来考验员工,更重要的是在这一过程中让他们有所收获,不断领悟。只有这样,才能渐渐地把新人变为企业值得倚重的精英。

(3) 严苛仅仅是方法而非目的。

这是管理者在采取蘑菇管理时,最容易忽视的一点,但这又是蘑菇管理的初衷。很多管理者急于求成,在思想上陷入误区,把严苛的态度和做法奉为至高无上的准则。更有个别管理者,仅仅视员工为榨取的对象,面对新人,他们更会极尽苛刻之能事。这样的做法与真正的蘑菇管理是背道而驰的。

74. 卢维斯定理:管理者要虚怀若谷

管理者与员工的区别在哪?说起这个问题,很多人都会直观地回答:二者的身份高低不同。表面上看来似乎也确实如此。但是,身为管理者,如果仅仅是这样看待这一问题,他的用人工作必然不能达标。以身份高低不同自居的管理者,很容易会在识人用人的过程中,陷入思想上的误区,对员工做出错误的回应。为了有效地说明这一问题,我们不得不提一下"卢维斯定理"了。

卢维斯是美国的一位著名心理学家。他所提出的"卢维斯定理",最初是源于心理学的范畴。在这一定理中,卢维斯主要阐述了两个观点:第一、谦虚的关键在于"无我",而非自我否定;第二、要是把自己想得太好,也就意味着把别人想得更加糟糕。第一条主要是针对那些在生活工作中、过分谦虚、经常退缩的人；第二条则是针对那些自我感觉过于自信、过于优越的人。

卢维斯定理一经提出就引起了巨大的轰动。尽管最初是属于心理学的范畴，卢维斯定理最终却在企业的人才管理当中广受推崇和采纳。卢维斯定理的一大特色在于，它能够同时适用于管理者与员工双方。这也使得看似简单的卢维斯定理，却能够在管理界占据一席之地。

卢维斯定理的核心只有一条——何为真正的谦虚。对于管理者而言，这实在是用人过程中万分重要的一点。不论管理者的个人能力如何突出，谦虚都是一种必备的领导素质。傲慢自大的态度，很有可能导致人才的流失。

本田宗一郎是日本著名汽车品牌本田的创始人，又被称为"日本经营四圣""20世纪最杰出的管理者"。但本田宗一郎在经营本田公司的时候，也曾因一时的疏忽而犯下过严重的错误。

在本田公司有一名来自美国的技术骨干，他名叫罗伯特。一天，罗伯特抱着一卷设计草图，兴冲冲地走进本田宗一郎的办公室。坐下之后，罗伯特迫不及待地摊开自己的图纸，向本田宗一郎展示自己耗费了1年的心血才设计出来的新车型，并兴奋地讲解道："总经理您看，这个车型太棒了，上市后绝对会受到消费者的青睐！"但本田宗一郎却坐在办公椅上漫不经心地打着盹儿，对罗伯特的话毫不理睬。罗伯特见状，当即卷起了图纸，一言不发地走出了办公室。此时本田宗一郎才猛然惊觉，想要喊回罗伯特，但罗伯特却头也不回地走了。

第二天，罗伯特便递交了辞呈。收到辞呈，本田宗一郎十分不解。面对本田宗一郎的疑问，罗伯特解释说："总经理，我非常感谢您这几年来对我的照顾。但就在昨天，当我向您介绍我最得意的新设计时，您却丝毫没有听进去我的意见。"

在递交辞呈的当天，罗伯特就买了回国的机票。回去之后，他拿着自己的设计草图找到了福特公司。经过研究，福特公司决定投产这一新车型。新车上市之后，果然市场销量很好，这也给本田公司带来了很大的冲击。

即使时隔多年，本田宗一郎仍旧没有忘记这一教训，并表示这是让自己终生难忘的一件事。作为一个在汽车界和管理界都享有盛誉的传奇人物，本田宗一郎用自己颇为惨痛的教训为事例，说明了谦虚在人才管理中的重要性。

由此，管理者们也不难看出，卢维斯定理所揭示的道理虽然简单，却能够对一个企业的发展产生何等重大的影响。谦虚，是很简单的两个字，简单到人们很容易就忽略，但在看到了它的重要性之后，任何一位管理者都应该深深地反思。

围绕卢维斯定理，在管理者的用人过程中，我们也可以向他们提出颇具建设性的建议：

(1) **不要过分高估自己。**

这是卢维斯定理对管理者最重要的一点启示。虽然管理者的层级和地位都要高过自己的下属，但这并不表示，自己的能力已经高到可以一个人完成所有的工作任务。组织与团队存在的意义，就在于群策群力、集思广益，把所有的智慧都凝聚在一起，发挥出超常的力量。管理者要是不懂得谦虚的道理，在下属面前一味强调自己的主观想法，不懂得采纳他人的意见，也许就会在无意之间，犯下本田宗一郎那样重大的错误。

(2) **善于做好沟通工作。**

这是由谦虚的管理之道引申出来的又一要点。作为管理者，应该知晓自身的能力有限，要考虑怎么才能更好地吸纳员工的意见和建议，并将组织内所有人的力量都汇集在一点上。沟通，就是实现这一目的的必然选择。沟通是管理工作中最为重要的环节之一，也是对管理者管理才能的一大考验。只有行之有效的沟通，才能使所有员工都能充分表达自己的观点和想法，也使信息在组织内各层级之间更为迅速地流通、传递，使整个组织的运行更为高效。

（3）正视员工实际能力。

卢维斯定理在揭示谦虚的管理之道的同时，也揭示了人类谦虚心理"虚伪"的一面。很多人都会片面地把谦虚等同于承认自己很糟，即使自己十分优秀，也要拿"谦虚之辞"来搪塞一番。但把这种态度用在工作中，显然是不合时宜的。身为管理者，就要善于从员工的"谦冲"之中，明辨他们的实际能力，然后根据能力的不同，做出相应的工作委派。对于过分犹疑的员工，也要同时做好激励工作，让他们充分地发挥自己的真实能力。

75. 松下论断：用人怎能不苦恼

在管理工作的诸多环节中，员工管理的重要性是不言自明的，难度也是显而易见的。组织中的每位员工，都是活生生的人，性格、思维、喜好都各有差异，在组织内的分工也不尽相同，想要管理好这样的一批员工，无疑是一项极为精细的工作，对所有的管理者来说，也都称得上是一种煎熬。对此，我们的管理者们也无须回避、否认，因为就连那些著名的经营管理者，对此也同样备感苦恼。在日本享有盛誉的"经营之神"松下幸之助，就曾经感慨道：用人就是用苦恼。

松下的这一观点就是著名的松下论断。简而言之，用人对管理者来说，确实是一件令人十分头疼的事情，但也正是因为管理者为此头疼，才得以在以后的工作中避免继续头疼，因此，松下论断实际上是对所有苦恼的管理者们进行了精神上的安抚，并告诫他们要正视烦琐的用人工作，全力做好这一工作，为后续工作的平稳开展创造有利条件。

松下幸之助之所以会有"用人就是用苦恼"的感叹，与松下公司的一次招聘有关。当时，松下要招聘一批推销人员，考试方式是笔试和面试相结合。这次招聘的名额不过10人，可是报考的达到几百人，竞争非常激烈。经过一个星期的筛选工作，松下公司从这几百人中选择了十名优胜者。

松下幸之助亲自过目了这些入选者的名字，令他感到意外的是，面试时给他留下深刻印象的神田三郎并不在其中。于是，他马上吩咐下属去复查考试分数的统计情况。

经过复查，下属发现神田三郎的综合成绩相当高，在几百人中名列第二。由于计算机出了毛病，把分数和名称排错了，才使神田三郎的成绩没有进入前十名。松下听了，立即让下属改正错误，尽快给神田三郎发录取通知书。

第二天，负责管理这件事情的下属却报告了一个令人吃惊的消息：由于没有接到松下公司的录取通知书，神田三郎竟然跳楼自杀了，当录取通知书送到时候，他已经死了。这位下属遗憾地说："太可惜了，这位有才华的年轻人，我们没有录取他。"

松下幸之助听了，摇摇头说："不！幸亏我们公司没有录取他，这样的人是成不了大事的。一个没有勇气面对失败的人又如何去做销售工作呢？"

对于同样的一起事件，松下和下属却有着截然相反的认识。这两种认识的差距，也正是一位优秀的管理者，与下属之间管理智慧的差距。优秀的管理者在用人问题上，所要考虑的不仅仅是员工个人的能力如何，还要综合考虑员工的脾气性格、想法观念，借此来判断员工是否能够胜任岗位，为公司带来效益。

用人工作的难度，很多时候就体现在这里。单靠观察一个人的外在表现，很难彻底地断定其为人和综合能力，很多时候，那些看似不错的人选，反而让管理者的希望落空；那些看起来木讷寡言、抑或是桀骜不驯的人，反而能成为管理者的左膀右臂。要在这样复杂的情况下准确找到合适人选，管理者也需要一双火眼金睛才行。

燧石轮胎橡胶公司，是美国最大的轮胎公司之一，但在创立之初，也仅仅拥有一间破旧的厂房和几名工人。燧石轮胎之所以能够在短期内迅速壮大，与创始人菲利斯顿高明的识人用人之道，有着很大的关系。

有一天，菲利斯顿去一家酒吧喝酒，当他准备离去的时候，却发现所有人都围在一起哄笑。好奇的他走近人群，才发现原来是一名烂醉如泥的年轻人，竟把裤子当成围巾围在了脖子上。通过打听，菲利斯顿得知这位年轻人名叫罗唐纳，是一位酗酒成性的年轻发明家。独具慧眼的菲利斯顿，当即对罗唐纳产生了浓厚的兴趣。

后来，菲利斯顿便多次拜访罗唐纳，希望对方能够助自己一臂之力。尽管吃了好几次闭门羹，他仍然执着地找上门去。最终，罗唐纳被菲利斯顿的真诚所打动，下决心一定要帮助他，并且成功地研制出一种储气量大且不易脱落的轮胎。这种新轮胎一进市场，就受到了消费者的青睐。在罗唐纳的倾力相助下，燧石轮胎终于站在了行业的前列。

用人的工作总是如此复杂，以至于有一部分管理者开始抱怨了：怎么就没有一种简单高效的用人方法呢？这一想法确实美好，然而，识人用人的工作如果真的可以轻易做好，管理者对组织的作用和价值，又该从何体现呢？

管理工作本身就对管理者的应变能力提出了很高的要求，在识人用人的工作中，更是没有什么永恒不变的法则。管理者唯一能够依靠的，就是自己的独到眼光，以及最大限度的耐心。优秀的人才从来不是随处可得，能否与组织相互契合、实现双赢，同样是对管理者的用人之道，最为精细入微的考验。

要做到这一点，管理者们就要对所有的员工，投入足够的关注与耐心。不仅如此，管理者还必须结合组织中的岗位和相应职责，综合判断每一个员工能否与岗位匹配。答案如果是肯定的，管理者就要不吝重用，激励他们为组织奉献力量；如果答案是否定的，管理者也要当断则断，就像"冷酷"的松下幸之助那样，绝不抱有丝毫惋惜遗憾之情。

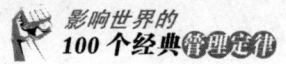

76. 彼得原理：岗位合适，才能发挥所长

说起毛遂自荐的故事，想来所有中国人都不会陌生。但如果知道了接下来发生的故事，恐怕许多人要大跌眼镜了：在毛遂成功说服楚王出兵以后，秦国被迫撤离了赵国。但过了不久，燕国便趁着赵国元气大伤的时机，挥兵大举进攻。赵王根据毛遂之前的杰出表现，便果断下令由毛遂统帅大军迎敌。尽管毛遂一再推辞，赵王却对他的能力深信不疑，无奈之下，毛遂只好勉强受命。结果，毛遂所统帅的赵军被燕军打得一败涂地，毛遂也因羞愧自杀身亡。这一故事中，就体现了管理心理学中阐述用人之道的一大经典定律：彼得原理。

任何一个组织发展到后来，总是难免会出现冗员积累、人浮于事的现象，西方的许多学者对此都进行过长期的研究。其中，美国的学者劳伦斯·彼得指出，导致这一现象的原因，在于管理者总是追求更高的效率。为了这一目的，管理者就不得不雇用更多的员工。随着时间的推移，管理者们会对某个层级上的称职员工进行提拔，直到最终将他们提拔到无法胜任的层次为止。这种现象，在当今各个方面的员工管理领域，都是一种极为常见的"怪象"。比如说：某位优秀的科研人士被提升为管理者，却对组织的管理茫然无措；让某位优秀的代课老师去做班主任，面对班级的事务却根本不知如何应对。

通过对以上现象的观察研究，彼得最终得出了一个让所有管理者都不得不承认的重要结论："所有的职位到了最后，都会被一个无法胜任其工作的员工所占据。一个组织中的工作任务，其完成者，也大部分都是那些尚未达到不胜任阶层的员工。"

彼得原理的提出，无疑是轰动了整个管理界。就连彼得本人也没有想到，自己在无意之间的发现，竟然开创了管理学中的一大门类——层级组织学。不论是公共管理还是私人管理，只要是有层级组织的地方，就必然会受到彼得原理的无穷影响。

任何一个组织内部的管理者，都会把提升职称作为激励员工发挥所长的常用办法，但彼得原理的存在却像一头拦路猛虎，让他们屡屡碰壁。彼得原理的这一巨大影响力，也使得所有的有识管理者都不得不打起精神来面对。彼得原理的意义就在于它告诉了所有的管理者一个道理：不顾实际情况，频繁提升员工的职务，反而是对员工发挥自身潜能的限制。

在艾克西尔市的工程部门，有一位名叫米尼恩的维修领班。米尼恩为人亲和友善，因此几乎所有的市政府官员都对他十分赏识。工程部门的一位监工就曾明确地表示："我十分喜欢米尼恩的为人，因为他在工作中，既有准确的判断，又总是拥有能够感染别人的热情开朗。"米尼恩的这种性格，与他的岗位毫无疑问是十分贴合的——他只需要做好自己的工作，而不参与任何的决策，因此也就无须和上级领导产生分歧和争执。

后来，那位十分赏识他的监工退休了。上级领导决定，由米尼恩来接任那位监工的职务。但在工作中，米尼恩却像以前那样，随意地附和所有人的意见。对于上级领导的指令，他也总是毫无异议地全盘接受，一股脑儿传达给领班。结果导致许多政策经常出现矛盾冲突，计划也不得不一再改变。很快地，包括市领导、纳税人和员工在内的所有人的抱怨彻底淹没了米尼恩。

然而，米尼恩却依旧没有改变。对于上级领导的指令，他还是唯唯诺诺地接受，虽然是一名监工，但他看起来更像是一个传递信息的信差。由于缺乏监工的能力，他的维修部门经常超出预断，原定的工作计划也总是无法按期完成。米尼恩就这样从一名合格的领班，变为了不合格的监工。

这样的事例，在任何一个成熟的层级组织当中，都是十分常见的现象。不论是对于管理阶层而言，还是对于员工个人而言，彼得原理都有着极为重要的意义。在这里，单就管理者的角度而言，我们也可以为他们提出如下重要建议：

(1) 升职不是百分百适用的奖励。

"升职加薪,当上总经理,出任 CEO,迎娶白富美,走上人生巅峰。"这是当今社会上一句广为流传的段子。但我们不得不提醒我们的管理者们:给员工升职和给员工加薪,完全是两个不同的概念。比起加薪,升职意味着员工必须要承担更多的责任,对组织也就会产生更加巨大的作用。如果员工本身并不能适应自己的岗位,这种提升反而是对员工本人和组织的双重伤害。

(2) 提升员工的机制要科学合理。

给员工升职,也是对管理者用人智慧的一大考验。追求效率的管理者,面对表现优异的员工难免会青睐有加,并对他们产生"值得倚重"的看法。但在做出提升决定的时候,却千万不能感情用事。一个组织的管理者,理应在下属员工的提升机制上不断做出完善,力求做到科学合理。良好的用人机制,必须做到客观审查每一位员工的真实能力水平,并将他们放在合适的岗位上发挥潜能与力量。

77. 维勒斯定理:员工要一专多能

"世间没有完美无缺的人,无论对哪位员工,都不能求全责备"——这是一种主流的管理理念。表面上看起来,这一观点似乎无懈可击,然而如果细细推论,我们也完全可以提出反对的意见:不近人情地一味苛责下属,要求他们做到完美,固然是不讲道理的做派;但是通过各种努力来培养下属,使他们的综合能力得到提升,又哪里违背了管理的初衷呢?因此,我们应该这样告诫管理者才对:责备不妥,求全可为。

这一观点并非是标新立异的夸夸其谈,而是有着极为深刻的现实背景。查尔斯·维勒斯,是英国 BSC 公司的总裁,在对诸多企业的失败进行了细致的分析之后,他得出了一个惊人的事实:许多企业毁灭的悲剧,都是由那些仅具有某一方面专长的人一手导致的。从这一惊人的发现中，他又更进一步提出了企业管理用人观点：对任何一个企业来说，如果过于强调单一的理想状态，结果只能是适得其反。企业的管理者在用人过程中，必须要树立一专多能的复合型人才观，着重培养全能型的人才。这一观点被称为"维勒斯定理"。比起"适才适用"的传统用人观点，维勒斯定理显然更具进步意义。

尽管我们必须承认"尺有所短，寸有所长"这一现实道理，但我们更应该明了，任何一个企业的员工，其所拥有的才能都是多多益善的。事实上，企业的规模再为庞大、人数再为众多，面对瞬息万变的市场局势，也难免会有心力不足之时。但一味地扩大企业规模、增加员工数量，显然与是奥卡姆剃刀定律所揭示的"企业应当精简高效"的原则相抵触。因此，尽可能地获取全面型人才，对企业的发展来说，仍然有着极为重要的意义。

所幸的是，世界上虽然罕有全能型的天才，但通过后天的培养，企业仍然可以或多或少弥补员工在先天上的不足。即使"全才"仍然是一个不切实际的空想，"多能"却还是可以得到的。

宝洁公司是当今世界上为数不多的、采用内部提升机制的企业之一，也是一家强调"一专多能"的公司。在宝洁公司内部，管理者也拟定了一系列全方位、全人员、全过程的培训模式，保证每位员工在最初进入公司的时候，就能够享有各种类型的培训。

宝洁公司的员工培训主要可以分为五类：入职培训、语言培训、技能和商业知识培训、专业技术在职培训和海外培训及委任。通过这几类培训，宝洁公司从自身内部获得了大量的全面型人才。

首先是入职培训。每一个员工在入职之初，都要通过一些最基本的培训，来了解宝洁公司的宗旨、企业文化、政策、各部门职能和运作流程。这是为了让员工在一开始工作的时候，就可以尽量减少失误。

其次是语言培训。在宝洁公司内部，英语是指定的工作语言，根据员工在不同阶段的实际情况和工作需要，宝洁公司会聘请国际知名的英语培训机构，由他们设计教程并亲自授课。在新进员工的岗前培训之中，英语培训是重要的一环。

第三是技能和商业知识的培训。宝洁公司为内部员工添设了大量的管理技能和商业知识课程，如沟通技巧、领导方式等等。力求针对员工的不同发展方向，使他们全部成为最为优秀的人才。公司还针对全球范围内的管理人员，专门设立了"P&G"学院，由公司内部的高层经理定期授课，并了解这些管理人员所要了解的重点。

第四是专业技术的在职培训。在入职之初，宝洁公司就会为所有新人配备一名经验丰富的经理，由其手把手地教导新人开展日常工作。根据新人的不同发展方向，公司还会制定他们专属的个人培训和工作发展计划，并使这一计划与员工的日常工作巧妙结合、不断深入，最终使每位员工都成为所在领域的"高手"。

第五是海外培训及委任。每一个国家的国情不同，市场情况也都不同。为了适应公司发展的需要，宝洁公司会特意选拔出各个部门优秀的年轻管理人员，赶赴美国、英国、日本等位于世界各地的"P&G"分支机构，接受全新的培训内容，以便增长他们在不同国家和地区的工作阅历，从而成为更加全面的人才。

从时代发展的趋势来看，维勒斯定理的提出无疑是一种必然。时至今日，企业的发展越来越以高科技为依托，虚拟的网络与实体经济互相交汇，打破了每个行业原本的狭小圈子，促使每一个企业都与整个世界联结。在这样的背景下，一个企业想要做大做强，对人才的需求不但不会减少，反而会更加旺盛。不论是转型也好，还是与外界联系也罢，都需要依靠一批知识更加广博、能力更加突出、涉猎范围更加全面的复合型人才，只有这样，才能够更好地完成自己的目标。

纵观当今世界那些发展快速、排名世界前列的知名企业，我们可以很轻易地发现一个事实：几乎是所有的企业，都把员工的培训纳入了企业管理的重要一环。他们的这一表现，也印证了维勒斯定理的普世价值。所以，企业的管理者们确实应该充分重视维勒斯定理，并且好好审视自身企业当前的发展境况，根据实际情况做出及时合理的应对与改变。

78. 拜伦法则：疑人不用，用人不疑

《三国演义》中有这样一段剧情：孙策在某次交战中，对敌方的将领太史慈十分赏识，于是想尽办法擒住了他。太史慈在归降之后，却紧接着提出了一个要求：请孙策放他回去，去招降更多的士兵。孙策麾下的将士听了这一近乎荒唐的要求，都觉得难以置信，孙策却大度地挥手表示放行，并且对所有下属表示：我孙某人疑人不用，用人不疑。果然第二天刚到日中，太史慈就带着一大批士兵回来，使孙策的军队再次得到了扩充。

在这段剧情中，孙策展现出了极为高明的管理之道。这种管理之道在西方，也有类似的表述。

美国内陆银行的总裁名叫 D·拜伦。通过对自己多年管理生涯的总结，拜伦最终得出了一个十分重要的结论：授权要做到心中空空。说的更为具体一点就是，管理者一旦做出授权的决定，就应该把这件事情抛诸脑后，不再过问，更不要去干涉。这一观点就是著名的拜伦法则。

授权，一直都是管理中的重要一环，拜伦法则的提出，毫无疑问是对授权问题的丰富与补充。在现实的企业管理中，管理者们对于授权二字总是格外警惕、犹疑，即使在勉强下放权力以后，仍然会时时刻刻萦怀于心，甚至为此寝食难安。更有一些杞人忧天的管理者们，看着看着就变成了开口说，说着说着干脆自己也捋起袖子干了起来。这种对工作的上心态度虽然勉强可以褒奖一下，但做法却半点儿也不值得提倡。

对此，也许有些管理者会大吐苦水，比如员工缺乏像自己一样的多年的工作经历、员工缺乏像自己一样的宏观视角、员工缺乏像自己一样的杰

出能力……这些担心确实也并非毫无依据，但对于管理者来说，授权交接工作的启动，本身就意味着对员工的智慧和能力，已经有了足够的肯定。如果没有这样的肯定，授权就显得盲目冲动；如果对员工有了充分的认可却还是要干涉他们的工作，就只能说明自己纯属多此一举了。

对这一类型的管理者来说，拜伦法则的提出真是太及时了。那些整天为员工的工作操碎了心的企业管理者们，总是把自己搞得焦头烂额，却发现自己不得不面对越发混乱的局面。显然，他们不是做得太少，而是管得太宽了，而那些能把企业做大的优秀管理者们，是绝对不会在这个问题上犯迷糊的。

河岛喜好是日本本田集团的第二任社长。在公司的管理问题上，他也继承了本田首任社长同时也是自己师父的本田宗一郎的作风。有一年，河岛决定在美国开办工厂，在此之前，企业已从内部的人事、生产、资本3个部门中抽调了一批人手，设立了筹备委员会。因此，河岛干脆把制定具体方案的权力全数交给委员会内的其他成员。

最终，新厂的地址被敲定在俄亥俄州。在整个过程中，河岛本人却一次也没去看过。有一位下属不解地问他为什么不去实地考察，哪怕一次也好。河岛却说，反正他对美国是完全陌生的，去一次也不可能起到什么作用，而做出决定的人却对当地极其了解，因此，只需要信任他们就好。

不仅在决策方面是这样，对于财务和销售这两块，河岛也像自己的师父本田一样，全数交给了副社长来打理。1985年的时候，赴日访问的英国王子查尔斯偕同妻子戴安娜王妃，特意登上了本田公司位于东京青山的一栋大楼，这栋大楼从此扬名于世。但事实上，这栋大楼的规划、设计乃至建设工作，都是由本田内部的那些年轻员工们自主完成的，在整个过程中，河岛都没有过问一句。河岛还经常对身边的人说：不要抱着权力不放，要充分相信年轻人。

毋庸讳言，现实当中，许多的企业管理者对于管理的认识，还停留在十分狭隘的阶段。他们总是认为管理就是要去不停地管别人，却不知道，通过"无为"来实现企业的有序运转，才是更为高明的管理之道。

　　管理者之所以会紧抓着权力不放，除了满足自己的权力欲以外，另一个重要的原因就是他们担心授权会给企业带来不良的影响。实际上，这种顾虑在很大程度上，是可以通过事前的考察来避免的。如果能够合理授权，员工们带给企业的，只会是巨大的收益。

　　管理者的授权工作，很重要的一个作用就在于凝聚员工的向心力、调动员工的积极性，借此谋求企业与个人的双赢进步。如果在授权之后又处处干涉，对员工的工作无疑是一种巨大的阻碍，这也无疑违背了企业发展的宗旨。一个事事忧烦、处处疑心的管理者，也只会让员工们觉得不够稳妥、自己不受信任，而且这种想法更会随着管理者的蛮横干涉而不断加深。一旦这种认知成型，彼此互信的基础也就荡然无存。相信这样的局面是任何一个企业的管理者都不愿见到的。

　　因此，让我们最后再次建议我们的管理者们：既然已经授权，就别再回头看了。在晋身管理阶层之前，每一位管理者或多或少地，也都有过基层工作的经历，相信这个时期的他们，也都曾为获得上级的充分信任而骄傲过。既然如此，就把这份骄傲也传递给后来者吧！

79. 横山法则：最好的管理是员工自觉

　　"不努力的员工不是好员工。"相信任何一位企业的管理者在听到这句话后，都会狠狠地点头表示赞同。只有努力工作的员工，才能为企业带来最大的价值，管理工作的一大任务，就是要求管理者通过激励、惩罚等各种控制手段，最大限度地调动员工的工作热情与积极性。但在现实当中，"软硬不吃"的员工也十分常见，他们的存在也总是令管理者头疼不已。我们相信，一个好的员工管控制度是这些管理者们最为迫切的需求。

　　横山宁夫是日本的一位著名社会学家，对于控制员工这一管理命题，

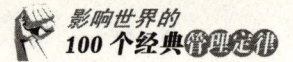

他有着独到的认识与看法。他认为：一切行动只有在出自本意的时候，才能获得最有效的成果。因此，能够使员工持续不断地付出工作热情与积极性的控制，也绝对不是通过管理者的强制来实现的，而是由员工自己实现的。简而言之就是：管理者不论怎么督促员工，员工的自我控制才是最好的。

企业需要员工，说到底是需要借助员工的力量来实现自己的发展目标，但对于任何一个人而言，最强大的力量都只存在于他们的内心。在中国春秋时期的兵家名篇《孙子兵法》中曾提到"攻城为下，攻心为上"的观点，可见，人心确实是一切之根本。这一战略用在企业的人事管理上，也同样适用。对企业的管理者来说，只有"攻入"了下属员工的心里，才能真正令他们的心与企业目标产生共鸣，爆发出最为强大的力量。

藤田是日本麦当劳的一位老板。为了让自己店里的员工能有更高的工作热情，给麦当劳带来更多的利益，藤田特意提出了一项全新的制度——"员工加盟制度"。这一制度规定：凡是在藤田的麦当劳店干满十年以上的员工，如果有意另起炉灶、独立经营麦当劳，日本麦当劳总店将予以最大的支持。总店会主动为这位员工挑选好适合开分店的地点，并且员工只需要交付250万日元的保证金，就可以以麦当劳加盟店老板的身份，独立经营这家店面。

由于有着10年以上的麦当劳工作经验，对麦当劳的工作流程和经营方法已经十分熟稔，那些申请独立经营的老员工，后来都经营得风生水起，很快就获取了巨大的利润。这一情景被其他员工看在眼里，自然是十分眼热。同时，这一结果也让麦当劳的所有员工都看到了希望。为了有朝一日能够向这些独立出去的"前辈"们看齐，他们都在工作中表现得十分卖力。

员工之所以加入企业，也是希望借助双方的合作与企业的发展，来更好地成就自己、实现自我价值，这是员工的基本出发点，无论何时都不会改变。从管理别人的活动中，每个人都能获得极大的自我满足，对任何一位职场人员来说,相比于受人指挥,显然还是指挥别人更为"惬意"。适当地放松控制,让团队内部的成员进行自我管理,无疑会让他们看到更大的希望。在这种希望下,管理者不需要过多表示,员工就可以自发地行动起来了。

不过我们也确信,大多数管理者对"员工的自我管理"这一概念是有着高度犹疑和警惕的。对于已经习惯了行使权力、主导团队的管理者来说,这种心理也是十分正常的。毕竟,决堤容易筑堤难,在高度集中的情况下突然放开对员工的控制,团队是否会因此彻底陷入混乱,这也是所有管理者都会担忧的问题。相比于这一问题的严峻性,管理者因"失去"操控力而引起的心理不适,反而只是微不足道的小事罢了。对于他们的这一担心,我们要予以充分的理解,但同时也要大胆地鼓励他们:相信一次自己的员工吧!

法国斯太利农产品公司的一个分厂,曾经试验过员工的"自我管理"。这一制度的具体内容是,根据生产、维修、质量管理等不同业务的要求和轮换班次的需要,把全厂职工分成16个15人小组,每组选出两名组长,分别负责生产线上的问题、培训和召集讨论会,并做生产记录。厂方在制定出总生产的进度和要求后,便全数交由小组内部自行组织安排。此外,小组还有权决定组内招工和对组员的奖惩。根据统计,在实行这一管理制度之后,该分厂的生产效率迅速提高。不仅成本远远低于其他工厂,甚至旷工、辞职和停工率都降到了1%以下;生产设备的利用率则达到了设计标准的115%。

看到这则案例中的数据,想必所有的管理者都会为之动容。通常情况下,管理者都把员工视为有待成长、尚未成熟的小辈,但就是这样的小辈,只要管理者予以足够的信任,他们也会用巨大的成果来作为回应。这就是横山法则给管理者的建议。

需要指出的是,从其他角度来看横山法则对管理者的所提出的要求也是十分合理的。企业的发展程度在某种意义上,就体现为收益与成本的比

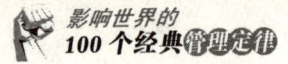

率,在收益不变的前提下,企业的生产成本越低,企业的收益也就越大。在企业五花八门的成本中,管理者为了管控员工所付出的精力和时间,是最容易被管理者忽视、但同时又相当高昂的隐性成本。更为尴尬的是,这一高昂的成本背后,收益往往并不理想。当今管理界中愈发强调"激励管理",也正是因为人们发现,简单的激励远比严厉的管控更为有效,更能激起员工的积极性与主动性。通过员工的自我管理,让他们自觉地行动起来,这也正是激励管理的有效方式之一。

80. 皮京顿定理:没有明确的方向等于原地踏步

踏实勤勉、积极上进的员工,在任何一位管理者眼中,都是最好的员工。对于那些态度消极、办事效率低下的员工,管理者们也会理所当然地感到不满。但也有一种观点认为,世界上不存在差劲儿的员工,只有差劲儿的管理。如果管理者能够做好引导工作,每一位员工都会是最佳的员工。

那么,管理者该如何引导员工呢?美国皮京顿兄弟公司的总裁阿拉斯塔·皮京顿对此给出了只有短短五个字的答案:给他们目标。皮京顿认为,如果无法明白地了解工作的准则和目标,任何一个人都不可能对自己的工作产生信心,更不可能全神贯注地投入到工作中。这就是管理学中,关于目标管理的著名定律——皮京顿定理。

皮京顿定理的主要观点可以归结为一句话:没有目标,就没有动力。对大多数人来说,工作与"枯燥""烦琐""压力"等词汇是天然捆绑在一起的,如果不为他们制定一个明确的目标,他们就永远无法得知自己做得怎么样、还要做什么、还要做多久——当他们的内心都被这些苦恼所占据的时候,他们的工作就没有任何进步性可言,管理者也就无须为他们所表现出来的低下效率而惊诧了。

在目标模糊的情况下，员工不仅要承受更大的心理压力，就连精力也无法集中。一方面，没有目标就没有标准，为了让工作完成得更加妥当，他们就不得不分出更多的精力，尽可能地去兼顾一切，这也会导致他们效率低下；另一方面，没有具体的目标也会使员工在心里产生错觉，认为自己的工作无足轻重，这样一来，他们自然无法发挥全力。

有一个老猎人十分擅长射箭。某一天，老猎人正在教授三个儿子箭术，刚好看到一只鸟儿站在枝干上。于是老猎人指着那只鸟告诉三个儿子："你们现在都向鸟儿瞄准，然后告诉我，你们看到了什么。"

大儿子说："我看到鸟儿站在枝干上。"二儿子说："我只看到鸟儿。"小儿子说："我只看到鸟儿的眼睛，其他的我什么也看不见。"

老猎人叫小儿子射箭，结果小儿子果然射中了鸟儿的眼睛。

有一天，老猎人问刚打猎回来的三个儿子："你们今天都有什么收获？"

大儿子说："我看到山林中的美景。"二儿子说："我听到各种鸟儿的叫声。"小儿子说："我只看到躲在草丛里的动物，其他的我什么都没有看到。"

老猎人听后微微一笑："如果我没有猜错的话，你们当中收获最多的还是老三，对吗？"

听了父亲的话，大儿子和二儿子都羞愧地低下了头。

目标管理是当今管理学中的一个重要范畴，尽管该学科出现较晚，但它的出现对管理学而言，却有着划时代的意义。皮京顿定理正是目标管理理论当中的重要概念。相比于其他目标管理理论，皮京顿定理把关注点放在了管理者对员工的指导上，而非管理者本人及企业的决策工作上。皮京顿定理不仅为管理者打开了全新的视野，更对他们的管理工作提出了极为重要的理念。

表面上看起来，目标像是一个只有管理层才能参与的高大上概念，但"企业兴衰，人人有责"，即使是最普通的员工，也需要对企业、对组织的发展目标有足够的了解与把握，也只有在这一前提下，他们对自己的工作才能有更为准确的认识。如果把企业的发展目标进一步细分到个人的工作中去，好处就更加显而易见。对员工来说，明确的目标等于明确的任务，明确的任务也是激发他们工作积极性的首要前提。

1984年，在东京国际马拉松邀请赛中，名不见经传的日本选手山田本一出人意外地夺得了世界冠军。当记者问他成功的最大依仗是什么时，他回答说是"智慧"。当时许多人都对这个答案嗤之以鼻，认为他是在故弄玄虚。人们都知道，马拉松赛是一项极为考验选手体力和耐力的运动，就连常规比赛所强调的爆发力和速度，都只是次要的因素，遑论什么智慧了。

两年后，山田本一再次参加了国际马拉松比赛。令所有人惊讶的是，这一次，他居然又获得了世界冠军！当记者再次向他请教经验时，山田本一的回答仍是上次那句话：用智慧战胜对手。这一次，人们没有再挖苦他，但对他所谓的智慧仍然感到迷惑不解。

10年后，这个谜终于被解开了：在山田本一的自传中有这么一段话："每次比赛之前，我都要乘车把比赛的线路仔细地看一遍，并把沿途比较醒目的标志画下来，比如第一个标志是银行；第二个标志是一棵大树；第三个标志是一座红房子……这样一直画到赛程的终点。比赛开始后，我就以百米的速度奋力地向第一个目标冲去，等到达第一个目标后，我又以同样的速度向第二个目标冲去。40多公里的赛程，就被我分解成这么几个小目标轻松地跑完了。"

在日常的工作当中，企业员工的心理活动，与山田本一基本上是一致的。工作的意义就在于达到目标，在得知自己无法达成目标的情况下，任何人的士气都会衰竭。如果管理者不为员工设定明确的目标，让他们不知道方向，他们的所作所为就接近于原地踏步。这显然是一个很糟糕的状况。皮京顿定理对管理者提出"给员工目标"的要求，正是着眼于企业中目标管理工作的这一疏漏。

从皮京顿定理，我们也可以有更多的联想。任何一位管理者都不希望看到员工犯错，但在工作中，员工的表现也总会有不尽如人意的时候。这种情况的出现，一方面可以归结为员工的能力水平问题同，另一方面，是否与管理者的指导工作出现疏漏有关呢？想要让员工减少失误，不仅仅是员工个人的事情，更是管理者所要思考的问题。

81. 托利得定理：无法接纳不同，怎能容纳成功

企业需要的不仅是有能力的管理者，更是有情商的管理者。凡事总是因人而起、因人而异，管理者的工作与其说是管事，倒不如说是管人、用人会更为妥帖一些。对企业的管理者而言，用人，是更为高端的人际交流。

但我们也不得不承认这样一个事实：人与人之间，存在着巨大的差异和分歧。尽管在一个企业内部，大部分成员都是围绕着共同的目标在努力，但也总有极少数的员工属于个例。这一小部分员工或是在想法上，或是在性格上，会与大部分人明显不同，甚至与管理者都存在激烈的冲突。用何种态度来面对这样的员工，是所有管理者都要慎重思考的问题。

有的管理者喜欢用自身的权威来压倒不同意见，但这样的做法显然不是上乘之策。法国的社会心理学家托利得指出：想要查看一个人的智力是否属于上乘，只需看他脑子里能否同时容纳两种相反的思想，而无碍于其处世行事。这一观点就是托利得定理的主要内容。把这一定理用在管理学中，我们就可以得出这样一个观点：比起征服不同，更重要的是接纳不同。

接纳不同，并非是因为我们喜欢不同，而是因为我们喜欢成功。任何事情的成功都需要各种要素完美结合，任何一位管理者都不能百分百保证，其中的要素都是自己所青睐的。如果管理者因个人喜好而有所区分、

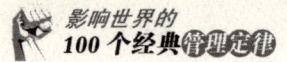

扬弃，实质上就是在刁难自己。

从面对分歧的态度，我们也可以很轻易地辨别一位管理者的优劣高下。有情商的管理者之所以能够接纳不同，是因为他们始终保持着清醒的头脑和眼界，明白真正的得失大义，懂得失去人心即失败的道理。正因为他们能够接纳巨大的不同，因此才能够拥抱巨大的成功。

柯克是IBM公司的二把手，他麾下有一名得力助手，名叫伯肯斯托克，是IBM公司未来需求部门的主要负责人。就在柯克去世不久之后，伯肯斯托克直接闯进了时任IBM总裁的小沃森的办公室，气愤地吵嚷道："我还有什么盼头！销售总经理的差事没了，现在做着毫无意义的闲差，这还有什么意义可言？"

原来，在IBM公司内部，柯克与小沃森的关系一直不好。因此，伯肯斯托克认为，柯克一死，小沃森必然会给自己这个老对头的下属穿小鞋。

小沃森也是一个脾气十分暴躁的人，换在平时，他必然会严惩任何一位敢于这样冒犯自己的员工，但这一次，他却丝毫没有动气。事实上，小沃森不仅对伯肯斯托克的担忧心知肚明，更对伯肯斯托克的工作能力极为认可。在他看来，就算是刚刚去世的柯克，也未必就比眼前的这位得力助手更加精明。因此，出于对公司前途和命运的考虑，小沃森尽管明知伯肯斯托克桀骜不驯，又是老对头的下属，还是决定尽全力去挽留他。

想通了这一点后，小沃森对伯肯斯托克诚恳地说道："如果你真的有能力，不论是在柯克手下，还是在我的手下，都一定能够取得成功；如果你觉得我做事不公道，也可以选择离开。无论如何，机遇都在这里，如果愿意，我还是希望你能够留下。"

IBM后来的发展证明，小沃森的这一做法与态度是最为明智的，因为在IBM插手计算机生意一事中，伯肯斯托克发挥的作用最为明显。就连小沃森也在后来的回忆录中说道："在柯克死后挽留伯肯斯托克，是我有史以来所采取的最出色的行动之一。"

用人，考验的是管理者的管理艺术；容人，考验的是管理者的态度。

对任何一位管理者而言，管理艺术与态度都是同样重要的。企业的发展不可能事事顺遂，管理者也不可能一直都遇到对自己服服帖帖、毕恭毕敬的下属。很多时候，"怪才""偏才""鬼才"都不为大众所喜欢，如果管理者也抱着大众的心态去看待这些下属，最终受损失的还是自己。

企业管理者要明确这样一个事实：对于企业的发展而言，下属的才能远比管理者个人的好恶更为重要。如果想要赢得企业的发展，管理者也要懂得适当的妥协。这种妥协并不是软弱无能的表现，而是通情达理、深明大义的气度。也只有这样一份善于接纳的气度，才能稳稳取得巨大的成功。

容人不仅是对管理者情商的考验，更是对管理者的一项基本要求。管理者不能容人，就无法汇集稀缺的人才；没有稀缺的人才作为支柱，企业就没有战胜竞争对手的把握。从这个意义上来看，管理者无法接纳不同，本身就是一种失职、不称职的表现。

这一观点并非夸大其词，而是对企业管理者的由衷建议。古往今来，许多优秀的管理者，都在用人方面展现出了宽宏的气度，但这并非是因为他们真的心无波澜。管理者也是平凡之人，也有着同平凡人一样的喜怒哀惧，唯一不同的是，他们比起常人，更多了一点睿智的眼光和宽广的胸怀。事实上，也唯有睿智的眼光才能看到成功，唯有宽广的胸怀才足以容纳成功。这个道理看似简单，却鲜有管理者做到，而企业的成败恰恰就在于此。

82. 懒蚂蚁效应："蚂蚁"一思考，老板就发笑

若要让管理者回答"你更喜欢勤劳的员工还是懒惰的员工"这一问题，想必所有的管理者都会回答"勤劳的员工"。在通常的认知中，员工的工作与企业的发展息息相关，自然唯有那些勤勉工作的员工，才能为企

业创造更加巨大的价值。管理者不去重视这些好员工，难道还要去赞扬那些夸夸其谈、人浮于事的"懒"员工不成？但懒蚂蚁效应却偏偏告诉管理者们：就是要重视这样的员工。

日本北海道大学的进化生物研究小组，分别对三个由30只蚂蚁组成的黑蚁群的活动进行了观察。结果他们发现，在这些蚁群当中，大部分蚂蚁都很勤快地寻找、搬运食物，而少数蚂蚁整日无所事事、东张西望，于是，他们把这少数蚂蚁叫作"懒蚂蚁"。有趣的是，当研究人员在这些"懒蚂蚁"身上做上标记，并且断绝整个蚁群的食物来源时，那些平时工作很勤快的蚂蚁表现得一筹莫展，反倒是平时什么都不干的"懒蚂蚁"们"挺身而出"，带领众蚂蚁向它们早已侦察到的新食物源转移。原来，"懒蚂蚁"们把大部分时间都花在了"侦察"和"研究"上了。它们能观察到组织的薄弱之处，同时保持对新的食物的探索状态，从而保证群体不断得到新的食物来源。

根据观察到的这一现象，研究人员正式提出了"懒蚂蚁效应"这一概念。"懒蚂蚁效应"认为：在一个团队的成员当中，基本都有着20％左右的"懒蚂蚁"，尽管这一部分"懒蚂蚁"看起来态度不够积极、工作不够卖力，但他们仍然是企业发展不可忽视的重要力量。

在古老的道家著作《道德经》中，曾经提到过一个有趣的"无之用"的概念："凿户牖以为室，当其无，有室之用。"房间的窗户都是凿空的，但也正是这一片凿空的空洞，成为了整间房屋空气流通的要道，起到了无可替代的作用。那些企业当中看似无用的下属，其实也是一样的道理。

任何一个企业需要的，都不仅仅是努力干活的员工，更需要努力思考的员工。动手只能为企业带来价值，动脑却可以为企业指明价值所在。这种大方向的明确，比起眼前可见的收益更为重要，因为谁也不能断言，隐藏在前方的究竟是何等巨大的财富。

很多年前，美国报纸上出现了这样一则消息，一根穿越大西洋底的电报电缆因为年久破损需要替换。比起铺天盖地的世界大事，这则消息显得微不足道，在传播的过程中，也没有引起人们的过多关注。但是一位不起眼的珠宝店老板却没有等闲视之，而是十万火急地买下了这根报废的电缆。

得知了这件事情之后，周围的人都十分不解，有人甚至嘲笑他一定是疯了。但这位老板却没有理会周围的闲言碎语，而是关起店门，将那根电缆洗净、弄直，然后剪成一小段一小段的金属段装饰起来，并打出了"大西洋底的电缆纪念物"的旗号，将其作为纪念物出售。光是通过这一生意，他便收获了巨大的财富。

紧接着，这位老板又买下了欧仁皇后的一颗钻石。淡黄色的钻石闪烁着稀世的华彩，人们不禁纷纷怀疑：他会自己珍藏，还是以更高的价位转手？但这些都是之后的事情了。在得到钻石之后，他从容不迫地筹备了一个首饰展示会，其中最为主要的展示品之一，就是这颗曾经为皇后所佩戴的钻石。结果，世界各地梦想一睹皇后钻石风采的参观者蜂拥而至，这位老板再一次大赚了一笔。

相比于其他那些忙着招揽顾客的珠宝商，这位老板几乎坐享其成，毫不费力就赚了大笔的钱财。他不是别人，正是美国后来赫赫有名、享有"钻石之王"美誉的查尔斯·刘易斯·蒂梵尼。

从蒂梵尼的成功案例中，我们就可以看出思考与动手的区别何在。在中国的古语之中，也有"谋定而后动"一说，这也可以看作是对"懒蚂蚁效应"的一种阐述。

在西方有一句谚语，叫作"停下来，让灵魂跟上"，用在企业管理之中，我们也可以把它略做改变：停下手来，让员工的思考跟上。众人一致埋头苦干、热火朝天的画面固然是企业管理者所乐于见到的，但如果所有人都把精力放在了动手而非动脑上，企业也许就要与重大的机遇擦肩而过了。

企业的发展之路从来都不是一帆风顺的，航行在商海之中，勤于思考的大脑才是真正的掌舵之人。事实上，单凭少数管理者的力量，根本不足

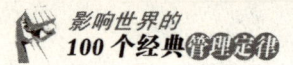

以彻底掌握企业的全局,而那些身在基层的员工,才是管理者全面了解企业的切入点。

判断一个员工是否优秀,行动的勤快还只是标准之一,要想全面地评价其人,还要先了解他不够勤快的理由。不可否认,有的员工确实是没有责任心,这样的员工是越早清除越好;也有一批员工,比起动手工作,他们更加擅长动脑思考。尽管在行动上有些缓慢,他们却在大的方向上,对企业及所处的背景有更为深刻的认识。在他们的认识当中,很可能就隐藏着对企业管理者至关重要的信息或建议。

因此,我们建议管理者们:不要忙着催促或赶走企业当中的"懒蚂蚁"。对他们而言,思考或许才是他们对企业的真正价值所在。作为管理者,所要做的是仔细分辨这些员工是真懒还是假懒、是在思考还是偷闲。在企业的发展过程中,内部员工的"无之用"起到的作用也总是不可替代的,从这个角度而言,不仅是那些"懒蚂蚁"们,而是一个组织内的所有成员,都应该做一只勤于思考的"蚂蚁"。

83. 韦尔奇原则:既无择人之明,何来企业之兴

不仅是企业员工的工作需要评估,企业管理者的工作更需要点评。在一个企业当中,管理者的工作具有极其重大的意义,管理工作不合格,企业的成功只能是痴人说梦。那么,管理工作怎样才能算得上是合格呢?

要回答这个问题,我们首先得明确另一个问题:管理者的工作是什么?这一问题的答案想必是五花八门,但我们不妨全数跳过,看看那些管理大师们是如何阐述的。

被誉为是"二十世纪最伟大的 CEO 之一"的通用电气总裁杰克·韦尔奇曾经意味深长地说:"我的全部工作便是选择适当的人。"这就是风靡整个管理界的"韦尔奇原则"。现实当中的韦尔奇,有着"经理人中的经理

人"之称，从这一霸气称号中，我们不难看出他独特的管理风格。

韦尔奇在业界之所以受人看重，是因为他可以生产"人才"。在一次全球前500名经理人员大会上，韦尔奇曾经明确表示：通用电气成功的最主要原因，就在于他们懂得如何用人。

与很多公司的CEO不同，杰克·韦尔奇把最起码50%以上的工作时间，都用在了人事工作上，他自认为他最大的成就是关心和培养人才。在他担任通用电气总裁期间，他至少能叫出1000名公司高级管理人员的名字，并且能够轻易说出他们的职位和手头正在忙碌的工作。韦尔奇自己曾说："我们所能做的是把赌注押在我们所选择的人身上。因此，我的全部工作就是选择适当的人。"

在韦尔奇看来，挑选最好的人才是领导者最重要的职责。他说："领导者的工作，就是每天把全世界各地最优秀的人才招揽过来。他们必须热爱自己的员工，拥抱自己的员工，激励自己的员工。"韦尔奇还向通用电气的领导者传授了自己的用人秘诀——"活力曲线"。在一个组织中，必有20%的人是最好的，70%的人是中间状态，10%的人是最差的。尽管这一曲线在不断地变化，但合格的管理者必须随时掌握那20%和10%的人的相关信息，以便做出准确的奖惩措施。

韦尔奇原则看似简单，却是韦尔奇这位商界传奇人物毕生管理经验的总结，透过这一原则，我们也可以回答最开始时提出的那个问题：能够找到合适的人才，管理工作才算得上合格。

韦尔奇法则所要告诉管理者的其实就是一句话：管理者要有识人之能。任何一家企业想要在激烈的市场竞争之后站立不倒，必然需要一批强力的人才作为支撑，管理者若是没有识人、择人的明智目光，必然无法触及企业兴盛的未来。尽管所有管理者都把人才看得很重要，但能够做到韦尔奇那种程度的却寥寥无几。管理者识人择人的差别背后，就是企业的差距所在，从这一意义上来讲，识人择人堪称是管理者最为急迫的任务。

在日本的许多企业之中，都有一条不成文的规定：谢绝国立大学的毕业生。按理来说，国立大学的专业设置，通常都比较齐全，其中某些专业更是全日本教育界的翘楚。即便如此，日本企业却有着自己的独特看法。

在这些企业看来，国立大学的毕业生中确实有很多精英，但这些人的缺陷也会比常人更多。在用人的时候，他们也并不在意员工的学校成绩和学历水平，但对员工的创造力、记忆力、交际能力和胜任工作的能力却十分强调。因此，他们也从来不以学历评价人才，而是综合考察他们的工作能力。比如一位日本企业的老板，就是通过眼神的对视来判断员工：如果员工的眼睛向下，就说明他胆小、怯懦；如果员工的眼睛向前平视，而且仪态自然大方，就说明他是一个坦荡自信的人。

在这些日本企业的管理者中，最具代表性的就是索尼公司的创始人盛田昭夫了。他甚至专门写过一本名为《让学历见鬼去吧》的书，表明了自己的识人、择人、用人之道。在书中，盛田昭夫明确表示要把索尼的人事档案全部烧毁，以免因此错过真正的人才。在索尼内部的3500多名科研人员当中，也有相当一部分人并不是科班出身。在工作当中，索尼的管理层也只以实际工作能力来区分高下，因此索尼公司才能不断推陈出新，走在了世界前列。

韦尔奇原则之所以能够风靡全球，被众多企业管理者奉为圭臬，原因是多方面的。首先，一个非常明确的事实就是，管理者本人时间、精力都有限，不可能做到事必躬亲，而且，事必躬亲的做法显然也不符合当今的管理理念。找到优秀的人才，正是为了通过他们来分担管理者的部分工作，间接地起到优化管理的作用。

其次，管理者挑选人才也是为了企业更为长远的发展考虑。铁打的企业，流水的总裁，任何一位管理者都不可能一直占据同一个位置。有许多企业的失败，都是由于企业长期依赖同一位管理者，因此一旦管理者缺失，企业的发展就会陷入困顿之中，甚至产生严重的变数。所以，作为一位负责的管理者，所要考虑的不仅是企业在自己手中的运行，更有在后继人手中的未来。

抛开这些长远的规划不谈，识人、择人同样是企业和管理者在当下所要面对的一个重大问题。任何一家企业的工作都是极其烦琐而复杂的，同样的任务在不同的人手中，成果也会殊异。秉持着追求企业最大利益的宗旨，管理者也必须找到与每个工作岗位最为适配的人才。一方面，管理者应当根据不同人才的专长去选择岗位，另一方面，还要根据不同工作的不同性质，对员工做出灵活的调整、任用。只有始终保持人与岗位、工作三者之间的兼容、协调，组织的运转才能更为高效，企业才能拥有更加绝对的竞争优势。

84. 贝尔原则：先有知人，后有成效

美国的心理学家 A·F·贝尔曾经提出过这样一个观点：唯有能够充分掌握别人心理和态度的人，方能称得上是豪杰。这一观点被人称为"贝尔原则"。有企业的地方必然有人，贝尔原则对企业管理者而言，同样是识人用人的重要法则。任何一位企业管理者的心心念念都不离企业的成败。然而，任何一个企业的强大，又岂是建立在不了解内部员工的基础和前提之上的呢？

经过几个世纪的研究、争论，管理学中对于人际关系的探讨，终究还是"社会人假设"占了上风。任何一位企业员工，都有着自己的工作需求，对企业也有着自己的独到看法。管理者唯有深入了解员工的内心，明确他们对企业和工作的看法，才能在管理工作中少走弯路，直达目标。

某一年，美国的华盛顿大学准备在校园内的华盛顿湖畔，修建一座全新的体育馆。令校方没有想到的是，消息一经传出，当即引起许多教授的反对。迫于压力，校方只得取消了这一修建计划。那么，教授们为什么会竭力反对呢？

原来，此前的教授们每天都可以通过教职工餐厅的窗户，欣赏到华盛

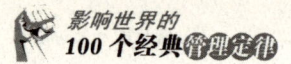

顿湖的美丽风光。可体育馆一旦建成,这道美丽的风景就会被完全挡住。为什么校方又会如此尊重教授们的意见呢?原来,与美国教授平均工资水平相比,华盛顿大学教授的工资一般要低20%左右。教授们之所以还愿意留下来教学,而没有跑到其他大学去寻找高薪酬的职位,完全是因为华盛顿大学的湖光山色:华盛顿大学位于美国的西雅图,西雅图又位于太平洋沿岸,附近大大小小的水域星罗棋布,天气晴朗时,不仅可以看到美洲最高的雪山之一雷尼尔山峰,开车出去还可以到海伦火山。

因此,华盛顿大学的教授们,完全可以说是为了美好的景色才愿意做出薪资上的妥协。体育馆一旦建成,原本用来"抵押"那部分工资的湖光美景就会被破坏,到那时,校内的教授们必然会奔向其他大学。如此一来,学校自然再也不能以原来的薪酬水平,聘到同等水平的教授。因此,华盛顿大学果断做出了妥协。

或许有的管理者认为,即使自己对员工的内心想法缺乏重视,即使员工对自己和企业略有微词,只要规章制度还在,企业正常运转的秩序就能够得以维持。事实上,这一想法显然是低估了员工们的"怨念"。即便员工真的屈服于企业内部的规章条例,也无法用全部的热情和积极性投入工作,而且,我们谁也无法保证,内心诉求得不到满足的员工是否会因一时的"任性",给企业带来新的麻烦。

为了提高劳动生产率,美国通用汽车公司曾经实施过一次企业再造、改革的计划,对汽车生产装配操作加强控制。孰料、在工人眼中,这一改革方案却与20世纪30年代的"血汗工厂式"管理画上了等号。在工人看来,这一改革无非是让自己以同样的工资,去做更加繁重的工作。随着作业越来越容易、简单和重复,对工人的技能要求逐步降低,工人无法对工作产生兴趣,工人对公司的不满指责,也从100个增加到5000个。到了后来,工人甚至举办了一次罢工,使通用汽车损失了近4500万美元。

事情到此还没有结束。此后,通用汽车屡次发现装配线停工的事,因为工人怠工,汽车没有进行必要的检验就出厂了,从而出现了大量质量问题。不得已之下，通用汽车公司只得组织恢复正常工作环境的活动。他们对全厂工人进行了问卷调查，与各级领导管理人员一起举办了一系列会议，这才了解了工人的真实想法。原来，工人不满的主要原因在于，他们认为公司根本不关心他们的真实需求、不重视他们的意见，甚至对他们的工作没有足够的理解，随意更改制度。

公司全面实施"交流计划"，内容是：每天用5分钟在工厂广播与汽车工业、公司和工厂有关的新闻，使工人对公司的情况有大体的了解；所有有关工厂业务的主要消息都直接传给工人，并贴在布告栏里面；由工厂经理负责告诉大家该厂存在的问题，征求工人对解决这些问题的意见等等。交流计划实行之后没过多久，通用汽车就恢复了正常生产，工人的不满下降到前一年的1/3，生产效率也有明显的提高。

一个满眼满脑只有钱财的企业和团队，注定无法取得最伟大的成功，也无法占据行业的领先地位。在任何时候、任何一家企业，员工们都会对公司有着不同的认识和看法，管理者采取何种态度来面对员工的这种想法，很大程度上会影响到员工对企业的认同度。

贝尔原则把拥有知人之明的人称为豪杰，事实上也确实如此。管理者若是能够把握员工心理、满足员工需求，等同于宣告自己已经彻底凝聚了企业的向心力，这样一个强大的企业即使与对手狭路相逢，也会无往而不胜。

85. 皮尔斯定律：后继无人则后继无力

对任何一个组织或企业来说，管理者的重要性都不言而喻。尽管没有哪位管理者能够凭借一己之力成就企业，但要是失去了管理者这一角色，任何组织都必将溃毁。一位优秀的管理者，是组织良好运行与发展的重要保证之一，因此说，管理者的"自重"也同样不可或缺。

我们也必须强调一点：管理者的自重，所重的并非是他本人，而是他的管理者身份。铁打的企业，流水的领导，任何管理者都不可能永久地掌握一个组织。因此，管理者所要考虑的，不仅是自己如何做好管理工作，还有如何找到能够接替自己、做好管理工作的接替者。新加坡前总理李光耀就曾说过，如果在两个五年内看不到第二代接班人的影子，就完全有理由感到担忧了。

这番话从一位国家的领袖口中说出来，分量自然不言而喻。在管理学当中，这一观点也是发人深省的。英国宇宙航行组织的总裁奥斯汀·皮尔斯曾经指出：要追寻有效的企业经营发展道路，企业未来的后继接任人选，实在是一件相当重要的事。这一理论即是皮尔斯定律。

古今中外都曾涌现无数优秀的领导者，但我们也很容易就能看到这样一个事实：不论这些人自身多么杰出，他们也都只能保证身前事，无法顾及身后。甚至有些组织一旦失去了领导者，就会霎时分崩离析，让一切辉煌都烟消云散。其中最典型的例子，莫过于亚历山大帝国了。

公元前334年，亚历山大大帝率兵出征小亚细亚，经过多年的征伐作战，终于建立起了历史上第二个横跨欧亚非三洲的庞大帝国。但这个帝国却仅仅维持了13年，便随着亚历山大大帝的病逝而消亡。

亚历山大在生前并未指定合法继承者。传说在他临死的时候，他的朋友曾向他提出指定继承人的要求。当时亚历山大含糊地说："让最强者继承。"于是他死后，他的将领们企图瓜分这个帝国，由此引起了一连串的战争，在这场斗争中，亚历山大的母亲、妻子和孩子也都惨遭杀身之祸。终于，在公元前301年的一场决定性战役中，托勒密、塞琉古、安提柯一世瓜分了亚历山大帝国的版图，辉煌一时的亚历山大帝国，就此湮灭在历史的长河之中。

任何一位管理者只能管得了一时，却管不了一世，但组织的存在和发展却是要不断延续的。因此，优秀的管理者不仅要考虑组织在自己手中的发展，更要考虑组织在后来人手中的发展问题。

要解决这一问题，组织和管理者首先要明确谁是后来人。所谓的后来人，显然是日后管理者的接班人。接班人在日后所要做的，是与当前的管理者相同、甚至更加艰巨的工作，因此，这一人选绝不是管理者看心情敲定的，而是要通过一系列科学、合理、严密的筛选机制来择取。

在法国麦当劳公司，员工的晋升极为快速：年轻的员工只要表现出色，就可以在18个月内当上餐馆经理，在24个月内当上监督管理员。

这一晋升完全是公平公正的，既没有特殊规定，也不设典型的职业模式，全看个人能力如何。只要适应快、能力强、能迅速掌握各个阶段的技术，就可以得到迅速的晋升。通过这一制度，麦当劳公司有效地避免了员工的滥竽充数。每个级别的经常性培训，都会伴随着相应的阶段考试。唯有通过考试，才能得到提拔。

首先，新进员工要当4—6个月的实习助理，在此期间，他们会投入到公司的各个基层工作岗位，通过在这些岗位上的实践，来为日后的管理实践做准备；第二个工作岗位是二级助理，要求他们在每天规定的时间段内负责餐馆的管理工作，如订货、计划、排班、统计……8—14个月后，表现优秀的人将成为一级助理，即经理的左膀右臂。这时，他们必须学会独当一面，使自己的管理才能不断完善。这样，离他们的梦想——晋升为经理已经为期不远了。但在实现这一梦想前，他们还需要跨越一个为期15天的小阶段：去芝加哥汉堡包大学进修15天。即使当上经理，之后还有监督管理员、地区顾问等广阔的发展空间。当然，麦当劳公司也对所有的管理层强调：如果事前没有培养出自己的接班人，那么，无论是谁都不能提级晋升。

这一系列制度无疑是相当实用的。通过这一制度，麦当劳不仅为公司自身增添了更多魅力，更形成了一个规模庞大的后备人才发展梯队，保证了公司可持续性发展。

在企业的管理工作当中，人力资源的管理问题，一直都深受管理者的重视，但这一工作也有层次高低之分。识人择人、适才适用，这些都只是人力资源管理中,最为浅显的工作,在此基础上,管理者还需要深入开发,挖掘内部的人力资源优势。一个企业,所需要的不仅仅是网罗一流人才、善用一流人才,还有提升一流人才,使其成为企业核心管理层的后备骨干。

在人力资本已经超出其他任何资本的当今时代,企业想要实现"维新",内部的人力资源也必须同步"更新"。作为企业发展道路的领军人物,管理层也必须始终保持年轻、新鲜、蓬勃、强大的血液,尤其是在企业接班人问题已经成为世界性难题的今天,一个企业在继承人问题上准备得越是充分,就越是能够保持巨大的竞争优势,为企业的后续发展和胜出抢占先机。

第八章
团队建设

对管理者来说,团队建设与人才管理之间既有相通,也有很大的不同。个人管理与团队管理最直接的不同就在于人数的差异,管理者不仅要关注个人,还要兼顾群体。毫无疑问,团队建设的难度更高。

团队建设的重要意义在于,通过合理的选拔、调配,管理者能够实现人才的组合优势,发挥出 $1+1>2$ 的效果。必须要指出的是,唯有两个"1"聚集为一,这种增益效果才会出现;如果将两者分开管理,这种美妙的结果就无可寻觅了。

但是,当一群各怀复杂心思的人聚集在一起时,差异、分歧和冲突也会更加尖锐。然而,管理者既不能就此让他们一拍两散,更不能选择装聋作哑。只要团队中出现矛盾,管理者就必须果断插手,填补团队的裂痕。不仅如此,管理者更要从自身做起,起好表率的作用。团队建设是对管理者智慧的充分考量,做好了这一工作,管理者才能缔造一个更加强大、生机勃勃的企业。

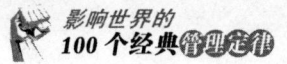

86. 螃蟹效应:"内耗"是企业最高的成本

只要是有团队的地方,内斗就总是管理者心中的阴霾。企业中的内斗往往不是个人的冲突,而是结成利益小团体,排挤外人、打压"异类"。内斗会给企业增添更加高昂的成本、带来更加沉重的负担,最终将企业埋葬在内耗中。

对于内斗,管理学中有一个十分形象的描述,叫作螃蟹效应。螃蟹效应又称螃蟹现象,是人们以自然界中,螃蟹独有的一种表现来命名的。

许多钓过螃蟹的人都发现了这样一个有趣的现象:当竹篓中只有一只螃蟹的时候,必须要找一个盖子将竹篓的敞口盖上,螃蟹才不会爬出来;可要是竹篓中同时有好几只螃蟹,就完全不用担心它们会溜走了。因为,只要有一只螃蟹试图爬出竹篓,另一只螃蟹就会挥舞着钳子将它夹住,将它再次拖到最下边,由另外一只螃蟹踩着它继续向上爬。可当后来的螃蟹再次爬到出口时,其它螃蟹又会再次阻拦,如此循环往复,最终的结果就是:所有的螃蟹都困在竹篓之中,没有一只螃蟹能够成功"越狱"。

故事中螃蟹的表现,为我们形象地展示了内斗的后果。在企业之中,内斗是一个最为管理者忌讳的现象之一,是国内外任何企业都容易出现的问题,也是任何一个企业都无法彻底避免的问题,内斗现象的出现,也在一定程度上说明了企业内部的利益分歧。一般来说,越是年代久远、越是规模成型的企业,就越容易失去前进的活力与动力,也最容易滋生内斗现象。不仅在国内,就连国外的那些大型企业,也同样无法避免内斗,甚至同时还会带有种族矛盾,呈现出非常复杂的状况。

螃蟹效应之所以会产生,主观上是由于人性的自私所致,再加上争强好胜的天性,对与自己有着相当竞争力的对手,人们谁都不愿轻易退缩,螃蟹效应也就在"一较高下"的心理活动中产生；如果企业内部恰好还存在着管理制度上的漏洞，对奖与罚、权与责缺乏足够健全的规章，又没有吸引人的企业文化，内部成员的彼此不服，斗争就更加难以避免。螃蟹效应也是中国企业最容易出现的问题，身为管理者，必须要谨记以下几点，才能尽可能地杜绝这一现象。

(1) 创建和睦协调有序的企业文化。

没有足够的共识，就无法彻底地团结人心；人心离散的企业，内斗的出现不可避免，最终的结果也只能是大厦倾颓，树倒猢狲散。身为管理者要熟记"众志成城"的道理——只有一致的追求，才能使所有人消除隔阂与嫌隙，携手迈步前进。任何一个成功企业的背后，必然有着独特而优秀的价值观与信念，这也是联结每一个员工心灵的纽带。

(2) 建立健全赏罚权责明确的规章制度。

权责与赏罚不分，是团队管理的大忌，对想要做大做强的中国企业来说，更是一只拦路的猛虎。企业中经常出现权力与责任成反比的怪象，这样一来，每一个员工自然都会想着往上钻，并把前面的人拉开；奖励与惩罚要是没有严格的准则，员工之间也会出现忌恨、猜疑。企业一旦出现这样的裂痕，要修补就尤为不易，管理者要是疏忽了这一点，想要补救往往为时已晚。

(3) 实现企业内部人员的合理调配。

在中国有句俗话，叫作"男女搭配，干活不累"，在这看似戏谑的俗语之下，却隐藏着极为高明的管理艺术。管理者们总是希望，自己的下属员工个个都是拔尖人才，但一群优秀的人聚合在一起，就一定能够发挥出最大的优势吗？答案显然是否定的。高明的管理者在组织团队的时候，绝不会以个人优秀作为唯一标准，能够协调运作的团队，才可称得上是真正的优秀。

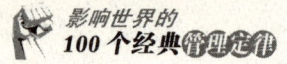

87. 凯利法则：没有团队，还谈什么成功

成功是企业不变的渴望，但企业成功的依仗何在呢？著名的管理大师罗伯特·凯利认为：在一个企业当中，个人即使再优秀，也不如团队的贡献大。

"企业成功靠的是团队，而非个人"——这就是凯利法则的核心观点。从团队管理的角度来讲，这一定理可谓是一针见血。尽管每个企业都会尽可能地吸纳人才，但要是没有足够强大的实力，一个人的才能再突出，也无法支撑起整个企业的运转。

上世纪30年代，全球最大最强的汽车制造企业是美国的通用汽车公司，然而到了上世纪80年代的时候，日本的汽车已经成功地打入美国市场。日本汽车能够在短短的50年间成功打入美国汽车市场，靠的就是团队合作。

在正常情况下，企业生产的产品一般要经过市场营销、产品设计、成本核算、生产制造、销售、售后服务等环节。然而，日本汽车与美国汽车企业的不同之处在于：美国的企业一般都需要一个为时5年的周期，才能完成从市场营销到售后服务的完整业务流程，而强调团队合作的日本企业，每一次的业务流程都是充分动员各个部门共同参与，因此一般只需要18个月，就可以形成一个周期。上世纪80年代的时候，恰巧爆发了世界能源危机，日本企业就是趁着这一机会，利用自己的生产服务周期短的优势，成功夺得了美国汽车市场的一席之地，获取了巨大的利益。

每个平凡人的力量虽然有限，但聚合到一起的时候，所能发挥的作用也会远远超出个人。这种数量多寡上的优势，仅凭个人的杰出智慧和能力，还远远不足以与之比肩。尤其是，企业本就是一个需要团队力量的场所，个人的光芒再为耀眼，失去了众人的支持也会逐渐暗淡无光。

尽管团队合作是每位员工应有的觉悟，但身为管理者同样要尽全力去促成员工的这一认识。随着新形势下企业所面临的境况日益复杂，企业内部的事务也会越来越多、越来越烦琐。管理者主动打造一支强有力的团队，也是着眼于企业发展的根本需求的做法。只有一支协调一致的强大团队，才能够在企业面临市场巨大风险与挑战的时候，为企业提供持续不断的前进动力。

家族企业可以说是一种极其古老的企业体制，但这种体制也存在着十分明显的弊端。由于外来人员很难享受股权，始终无法摆脱"打工者"的身份，因此也很难融入组织中。另外，由于难以吸收外部人才，企业更高层次的发展会受到限制。但在美国，有一家公司却较为成功地打破了这一弊端。

霍尼韦尔国际公司是美国一家著名的家族企业公司，营业额高达380多亿美元。在公司漫长的发展历程中，霍尼韦尔公司深知家族企业的弊端，因此对团队建设付出了各种努力。在公司有一项规定，在家族成员股权占绝对优势的情况下，公司内部的每一位员工，每一年都可以拿出自己15%以下的薪水来购买公司的股票。另外，公司的员工可以在股市上公开购买自家公司的股票，而且公司会对他们免收佣金。

通过这一制度，霍尼韦尔公司内部的成员，在很大程度上身份有了改变。如果说他们之前是彻彻底底的"外人"，现在，他们多少与公司在精神上建立起了联系。因此，公司的所有员工都把自己看作是企业的主人，为了公司的发展表现出更高的工作积极性。他们与公司内部的家族成员齐心协力、携手共进，共同打造了霍尼韦尔公司的传奇。

团队管理是现代管理新理念当中的一大核心要义，从某种意义上，也是对企业本质的阐述。企业本来就是一个囊括了现实社会中各种资源要素的组织，这个组织想要生存和发展，所能拥有的资源当然是愈多愈好，而

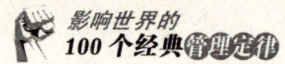

资源累积到一定程度，就需要更多的人来分工负责，承担一定的责任，如果只靠一个人，显然是不够的。

一个人的力量是不够的，一小部分人的力量也同样不够。随着企业的规模逐渐扩大、业务逐渐增多，只靠少数人组成的精英团队，也只能在企业的宏观发展角度起到作用，要说彻底顾全企业整体，显然是天方夜谭。越是实力强大、规模庞大的公司，就越是需要团队的力量，这一点，不论是古今还是中外，都是不变的准则。

在现实当中，管理者有时也会面临优秀个人与团队整体难以兼容的尴尬局面。相信对任何一位爱才惜才的管理者来说，要就此舍弃人才，都是极为艰难的选择。事实上，管理者也未必一定要做出取舍。很多时候，优秀的个人与团队之间的矛盾在于两者的思维、步调等方面的不一致，但这种分歧如果是在合理的范围之内，管理者就可以发挥黏合剂的作用，以自己为中心，将二者协调起来，围绕着同一个企业目标而开展工作，或者，管理者可以根据个人优秀的方面，将团队一部分的工作适当抽离，交由个人分工负责完成——只要想办法，合适的位置就总是能够挑得到的，个人与团队的无法协调，很多时候都只说明了管理者的无能。如果放任这种无能，管理者势必无法人尽其才、物尽其用，企业的发展也只能止步于一定的层次，晋升无望。因此，我们可以底气十足地告诫所有的管理者：无团队、不成功。

88. 踢猫效应：别把坏情绪传染给团队

在一个团队当中，管理者的情绪也会给整体带来很大的影响。关于这一论述，有一个有趣的小故事：

有一位董事长由于晚起了几分钟，导致这一天赶到单位以后，比平时规定好的时间整整晚了两分钟。一向在员工面前强调要守时的董事长十分恼怒，于是找了个理由，把办公室的主任狠狠地批评了一番。

无辜躺枪的主任先是一头雾水，随后也气愤起来，但无论如何，他也不敢和董事长叫板。正在气头上，正好行政主管过来请示意见，主任当即将自己的不满发泄到了主管的身上。

被训斥的主管也感到十分不服气，返回自己的办公室，发现秘书还在修理打印机，当即气不打一处来，冲着秘书就发了一通脾气。可怜秘书刚刚焦头烂额地处理完突发情况，就莫名其妙被指责，当即一肚子的委屈。

等满腹牢骚的秘书加班结束，返回家里之后却发现，自己的儿子在沙发上蹦跶得十分开心。看到这一幕，秘书心中异常气愤，冲着儿子又是一番吼叫。儿子委屈之下回到屋里，对着屋里的花猫就是一脚，受惊的花猫匆忙跳出了窗外，逃到大街上，一位开车的司机感觉紧急避让，却一不小心撞到了旁边董事长的车。

如果你只是觉得这个故事有趣，显然是忽略了重点。这个故事就是管理学中著名的踢猫效应，也是管理者在管理工作中，需要首先从自身做起的一项工作。踢猫效应的实质，是强者对弱于自己或者等级低于自己的对象发泄负面情绪，因此而产生的一系列连锁反应。简而言之，就是坏情绪在人群中的传染。踢猫效应是很明显的负面效应，身为管理者必须要加以警惕。

踢猫效应的来源，很大程度上与当今社会快速的工作节奏和巨大的工作压力有关。任何一家公司单位的管理者，都肩负着比员工更为重大的责任，相应地也就承担着更大的精神压力。看似外表光鲜亮丽、永远波澜不惊的他们，有时也会因情绪的一时失控，而对下属乱发脾气，这样一来，以他们为起点，坏脾气就会蔓延到整个团队之中。

在真正英明的管理人员看来，有效的沟通才能真正地解决问题，胡乱发脾气的做法，不仅没有任何助益，相反地，只能使整个团队都笼罩在负面情绪的阴云之下。为了防止这种不利局面的出现，应该选择克制情绪，以正向的沟通来取代恶劣的态度。

尹钟龙是三星集团的 CEO。在 1997 年的时候，金融风暴席卷亚洲，尹钟龙临危受命，一肩担负起三星的兴衰，为三星的振兴做出了巨大贡献。尹钟龙不仅是一位优秀的掌舵人，在工作中，他也是一位极为重视员工想法与感受的优秀管理者。

尹钟龙曾经在一次采访中，向记者介绍过自己是如何管理员工的。他提到，自己曾经花了许多时间，广泛地巡视三星在国内外的各处工作场所。不仅是高层，就连基层他也从不疏漏。每到一处，他都要基层开始，检查当地的运营情况、面对面地听取报告，并且一定会表扬他们取得的进展。通过表扬，员工们也会卸下心防，这样一来，他就可以随心所欲地与所有参与人员讨论事务，不管是高层管理人员，还是底层的普通员工，他都能够接触到。在他看来，尽管数字技术的发展能够在很大程度上帮助发展全球企业的业务，但正向沟通的作用仍然是不可取代的。

与之相反的是某日资企业。有一年，这家日资企业通过了一项人事调整规定，将在华公司的所有管理高层一律替换为本国人，在中层管理人员中，也有近一半是日本人。这些新到的管理人员一味地强调销售额和绝对服从的理念，使得中方员工与日方管理的矛盾越来越大。

在公司有关绩效的面谈中，日方的管理人员所谈，大多都是对中方员工的不满与批评之辞，并且绝不容许员工提出反对意见。一旦员工稍有质疑，管理人员便会大声咆哮、怒斥。仅仅过了一年，这家公司的中方员工就纷纷辞职，到最后，只剩下一个日籍总监和几个主管。

从这两个真实的故事中，我们很容易就能看出，管理者的态度——准确来说是情绪控制，对一家企业的发展起的作用有多么大。当然，在管理工作中，管理者所要做的绝不仅仅是收回踢出去的脚这么简单，对"猫"的安抚同样是十分必要的工作。踢猫效应带给管理者的启示，也就在于以下两点。

(1) 克制负面情绪。

把管理者说成是领头羊虽然不太严谨，但管理者对团队全体成员的影响力，确实是显而易见的。一个团队总是围绕着管理者来运转，管理者要是带着负面情绪，也就意味着整个团队都将因此沦丧。何况从本质上来讲，管理者发泄脾气的做法，往往意味着对自己错误的回避、否定，这样的态度本身就是一种错误。

(2) 善用鼓励激励。

好的管理者不仅不会把坏脾气传染给员工，还要懂得时刻不忘调动员工的积极性。要知道，踢猫现象绝不仅仅出现在管理者自身，同样也会出现在下属身上。即使自己心不染尘，下属要是乱了套，局面仍旧会十分糟糕。因此，管理者要经常关注下属员工的精神状态——而鼓励激励的态度，就是屡试不爽的灵药。这也是管理者善用自己影响力的表现。

89. 酒与污水定律：务必清除害群之马

据说，黄帝有一次在拜访一位贤人的时候，遇到过一个小小牧童。黄帝一时兴起，便问他如何治理天下。本以为这是个很难回答的问题，孰料牧童不以为然地回答说。治理天下与牧马也没什么区别，无非是清除掉马群中的劣马罢了。黄帝听后大受启发。

不论这则故事的真伪如何，其中却蕴含着一个管理学中的重要原则。有趣的是，这个原则定律也是通过一个十分有趣的事例来说明的。

管理学家们曾经做过这样一个说明：如果把一匙美酒滴入一桶污水中，这桶污水在本质上仍然是污水，没有任何的变化；相反的是，如果把一匙污水滴入一桶美酒中，这桶美酒也就变成了无法饮用的污水。尽管在两次不同的行动中，酒与污水的比例是相反的，但最终的结果却都只能得

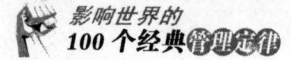

到污水。由此不难看出,在酒与污水之中,污水才是真正起到关键作用的物质——哪怕只有一滴污水,也足以决定整桶液体的性质。管理学家们借用这个比喻,形象地说明一个团队中,那些不良成员或者东西对于整体的巨大危害。

这个有趣的论述所阐明的,就是著名的酒与污水定理。借用这一定理,管理学家们着重强调了这样一个观点:任何组织的管理者,都务必要在第一时间里,决绝、果断地清除那些对组织有害的人员,哪怕在对方还没有表现出破坏征兆之前。结合黄帝与牧童的故事,这一观点的说服力似乎又上升了好几个点。

在阐述这一定律的观点时,管理学家们的口吻显得极其迫切,但我们有充分的理由相信,这一说法绝不是夸大其词。事实上,如果我们细细回想一下,就会发现在现实当中,早已有了许多关于酒与污水定律的形象说明:一粒老鼠屎坏了一锅汤、一条臭鱼弄得满锅腥、千里之堤,溃于蚁穴等等在一个组织中也是一样,那些看似貌不惊人的微小祸害,管理者一旦因一时心软而放纵,造成的危害必然是无法估量的。

但凡在一个企业中,不论管理者再怎么提防,"污水"的出现都是很难阻绝的,然而,我们也可以看到,世界上的企业却有着明显的强弱兴衰之别。难道说,那些拥有国际影响力的著名企业中,就没有害群之马的存在吗?答案显然是否定的。企业之所以有别,很多时候,是因为其中的管理者做好了自己的工作,对团队内部的不良员工,做到了及时处理。

有一个在日本留学的中国学生,经常利用课余时间来打工赚取学费。有一次,他到一家餐馆去做洗盘子的工作。当时负责人在将他带到厨房以后,明确地告知他:每个盘子必须要用水冲洗7遍以后,才能算是合格。

在日本,洗盘子的工作一般都是计件算薪的,这家餐馆也不例外。为了提高工作效率,这位留学生"机智"地想到了一个办法:每个盘子都少洗一两遍。这样一来,他每天所能拿到的薪酬,比之前就高出了许多。

与他一起打工的一位日本学生向他请教技巧。可让他没想到的是，当他得意扬扬地向对方传授了自己的"绝妙办法"之后，对方并没有采用，反而渐渐疏远了他。

有一天，负责人在检验清洁卫生成果的时候，发现了这位留学生的做法，于是质问他为何要这么做。结果这位留学生满脸无所谓地回答说，在他看来，洗5遍和洗7遍也没多大不同。听完这番话，负责人当即表示从现在起，他已经被餐馆辞退。无奈之下，这位留学生只好去其他餐馆求职。可出乎意料的是，所有的餐馆对他一律回绝，甚至就连他的房东也要他退房。最后，就连他的学校也找他谈话，要求他转学。

这是一则广为流传的经典案例，想必管理者们也都不会陌生。但是，大多数人从这个故事中，往往只看到了留学生为人不诚实的后果，却没有注意到餐馆负责人在面对员工不良行为时，所表现出来的坚决、果断、毫不容情的做法。也许有的人会认为这样的做法是小题大做、借题发挥，但在一个睿智的管理者看来，却是十分难得的管理素养。

对此，海尔集团的CEO张瑞敏也早就有过表述，并且还专门针对性地提出了"斜坡球体理论"作为应对的措施。由此可见，对广大企业管理者而言，酒与污水定律的确是至关重要。

任何一个企业，都不可能容纳所有不同类型的人，也总有一部分员工会由于各种原因，与团队整体产生龃龉，最终成为"污水"一般的存在。这样的成员对整个团队只有害处，对于他们，管理者断然没有包容、接纳的理由，哪怕清除他们需要付出一定的代价。但不论是从企业或组织的长远发展来看，还是从这些成员的个人前途来看，这样的代价也都是值得的。这就是酒与污水定律给管理者的建议。

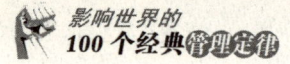

90. 费斯诺定理：管理者要多听少说

关于多听少说，有这么一个极富哲理的故事：

有一位国王得到了三个一模一样的金人，但进贡的人却表示，希望国王能够回答出这三个金人哪个最有价值。国王用尽各种办法，称重量、看做工……最终却发现三个金人没有丝毫的差异，就在国王一筹莫展的时候，一位年老的大臣走了出来，将三支稻草分别插进了三个金人的左耳里。第一个金人被插入稻草之后，稻草随即从右耳中穿了过来；第二个金人的稻草则直接从嘴里穿了出来；只有第三个金人，稻草通过耳朵直接掉到了肚子里。于是老臣断定：第三个金人最有价值。

故事中的老臣之所以断定第三个金人最有价值，依据也十分简单：善于倾听、少说闲话，是最为宝贵的品德。英国联合航空公司的总裁兼总经理费斯诺，显然是一个很喜欢这则故事的人，他从这个故事里提炼出了一个著名的管理学定理，也是以他的名字命名的定理——费斯诺定理。费斯诺定理的观点也很简单：管理者要少说两句，以免别人听不进去。

指导员工、建设团队，是管理者的一项基本职能，为了践行这一职能，管理者们必然不能保持沉默。但费斯诺定理的观点却反其道而行之。也许在喜欢滔滔不绝的管理者看来，这一要求实在让自己很难受，而且他们也无法想象，没有自己发号施令，团队的工作要如何开启、运行。事实上，这一想法偏离了费斯诺定理的本意。费斯诺的本意并不在于要管理者保持沉默，只是启示管理者们，不要因为自己的滔滔不绝，而淹没了那些来自员工的、对企业和团队的发展有重大意义的、正确合理、意见——这么一说的话，相信管理者们应该能够懂得费斯诺的一片苦心了吧。

因此，我们也完全可以这么说，费斯诺定理在本质上，强调的是团队建设工作中的沟通环节。对任何一个企业和团队来说,沟通所起到的作用,都不仅仅局限在工作信息的交流传递方面,很多时候,沟通更是促进团队与个人情感交流的最佳渠道。任何一位优秀的管理者,都不会忽略利用沟通来倾听员工的想法。

英特尔公司成立于1968年,是全球最大的个人计算机零件和CPU制造商。在英特尔公司,有一种备受推崇的管理方式——"一对一面谈"。也正是通过这种方法,英特尔公司实现了十分有效的团队沟通。

英特尔的沟通模式,可以用简单的两个字来概括——开放。不论是自上而下的沟通,还是自下而上的沟通,在英特尔公司都十分普遍。在英特尔内部,管理层会通过网络渠道,向全球员工介绍公司的最新业务,同时与员工进行互动,回答员工提出的各种问题。此外,管理层还会通过"一对一面谈"的方式,来倾听员工的工作期望以及其他各类要求。面谈一般会采用员工会议的形式进行,在会议上,管理层会让员工来制定会议议程,并由他们来决定会议议题。这种做法对员工来说,实在是一个表达自己诉求的大好契机。

英特尔对每一位刚入职的员工,都会反复强调一点:沟通比做事更重要。正是这种观念的不断灌输,也使得员工在一步步成长,当他们晋升为管理层后,仍然能够把沟通与倾听看作是管理工作的重中之重。

英特尔公司的案例,把他们注重倾听的管理风格展露无遗,也很好地阐释了费斯诺定理。正是这样的管理方式,使英特尔的每一位员工都能以更加饱满的精神,投入到自己的工作中去。然而,这也只是费斯诺定理的冰山一角。对任何一位管理者来说,费斯诺定理所要告诉他们的,还远不止如此。

(1) 说的太多反成阻碍。

管理者之所以不愿意倾听员工的想法,很多时候,理由不外乎"我是领导我做主""他们怎么可能比我更正确"这些自大自负、倨傲骄矜的想法。但有句话说的好：智者千虑必有一失，愚者千虑必有一得。比起下属员工，管理者确实更加优秀，但这并不表示他们可以事事正确、时时正确。过于强调自己的意见、一味地发号施令，打断甚至是忽略下属的建议，也许就会在无意之间，错过重大的机会或是犯下致命的错误。无论出现哪种情况，小至团队大到企业，都是前进的巨大阻碍。因此，在与下属员工的对话中，管理者要最大程度地克制自己的"演讲欲"和"表现欲"，转换自己的立场，以一个知心好友的身份去听听下属们是怎么想的、怎么说的。

(2) 无用信息就该过滤。

说了许多倾听的好处，想必管理者们也会心存疑惑：难道我就该一直听他们喋喋不休、浪费自己的宝贵时间吗？答案显然是否定的。就像开篇故事里的第一个金人那样，管理者对于那些没有实质性内容和意义的对话，完全可以采取一些手段来加以屏蔽。倾听的重点在于把握关键——管理者一定要明白，这才是要求他们少说多听的根本原因。如果违背了这一原则，管理者就要适时地做出调整，毕竟在事实上，不论是说还是听，主导权最终都掌握在管理者的手里。

91. 奥格尔维定理：找到比自己更好的员工

一个企业最重要的资源是什么？毫无疑问，是人才。事实上，尽管这是个连路人都十分明白的道理，我们仍然可以发现，许多管理者对于麾下的人才，都有着十分微妙的心理。一方面，他们需要这样的人才来为自己、为公司做事；另一方面，他们又担心太过优秀的下属会对自己造成威胁，对他们处处提防。坦白来说，这种心理倒也十分正常，但对任何一个企业来说，正常都不等于正确，管理者对于自己的这种心态，还需要勇敢地正视。管理学中有一条著名的奥格尔维定理，就可以看作是破除管理者这一心障的良药。

奥格尔维定理的提出者，是有着"20世纪最杰出的广告大师"之称的大卫·奥格尔维。奥格尔维也是美国著名广告公司奥美集团的创始人。奥格尔维定理的提出是在奥美集团的一次会议上。

有一天，奥格尔维召开了一次董事会议。当董事们走进办公室入座以后，发现他们每个人的桌前，都摆放了一个相同的玩具娃娃。董事们对此面面相觑，不知奥格尔维的用意何在。此时，奥格尔维对他们说："大家都打开看看吧，那就是你们自己。"于是所有的董事都把娃娃打开，发现里边是一个更小的娃娃。就这样，每一个娃娃里，都套着一个更小的娃娃，直到打开最后一个娃娃，董事们发现里边是一张写有文字的小纸条。他们打开纸条，发现上面只有一句话："如果你所雇用的都是能力不如你的人，将来我们就会变成矮人国，变成一家侏儒公司；相反地，如果你每次都雇用比你优秀的人，日后我们必定成为一家巨人公司。"这场看似简单的会议，令所有的董事都深受启发。在此后的工作岁月里，他们都尽全力去发掘那些比自己更加优异的人才。

这就是奥格尔维定理的诞生。奥格尔维定理给管理者的核心启示只有一条：不要排斥那些比自己更优秀的人，而应该把他们牢牢地把握住。从情感上来讲，这一要求确实令许多管理者都难以接受。但对那些奉行"公司利益至上"的管理者来说，这样的做法才是最为可取的。

让我们看看那些国内外的大型企业，其中有哪怕一家是完全靠一个人来运行的吗？答案显然是否定的。这一现实告诉我们，一个管理者再怎么优秀，也不可能独立完成所有的工作，下属的从旁协助对任何一个管理者来说，都是不可或缺的。那么，为了更好地完成自己手头的工作，管理者麾下的员工，是越优秀越好呢，还是越差劲儿越好呢？想到这里，答案已经十分明显了。

很多管理者之所以会对比自己优秀的人心怀抵触，无非是怕对方表现过于优秀，让自己风光不再，甚至被取而代之。我们也完全可以把这看作是管理者缺乏自信的表现。那些真正优秀的管理者，绝不会害怕比自己优秀的员工；相反地，他们会通过高超的管理艺术来激发员工，让他们为公司创造出最大的价值。

本田宗一郎是世界著名的企业家，也是本田汽车品牌的创始人。但很多人不知道的是，作为本田创始人的本田宗一郎，却并不负责公司的管理事项。本田公司的管理大权，全数由另一位名叫藤泽武夫的管理者负责。

1949年夏天，藤泽武夫听说本田宗一郎有意到东京发展，正在谋求合作伙伴，当即主动表示愿意与他一起开创事业。在中间人的牵线搭桥下，本田宗一郎与藤泽武夫终于见面了。就在初次见面的时候，本田宗一郎便明确表示：即使将来不得不分道扬镳，他也绝不会让藤泽吃亏。

两人的合作就这样开始了。本田公司成立以后，尽管本田宗一郎是公司的一把手，但他从不过问公司的管理事项。对此，他自己解释说：他是一个只懂技术的人，对于管理工作实在无法胜任。把公司的管理事项交给藤泽武夫，是对公司最好的做法。事实上，本田宗一郎也确实是这么做的。在日常工作中，本田宗一郎总是穿着工作服待在研究室里，就连总公司都很少去。甚至，他还把公司的印章和社长印章也都交给了藤泽武夫来保管。他甚至还打趣说："藤泽君才像是本田的社长，而我不过是挂个名罢了。"

对那些心存犹疑的管理者来说，本田宗一郎的做法可谓是最生动、最具说服力的一堂课。一个企业想要做大做强，就绝不能排斥人才；越是人才汇集的企业，就越是能够创造巨大的收益，为企业的发展起到更加巨大的作用。总之，高端、优秀的人才，是企业管理者无论如何也不能错失不用的。敢于任用比自己更加优秀的人才，也是管理者气度与魄力的最佳体现。

嫉贤妒能的最终后果，只能是危害企业自身。这一点对管理者来说，是千万不能忘却的。优秀的人才即使在某处不受重用，同样可以在别处发挥自己的优势，对他们而言，个别管理者的打压并不能彻底掩盖自己的光辉。反倒是管理者猜忌、打压的做法，到最后只能让人才白白流失，更让企业与机会就此失之交臂。如果能够想通这一点，管理者们也许会对自己的选择有更为清醒明智的认识。

92. 皮尔·卡丹定理：合理搭配，工作不累

若是没有一批优秀的人才作为支撑，企业就很难在竞争当中稳操胜券。管理者想必也都意识到了这样一个问题：招揽大量的优秀人才，还只是企业做大做强的第一步。相比之下，如何汇聚这些人才的力量，使他们各安其位、各显其能，为企业发挥出最大的优势，才是管理者更为重要的工作任务。如果没有合理的分配，即使麾下人才济济，也有可能出现彼此不服气、互相看不惯乱糟糟的局面。据此，世界著名的服装设计大师皮尔·卡丹也提出了自己的看法。

皮尔·卡丹不仅是一位杰出的服装设计大师，也是一位世界著名的企业家。在企业的用人问题上，皮尔·卡丹也表现出了一位优秀的管理者的独到眼光。皮尔·卡丹认为，一加一等于二虽然在数学上成立，但在企业的用人中，却不能完全等同。人才的一加一，有可能会大于二，但也有可能会等于零。两者相加的结果，最终还是要看管理者对人才的搭配是否科学、合理、有效。这一观点被世人称为皮尔·卡丹定理。

说起对人才的需求，几乎大多数管理者都会抱持着"韩信点兵，多多益善"的看法，但皮尔·卡丹定理所揭示的道理，却再次与大多数产生了抵触。皮尔·卡丹定理之所以能够成为适用于管理领域的一大经典定律，

就在于它的观点虽然看似悖逆，实则更为科学。每一个人都有着鲜活的生命，也有着不同的思维，越是那些精英人才，在观点上就越容易彼此冲突，但这还只是一个方面。从另一个方面来看，优秀的人才之间即使没有观念上的分歧，在做事风格方面，也未必能够高度统一。管理者如果对此不加辨别，潦草轻率地进行人员组合、搭配，最终的结果也只能是一团乱麻。

在评论一个管理者是否合格的时候，我们会列出很多项标准，其中最为基本的一条，就是知人善任。但实际上，知人与善任却是两个不同的概念。对管理者来说，识人之明固然很重要，但能否合理地任用下属，更是考验自己的管理智慧。人才的组合不等同于数字的简单叠加，管理者必须要综合考虑各个方面的要素，根据每个人的不同特质，做出最合理的搭配。

美国是世界上第一个研制出原子弹的国家，原子弹的出现，也在很大程度上推动了历史发展的进程。说起美国的原子弹之父，人们都会想到奥本海默，但却很少有人知道，最先提出原子弹计划的，却是另一位在世界科学界享有盛誉的科学家——阿尔伯特·爱因斯坦。

1939年夏天，爱因斯坦写信给当时的美国总统罗斯福，在信中，他阐述了研究原子弹的重要性，这一建议得到了罗斯福的采纳。随后，美国军方于1941年，正式制定了代号为"曼哈顿"的绝密计划。然而，令所有人都没有想到的是，作为最先的提出者、本人又是科学界泰斗的爱因斯坦，却完全没有参与到这一计划的执行中。美国军方最终选定的计划执行负责人是奥本海默，比起爱因斯坦，奥本海默不论是声望还是学术成就，都远逊于前者。

美国军方之所以不选择爱因斯坦而选择奥本海默，是有着周密的考虑的。爱因斯坦虽然是举世闻名的科学家，但却是一个纯粹的学者，即使是在生活自理方面，他也经常犯迷糊，有时甚至连回家的门都找不到——让这样一个人来负责绝密的计划，显然是行不通的，而奥本海默虽然没有爱因斯坦那样卓越的科学才能，却是一个有着极强的组织协调能力的学者，足以担当大任。果然，仅仅过了几年，世界上第一颗原子弹就成功研发出发，更对世界秩序的重整起到了巨大的作用。

可以说，是爱因斯坦与奥本海默的共同推动，才使原子弹得以成功研制出来，但在整个过程中，两人却没有携手合作。从事后的结果来看，人们显然不需要为此感到遗憾。我们不得不佩服美国军方眼光之毒辣，以及用人搭配之合理。

在当今世界，人才被视为企业的第一资源和核心竞争力，但并不是说，只要有了人才，企业就一定能够在竞争当中脱颖而出。要想发挥人才的竞争优势，人才的组合搭配同样是重中之重。

我们甚至可以说，在某种程度上，人员的搭配是比人才本身都更为首要的工作。即使同样的人才，在实际能力、工作态度、行事风格等方面，每一个人也都会表现出不同的风貌。很多时候，这些各自不同的表现，相互之间还会出现无法兼容的情况。如果把水火不容的两者硬凑在一起，结果可想而知。

整合人才、合理搭配，无疑是比单纯的识人更为烦琐、费心的工作，但对管理者来说，这一工作却是势在必行的。在这项工作上偷懒应付、草草了事，事后可能就得花费更多的时间来重新调整。人才的整合固然烦琐，但管理者最好还是耐着性子，哪怕多花费一点时间也是值得的。这不仅仅是为了一劳永逸，更是为了避免企业在做大做强的关键时刻因管理者事前的疏忽大意而遭受意想不到的变故。

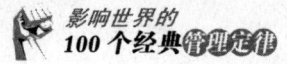

93. 史洛伊特定理：上下齐心，其利断金

对一个团队来说，即使领导者个人再优秀，下属员工再有才华，如果整个团队不能做到上下同心同力，我们仍然要给一个大大的差评。俗话说，众志成城。唯有团队内的所有成员，都有全心全力奉献的觉悟，这座堡垒才是坚实的，才能抵御住外来对手的进攻；相反地，如果团队之内的成员都离心离德，不愿为组织贡献心力，这个团队根本就是一盘散沙。

对此，南非建筑协会的经理董事史洛伊特提出：在一个团队之中，只有上下都全力以赴，才能达到预期的成果。这一观点在商业管理之中，也被称为史洛伊特定理。如果说，任何团队在一开始都是一盘散沙，那管理者所要做的，就是成为这盘散沙的"黏合剂"，把散沙凝坚硬的建筑材料。世界上最为强大的力量，就存于人心之内，能够发掘出员工内心力量的管理者，才是最为高明的管理者。

只要是有管理的地方，必然会有人；只要有人，管理者就不能忽视人心的伟力。不论是企业或是其他组织，从其团队成员的精神面貌和工作态度上，我们就可以轻易地评定这个组织的优劣。在那些管理有道的团队中，所有的员工都在为了团队目标兢兢业业，管理者甚至可以做到不令而行；而那些驽钝的管理者们，即使口号喊得再响亮，也没有几个下属会理睬他。仅仅是从这一点，两个组织和团队就已经高下立判，成败也就不言自明了。

盛田昭夫是索尼公司的董事长，也是与松下幸之助齐名的"经营之圣"。多年以来，盛田昭夫在索尼公司内，一直都留有一个习惯：每天晚上，他都要在职工餐厅内与员工一起就餐、聊天。盛田昭夫希望通过这一举动，来培养员工的合作意识，并与他们保持良好的关系。

有一天，当盛田昭夫照例进入职工餐厅时，突然注意到一名郁郁寡欢的年轻职工，独自一人坐在一边闷头吃饭，看起来满肚子的心事。于是，盛田昭夫主动坐到这位员工对面，与他对饮、交谈。几杯酒过后，这位年轻职工终于吐露了自己的心事，他说："我是东京大学的毕业生，也曾有过一份待遇优厚的工作。在进入索尼之前，我曾对索尼十分崇拜，并认为自己做了一生中最明智的选择。但现在我却发现，我并非是为索尼工作，而是在为课长干活。我的所有工作都需要经过他的批准，偏偏他又是一个不学无术、对下属冷嘲热讽之人。我经常在想：这就是索尼？这就是我为之放弃优厚待遇、专程前来应聘的索尼？每每想到此，我都十分心灰意冷。"这番话令盛田昭夫大为震惊，他猛然意识到：这样的问题在公司内部，还不知有多少，身为一个管理者，怎么可以忽略员工内心的苦恼与处境，堵塞他们的上进之路呢？

第二天，盛田昭夫当即提出了人事制度的改革措施。从此之后，索尼公司每周都会出版一期内部小报，上面刊登各部门的"招聘广告"，公司内部的所有员工都可以自由而秘密地前往，上司无权阻拦。而且索尼每隔两年，都会给员工调换一次工作，让他们有更多的施展才能的机会。这样一来，所有员工都对公司的举措十分称赞，在工作中更是为了公司的目标全力以赴。

管理者的优秀，并非是体现在个人的知识水平上，而是体现在团结、调动、引领众人的能力上。如果自己无法与众人协同作战，即使身后站立的人再多，到头来，管理者仍然是孤军奋战。一个人的能力再突出，也无法与群体的智慧和力量相抗衡，分崩离析的团队之所以败给团结一心的对手，原因也就在这里。

团结人力，最根本的是团结心力。如果管理者无法得到员工发自内心的呼应，就无法使员工爆发出最强的热情与能力。缺少了心的共鸣，看似庞大的力量也会破绽百出，一击则溃。对任何一个团队而言，这种表现显

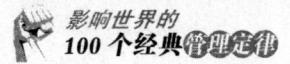

然不是追逐目标的最佳状态。

因此,我们建议所有的管理者:把功夫下到众人心里去。只有这样,才能使每位成员以全部的心力作为回报,使团队的面貌焕然一新。要做好这一工作,实现这一改变,管理者就要注意以下几点:

(1) 促成企业目标与员工目标的一致。

在当今职场上有一句广为流传的话:换工作,就是换老板。但我们也可以这么说:换工作,就是换目标。话不投机半句多,我们很难想象,如果团队的目标无法与成员个人的目标一致,甚至是互相抵触,成员又怎么能够做到兢兢业业、全力以赴?因此,管理者在制定目标、定义目标的时候,不能仅从利益得失的角度出发,还要注意发掘企业目标与员工个人目标的共通点。如果能够促成两者的一致,即使不用其他手段,员工也会倾力而为。

(2) 倾听员工内心的真实呼声。

大多数时候,员工与团队的磨合,都需要一个较长的过程,在这一过程中,员工内心也势必会积累许多疑惑,或者对团队颇有微词。尽管这些想法可能就是一闪而逝,但在员工的替意识中,已经埋下了与团队产生分歧的种子。如果这种观念上的分歧不断滋生、积累,员工与团队必然会有分道扬镳之时。而在这一天到来之前,企业已经在无形中,白白浪费了员工的许多精力。

(3) 建立人文关怀的公司制度。

优厚的物质薪酬待遇,确实是调动员工积极性的常用方式,但也有一个事实很明显:薪酬,终究是有上限的。如果管理者只有通过物质激励才能使员工听话,当物质激励封顶的时候,管理者又该如何呢?其实,作为一个有血有肉的人,物质需求对于员工来说,并不是唯一的工作目标。就如同索尼的案例一样,员工的其他诉求一旦被无视,同样会严重影响工作的完成效率。管理者对此也要有充分的认识。在公司制度的拟定中,管理者务必考虑人心、情感的因素,让规章制度不要那么冰冷、无情。在规章条例中加入贴心的考虑,员工即使严格遵守条例,也同样可以在工作中心心相"应"。

94. 史提尔定律:人和乃繁荣之本

对于团队,不同的人有不同的理解。但对企业的管理者而言,团队的意义就在于凝聚所有成员的力量,为了企业的共同目标一致努力。任何时候,一个精英汇聚、欣欣向荣的团队都是管理者所乐见的,但要构建这样一支强大的团队,最重要的却并非成员的个人能力,而是他们的心。

英国前自由党领袖 D·史提尔提出过一个著名的经济学观点:合作是一切团体繁荣的根本,团结才是力量。这一观点也被称为史提尔定律。不仅是在经济学中,只要是有团队存在的地方,史提尔定律就会表现出自己的正确性。

2004 年 6 月,在 NBA 总决赛中,号称拥有 NBA 史上最华丽阵容的湖人队迎来了一个毫不起眼的对手——14 年来,头一次进入总决赛的东部球队活塞。赛前,几乎所有的观众都对活塞队摇头叹息,认为其根本不可能坚持到第七场。因为,从球队的人员结构来看,湖人队拥有科比、奥尼尔、马龙、佩顿等重量级篮球巨星,每一个位置上的成员,几乎都是 NBA 中最优秀的,再加上传奇教练菲尔·杰克逊对团队的整合,在许多人眼中,这是 20 年来 NBA 历史上最强大的一支"超级球队",想要在总决赛中将其击败近乎不可能,更何况对手活塞队只是一支缺乏大牌明星的平民球队。

然而,最终的结果却让所有人大跌眼镜:湖人几乎没有做多少抵抗,便以 1:4 的战绩败下阵来。湖人的失败有其理由:OK 组合相互争风吃酷，都觉得自己才是球队的领袖，在比赛中单打独斗，全然没有配合；而马龙和佩顿只是冲着总冠军戒指而来的，根本就没有融入整个团队，也无法完全发挥其作用，缺乏凝聚力的团队如同一盘散沙，其战斗力自然也就大打折扣，所以才会被活塞队一举击败。

团队与个人的最明显区别在于，当以个人作为单位去进行工作的时候，个人的意志就是整体的意志，个人的行动拥有毋容置疑的权威性，但当个人集合为整体的时候，原先的这种权威便荡然无存。团队内的任何一位成员，都需要考虑个人意志和行动，与团队之间的适配性、兼容性，再也无法完全按着自己的心意来。如果团队中的每一位成员都只想着个人的事情，就会像案例中的湖人队那样，彼此之间同床异梦，即使个人再为优秀，也无法达成自己的目标。

当团队内部的成员无法共存的时候，彼此之间只能成为阻碍，就连团队的存在也变成了一种拖累，失去了原本的意义。对管理者而言，这一点是需要极其谨慎地去对待的。大多数时候，网罗一流人才只是构建强力团队的第一步，如果把优秀的人才比作一个个精密的零件，那么，如果这些"零件"彼此之间不能适配，就算做工再好、品质再优，也仍然是无用的"废品"。

作为零售业一大巨头的沃尔玛，每天都有着上万的客流量，因此沃尔玛内部的工作也极其繁忙。对任何一家零售商来说，人手不够的问题都是一种苦恼，但增加人手也无异于增加了成本。这一问题在沃尔玛也同样存在，但沃尔玛却并没有因此付出更多。

原来，当卖场的客流量增大的时候，沃尔玛的所有工作人员都会放下手头的其他事情，投入到人流熙熙的卖场当中，填补空缺的岗位。在这些人员当中，甚至还包括地区运营总监、财务、人力资源或市场等各部门的经理、主管。领导都这样以身作则，那些秘书文员就更不在话下了。

正是这种高度的团队合作精神，使沃尔玛不须花费额外的成本、不用再另行增加人手，就可以轻易地实现内部协作，顺利完成卖场的繁忙工作。通过这一做法，沃尔玛还给所有的消费者留下了高效、优质、真诚的印象，为沃尔玛赢得了更多的收益。

1994年，美国著名的管理学教授斯蒂芬·罗宾斯，首次提出了"团队"的概念，所谓团队，就是为了实现某一目标而由相互协作的个体所组成的正式群体。在这一定义中，最为重要的四个字便是"相互协作"。没有协作，团队的存在就没有任何道理与意义，而一盘散沙则注定成不了大事。

在市场竞争愈发激烈的大背景下，企业的优势很大程度上体现为人才的优势，而人才的优势，又必须以协作的团队作为平台来发挥作用。因此，我们建议所有的管理者：为构建一支和谐的团队而努力奋斗吧。

同时，我们也要提醒管理者们：团队协作不可强求。尽管我们要的是一支众志成城、精诚合作的团队，但要得到这样的团队，我们首先得正视团队成员的差异性。不仅管理者个人要尊重这一差异，同时，还要向团队内部的每一位成员，灌输这种彼此尊重的理念。管理者们需要切记的一点是：合作并不是通过强制而实现的，只有当团队内部的成员出于自觉自愿时，才能够产生一股强大而且持久的力量。

因此，管理者要学会更加柔和的方式，来影响、引导自己的团队，通过对企业文化的精心建设，来改变所有成员心里的想法。在这一过程中，管理者尤其要注意的一点就是：拓宽团队内部成员的沟通渠道。人与人的分歧是客观存在的，之所以彼此隔阂，很多时候都是因为沟通路径的阻塞所致。疏通了这一道路，就能够更加有效地促进团队交流，进而调动所有成员的心，奔着同一个方向奋勇向前。

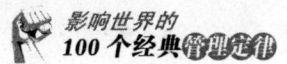

95. 贝尼斯定理：员工培训是风险最小的投资

投资，是任何一位企业的经营者都不会陌生的字眼。对企业来说，投资永远都是一个充满诱惑性的话题。之所以这么说，是因为投资总会伴随着收益与风险的惊险博弈，伴随着各种不确定性。因此，任何一家企业的经营者，都会小心翼翼地选择投资项目，力求规避风险，实现最大收益。那么，什么样的项目才能满足经营者的这一投资需求呢？

很少有管理者能够意识到，投资也是有对内对外之分的。他们的眼光总是容易被那些所谓暴利的行业吸引，却忽略了真正的投资方向。对此，著名的企业管理学教授沃伦·贝尼斯一针见血地指出：唯有员工培训，才是企业风险最小、收益最大的战略性投资。

这就是企业管理学中，永不过时的经典定律——贝尼斯定理。这一定理的提出，也是对所有企业管理者思想方向的一次大逆转。当管理者们汲汲营营地追求外部利益的时候，他们却没有想到：最宝贵的财富，其实一直掌握在自己的手里。

对贝尼斯定理的这一观点，也许有的管理者还心存疑虑，不知道是否应该认同、采纳。但就在这些人还犹豫不定的时候，那些实力雄厚的企业及管理者，都已经在默默地实践了。有人通过调查发现：在当今名列世界500强的大企业中，绝大多数企业都已经把员工培训列为了战略制胜的重要手段。这些企业对员工培训的投入力度，也远远不是常人所能想到的。

在员工培训方面，微软公司毫无疑问，是所有企业管理者的表率。微软在对待新进员工的问题上，特别强调要"打磨具有微软风格的员工"，对员工的技术培训十分重视。

每位新人一进入微软，都要先接受为期一个月的封闭式培训，培训的目的就是把新人转化为真正的微软职业人。光是关于接打电话这一项业务，微软就专门准备了一套手册。在微软的培训下，每位员工只要一接起电话，第一句肯定是："你好，微软公司。"有一次，微软举行庆祝晚会，全体员工都下榻于同一家宾馆。由于第二天日程临时变动，前台服务员只好一个一个房间挨着拨打电话通知。令她惊讶的是，在145个房间里，起码有50个房间接到电话的第一句就是"你好，微软公司"。

除了礼仪培训以外，微软公司还很注重员工的技术培训。微软内部有一条著名的制度——"师傅终身制"。每一位新人刚一入职，就有一位专属的师傅负责教导。另外，新人还可以享受为期三个月的集中培训。在平时的工作中，微软也会见缝插针，给员工提供许多培训机会：每月都专门聘请高级专家讲课，表现优秀的员工，可以参加美国一年一度的技术大会。每个星期，公司还要组织内部技术交流会。除了技术培训，微软还准备了演讲、沟通、时间管理等各项培训内容。

微软是企业表率，英特尔公司同样也是企业学习的榜样。比起微软，英特尔的培训更加显得人性化。在新人入职的第一天，就要接受公司常识的培训，比如各部门的注意事项，在哪里寻找所需物品之类；经理还会给每位新人指定一位"伙伴"，避免员工因尴尬而保持沉默，不能及时解决问题。

英特尔还给所有新人都制定了详细的培训计划，每一周、每一月要达到何种程度，公司也会一直追踪其进度。期间，还会有关于英特尔文化的培训。此外，英特尔内部也有许多一对一的会议，给了新人更为难得的表现机会。

当今时代，是一个学习型的时代，任何组织和个人只有通过不断的学习，才能始终保持先进、保持自己的竞争优势，对身处激烈市场竞争中的企业来说，员工培训的意义也正在于此。

一个企业的资产可以有很多，但最重要的资产，就是人力资源。比起

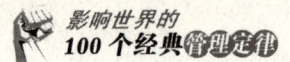

其他各类价值相对固定的物质资产，人是充满了不确定性的，因而也就无法用价值来衡量。根据相关研究表明，人在通常情况下所表现出来的能力，只占到自己全部潜能的30％！这是一个相当惊人的数字，通过这一数字，我们不难想象一个企业在日常经营中，错过了多少巨大的价值利益！而且相较变幻莫测的市场，企业员工的岗位可说是极为稳固，以此来看，加大员工的培训力度、借此发掘员工的工作潜能，确实如同贝尼斯定理所说，是一门低风险而高收益的绝佳买卖。

优秀的人才，是企业竞争的核心优势所在，但顶尖的精英人才却是可遇而不可求的。这一问题常常令企业管理者们如鲠在喉，难以释怀。其实，顶尖的人才也都是经过了工作的磨炼，才能最终脱颖而出，管理者根本无须对此介怀。如果能够充分做好员工培训这一项工作，优秀的人才随时都在自己掌握之中。而且，在强调团队协作的当今时代，一支强大的队伍，远比一个优秀的人才更能爆发出无与伦比的力量。就连那些世界500强的大企业，都把员工培养看得如此重要，优秀的个人与团队孰轻孰重，相信所有管理者都一目了然。注重培训，也是管理工作中，团队建设的题中之意。以团队的强大力量作为武器，势必能在激烈的企业竞争中所向披靡。

96. 管理沟通论：沟通，让管理更加顺畅

管理者的指令再正确，若是没有沟通，也无法传递给下属贯彻落实；下属员工的建议再合理，没有沟通的渠道也无法成功地反馈给领导。若是因沟通不畅而导致企业错失重大的机会，就更是一件令人遗憾的事情了。不论是管理工作的哪一环节，行之有效的沟通都是不可或缺的。

在管理工作中，沟通是不可或缺的，而且越发显得至关重要。以至于

通用电气的总裁韦尔奇都十分严肃地指出：管理就是沟通、沟通、再沟通。就是这么简单的一句话，却被管理界奉为经典，称之为"管理沟通论"。

有一种观点认为：企业即人。虽然企业并不是真正意义上的生命体，但人却是企业最重要的构成部分。凡是有人的地方，分歧、矛盾、争执就不可避免。这些情况的出现，对企业来说都会产生严重后果。不论是员工个人之间，还是部门与部门之间，如果出现上述的问题，都会给企业的整体氛围和工作进展带来巨大的负面影响。

每个人的性格、思想、情感都有很大不同，个人的行为也会表现各异。然而，企业却是一个需要统一目标、统一力量、统一行动的组织，如果员工没有一致的认识、没有统一的口径、没有协作的觉悟和意愿，实现企业价值就只能是空谈。对管理者来说，想要实现企业的发展，就要先做到有效的沟通；把握了沟通，也就等于把握了企业的生命，赢得了企业的胜机。

沃尔玛公司就是一家懂得沟通、重视沟通且又善于沟通的公司。公司的创始人山姆·沃尔顿也曾说过，如果将沃尔玛的管理思想做出最精炼的总结，那就是沟通。在他看来，沟通是沃尔玛取得巨大成功的关键之一。为此，沃尔顿采取了信息共享、责任分担等策略来实现有效的沟通。

尽管公司的总部就设立在阿肯色州的本顿维尔市，但人们却很难见到沃尔玛公司的行政人员，因为大部分的时候，这些行政人员都在飞往各地的飞机上。沃尔玛公司规定，公司的所有业务情况，都由行政人员来负责通报，以便所有的公司职员都能够共同掌握公司的业务指标。在每一家沃尔玛商店里，都会定时公布商店的利润、进货、销售和减价等信息，目的不仅仅在于向商店经理和其他管理层汇报，更是为了向所有员工公布消息，鼓励他们再接再厉，取得更好的成绩。

沃尔玛公司认为，在沟通工作中，管理者起着极为重要的作用，为此，针对所有的管理者提出了两种引导、沟通方式：指南针式和地图式。对那些刚入门的新员工，管理者要采用"地图式"沟通，详细地教导他们如何开展工作，并经常予以指导；对那些经验丰富的员工，管理者只需要像指南针一样，告诉他们自己的期望和鼓励。

沃尔玛也十分注重利用沟通来疏导员工的负面情绪。在沃尔玛公司内部，有一项"门户开放"的政策，只要员工心中有所不满，就可以通过总裁信箱、总裁热线、人事总监热线、区域总监热线等渠道，直接向任何一位上级领导进行汇报。如果可以，员工甚至可以直接走进任何一位高层管理的办公室，向他们当面表达自己的诉求，完全不必担心会遭到秋后算账。此外，沃尔玛的人力资源部门还专门组织了没有管理层在场的、全程保密的"草根会议"和"人事面谈"，以了解员工对企业和管理层的真实看法。上级领导也会持续关注这些事情，保证每一位员工的诉求都能得到满意的解决。

对任何一位管理者来说，沟通，都是一项极为烦琐的工作，但做好这一工作也是势在必行的。不论是为了保证企业的生产与运转，抑或是为了塑造良好的企业文化氛围，有效的内部沟通，都是必不可少的重要前提。管理沟通论的提出，原因即在于此。

一个企业如果在沟通环节出了问题，必然会导致整个企业的运转出现重大问题，而作为企业的管理者，对此则负有不可推卸的重要责任。作为一个企业的领军人物，建立全方位、广覆盖、快速高效的沟通机制，是每位管理者义不容辞、不可推卸的责任。沟通也是考验一个管理者基本能力素质的命题，如果一个企业没有行之有效的沟通，就完全可以断定：这个企业同样没有合格的管理者。

"不合格"，显然不是一顶受人喜欢的帽子，如果不想戴上这顶帽子，管理者们就必须身体力行，管理者的沟通建设工作，不能仅仅从自身角度出发，还要组织全体员工进行良好的沟通。

(1) 重视基层员工的呼声。

基层员工是沟通的重点目标和对象之一。任何一个企业当中，基层员工的比重都占据了绝对优势，基层员工的工作状态，也就是企业整体运行状态的最佳说明。如果没有高效的沟通和信息交流，显然十分不利于基层员工展开工作，而且，沟通机制的缺失，也会使管理者无法听到来自基层的真正呼声，上下级之间失去了联系，企业的凝聚力也就无从谈起了。

(2) 发挥中层管理的作用。

沟通是一项十分烦琐的工作，为此而头疼的管理者需要记住：管理者不止一人。这是针对最高层的企业管理者而言。作为中层管理，一方面负责汇报上级，一方面负责联系下级，他们对企业内部沟通所起到的作用同样是不可忽视的。甚至很多时候，我们可以发现，企业中的沟通问题，很大程度上都与中层管理的责任缺失有关。对高层管理者而言，中层管理既可成为得力助手，也可成为障碍来源，至于他们向哪个方向转变，全看管理者个人如何去运用了。

(3) 拓宽有利沟通的渠道。

从那些大型知名企业的成功案例中，我们可以很轻易地得出这样一个结论：文山会海式的"沟通"，基本上没有实质意义可言。沟通是人心的交流，没有诚心的谈话，绝对称不上是沟通；不能保证员工诚心交流，也绝对不是真正的沟通渠道。在沟通问题上，管理者必须要领悟到"法无常法"的管理真谛：沟通没有固定不变的模式可循，只要能够让双方有效地表达、了解，就是最好的沟通。任何一种沟通方式都值得采纳，只要是可行的、高效的。

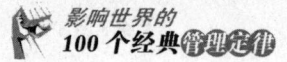
影响世界的
100个经典管理定律

97. 夏皮罗法则：领导团队，沟通先行

管理者若要领导一支团队不断取得胜利，沟通工作就必不可少。法国杜邦公司的前执行总裁夏皮罗甚至宣称："如果把最高主管的责任列一张清单，没有一项对企业的作用比得上适当的沟通。"这即是管理学当中的夏皮罗法则。我们有充分理由相信，一位优秀的管理者，是断然不会忽视沟通工作的重要性的。

但凡一家组织成型、规模庞大的企业，都有着一套独特的沟通机制，这些机制的诞生，也体现出了管理者对沟通的充分认可与看重。凭借着行之有效的沟通，管理者不仅可以带领所有下属员工，为了企业的共同目标齐头并进；在企业陷入风险与危机之时，能够大幅度地激励人心、鼓舞斗志，团结所有员工同舟共济、共渡难关。

奥田硕是丰田历史上，第一位非丰田家族成员的总裁，也是一位深得人心的优秀管理者。在很大程度上，他的人气都得益于自己高超的沟通艺术。

在领导丰田公司的漫长职业生涯中，奥田硕有近1/3的时间是在丰田城里度过的。在这段时间里，他常常和公司里的1万多名工程师互相交流，了解他们最近的工作，或是生活中的困难。他还把另外1/3的时间用来走访5000名经销商，和他们聊业务，听取他们的意见。正是通过这种高强度的沟通，奥田硕成功地引领丰田从保守走向了世界汽车潮流的尖端。

无独有偶，波音公司的第七位总裁康迪，也是一位善于沟通、重视沟通的优秀企业管理者。他说："只要人们能够彼此了解，就会发生很多积极而不是负面的事情。"这是康迪一直以来都深信不疑的。这句话中，也折射出了康迪对于沟通的卓越认识。

在1994年之前的一段日子里，波音公司遇到了一系列困难，整个公司内部员工的情绪都十分低落。为了改变这一情况，康迪在出任波音公司的总裁后，便经常邀请高级经理们到自己的家中共进晚餐，然后在屋外围着个大火坑，让大家各自讲述有关波音的故事。最后，康迪会请这些经理把不好的故事写下来扔到火里烧掉，宣布以此埋葬波音历史上的"阴暗"面。对那些积极向上、振奋人心的故事则予以保留，以此来鼓舞大家的士气。

把员工叫进办公室——指出他们的工作失误或问题——喋喋不休地讲一些大道理，这就是许多管理者眼中的沟通模式，但在优秀的企业管理者看来，沟通其实并没有固定的套路和章法，完全可以由自己随性发挥。当一个管理者能够做到这一点时，沟通就不仅仅是一门炉火纯青的技艺，而是上升到了艺术的层次。就像案例中的奥田硕与康迪那样，不论是员工个人的问题也好、企业发展的困扰也罢，都会在谈笑风生之间灰飞烟灭、荡然无存。

当然，考虑到不同企业内部的繁重事务，以及管理者个人有限的精力，单靠个人"艺术表演"的做法，显然不是最为根本的沟通之道。管理者个人的沟通艺术再高超，所起到的也是锦上添花的作用；如果一个企业必须靠着管理者个人的沟通才能"雪中送炭"，其内部必然会出现各种问题。

在福特公司内部有这样一条规定：每年，公司都必须制订一个全年的"员工参与计划"，动员员工参与企业管理。通过这一举措，福特公司使得许多职工都对企业产生了"知遇之恩"，在团队工作中的投入感和合作性不断提高，合理化建议也越来越多，生产成本大大减少。其中，兰吉尔载重汽车和布朗2轿车的成功就是最佳的说明。

在投产前，公司果断地打破了以往那种"工人只能按图施工"的常规，把设计方案摆出来，请工人们"评头论足"，向他们征求合理的意见。

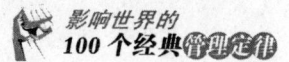

在这一期间,工人们一共提出了可供考虑的749项合理建议,即使经过筛选,福特采纳了542项,其中更有两项建议起到了显著的作用。

以前在装配车架和车身的时候,工人得站在一个槽沟里,手拿沉重的扳手,低着头把螺栓拧上螺母。由于太过吃力,这一工作的效率十分低下,对汽车的质量产生了极大的影响。有一位名叫格莱姆的工人便建议说:"为什么不能把螺母先装在车架上,让工人站在地上就能拧螺母呢?"后来,福特公司采纳了这一建议,既减轻了劳动强度,又使质量和效率大为提高;另一位工人又建议,在把车身放到底盘上去时,可使装配线先暂停片刻,这样既容易使车身和底盘两部分的工作做好,又能避免发生意外伤害。这一建议被采纳后,也达到了预期的效果。

根据数据显示,当前社会各个企业所出现的问题,其中70%都是由于沟通不畅而引起的,而那些成功的管理者们,几乎都把80%的时间用在了与员工的沟通交流上。这一成一败相互对照,也恰好印证了夏皮罗法则的观点。

因此,对管理者来说,建立高效的沟通机制,是一个永远也不会过时的建议。随着现代企业组织结构的不断变化升级,以及企业内部的文化差异等因素,这一建议更加符合企业发展的时代需求。任何一位管理者都应该集中精力,力求在企业内部建立全方位、多层次、广覆盖、科学合理、形式多样、简明高效的沟通机制。唯有这样,管理者才能更加充分地调动团队的积极性,也能够腾出更多的时间来处理其他烦琐事务。

98. 古德定律:沟通从心灵开始

一个组织的有效运转,离不开良好的沟通。任何一位杰出的管理者,都不会轻视沟通的作用。但沟通也有一个很现实的难处:都说人心隔肚皮，面对别人我们很难知道，该以什么样的方式、以什么作为切入点去进行沟通。在心理学家看来，一次成功的沟通未必就需要两个人都敞开心扉，关键在于沟通的发起者是否具有洞彻人心的睿智眼光。

对此，美国的心理学家P·F·古德，提出了著名的古德定律：成功的沟通不在其他，关键在于能否准确地把握别人的观点。沟通的实质就在于引起双方在情感和思想上的共鸣，不明确对方心意的沟通，就好比插错了地方的USB接口，信息数据的共享，自然就无从谈起了。

考虑到沟通对企业的内部运转、外部拓展和正常发展的必要性，我们必须提醒管理者们：要想与别人成功地沟通，就要先抓住对方的心。不论是疾声厉色的恐吓，还是虚伪矫饰的阿谀，都比不上直达人内心深处的朴实言辞。

卡耐基是美国著名的企业家，但小时候的他却非常顽劣，以至于大家都说他是一个坏男孩。他的父亲多次教育他、责备他，都没能使他改变。

在卡耐基9岁的时候，他的父亲迎娶了继母。在介绍卡耐基的时候，父亲当着他的面对继母说，这是一个全郡最坏的男孩，希望她能够多加小心。

但卡耐基的继母却是一位受过良好教育、十分善解人意的优雅女子，尽管与卡耐基是初次见面，她却看到了卡耐基的心灵。于是她微笑着回答说："你错了，他不是全郡最坏的男孩，而是最聪明却还没有找到发挥热忱地方的男孩。"

这一番话无疑是卡耐基人生的重大转折点，从此之后，他开始不断改变。在他14岁那年，继母又给他买了一台二手打字机，告诉他要相信自己，有朝一日他必会成为一名作家。通过这种善解人意而又充满鼓励的沟通方式，卡耐基感受到了继母内心的满腔热忱，他更将这一份热忱投入到自己的生命中，最终他成为了一名足以令父母骄傲的、影响世界的人物。

商场如战场，在企业与企业之间的互动中，沟通更是与企业的利益得失甚至存亡紧密相连。不论是企业间的互惠合作，还是零和博弈，只有明确把握对方的心思，知晓对方的依仗与顾忌所在，才能占据主动并克敌制胜。

都说人心深似海，但在眼光睿智的人看来，人心就算隔着肚皮，也与玻璃缸中的金鱼没有什么两样。一个人无论禀性如何，内心都很难做到完美无瑕、不留破绽，只要抓住了这一破绽，就可以"攻克"对方的心理防线。

在美国的乡下有一位老人，他有三个儿子。其中，大儿子、二儿子都在城里工作，只有小儿子和他住在一起，父子二人相依为命。

有一天，一个人突然找到这位老人，对他说："尊敬的老人家，我想把你的小儿子带到城里去工作，可以吗？"

老人气愤地说："不行，绝对不行，你出去吧！"

这个人说："如果我在城里给你的儿子找个对象，那可以吗？"

老人摇摇头："不行，你走吧！"

这个人又说："如果我给你儿子找的对象，也就是你未来的儿媳妇，是洛克菲勒的女儿呢？"

这下子，老人动心了。

过了几天，这个人找到了美国首富石油大王洛克菲勒，对他说："尊敬的洛克菲勒先生，我想给你的女儿找个对象，可以吗？"

洛克菲勒说："你快出去吧！"

这个人又说："如果我给您女儿找的对象，也就是你未来的女婿，是世界银行的副总裁呢？"

于是洛克菲勒答应了。

又过了几天，这个人找到了世界银行总裁，对他说："尊敬的总裁先生，您应该马上任命一位副总裁！"

总裁先生说："现在我这里已经有了多位副总裁，我为什么还要任命一个副总裁呢,而且还必须马上?"

这个人说:"因为您马上要任命的这位,是洛克菲勒的女婿。"

听了这句话,总裁先生赶紧忙不迭地答应了。

都说优秀的管理者善于掌控人心,事实上,人心复杂难测,管理者既不可能、更不需要彻底掌控。想要成功地抓住别人的心,只需要准确了解对方在某一情境中,最主要的思考方向即可。这样不仅可以避免自己费神揣测,更能够顺着对方的想法,理清来龙去脉。通常情况下,高明的企业经营者只需要寥寥数语,就可以瓦解对手的凌厉攻势,抑或是为下属员工解开心结,原因正在于此。

有一种观点认为,管理当中最重要的工作就是做人的工作。以此而论,沟通的重要性也自然是水涨船高。实际上,良好的沟通能力也是对管理者素养的一种考验和基本要求。尽管任何一个成型的组织当中,都会有相对完善的沟通机制,但能否让这些机制真正发挥作用,很多时候还是取决于管理者个人的沟通艺术。俗话说,得人心者得天下,对管理者来说,想要得到人心,首先就必须明了人心。

99. 上下车法则:有能者来,无能者去

都说人才是企业的核心竞争力,但在现实当中,所有的企业管理者们都不得不接受这样一个事实:人才这一核心竞争力,也处在无尽的流变当中。对企业而言,最为重要的竞争力,其实从来都不是牢牢掌握在管理者和企业的手中!

如果把流通市场和企业比作一辆四通八达的公交车,那么,人才的流动也就如同乘客的上车下车一样,是正常而又合理的选择。对这辆汽车来说,旧的乘客下去,也就意味着会有新的乘客来填补空缺位置,任何一位

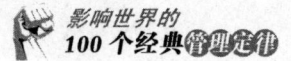

司机都无须为乘客的下车灰心。唯一不同的一点就是，作为企业这辆汽车的司机，管理者在面对人才流动的情况时，姿态和手段都要更加主动一些，要尽可能地掌握主导权。对那些安安分分、兢兢业业地工作，又与企业同一条心的好"乘客"，管理者要热情地招呼；对于那些消极怠工、破坏企业良好氛围的坏"乘客"，管理者就要拿出主人翁的魄力，果断打开车门，恕不远送。

这种管理理念并非随口而谈，而是引自美国著名的管理学者詹姆斯·柯林斯。在自己风靡全球管理界的管理学著作——《从优秀到卓越》中，詹姆斯·柯林斯亲口提出了这一著名的管理理念。这一观点也被形象地命名为"上下车法则"。在上下车法则中，柯林斯重点强调了管理者面对企业人才所应有的基本态度以及最基本的管理措施。

很多事情都是不能将就的，在企业管理者的用人问题上更是如此。员工的智慧、能力和态度，直接关系着每个企业的竞争能力，不论管理者个人的情感如何，都必须要从企业的角度来考虑、看待每一位员工。如果能够为企业带来巨大的利益，就是企业所需的优秀人才；如果对企业的进步只能带来阻碍，这样的人不论如何都不能称得上是合格员工。对于优秀的人才，管理者就算是放低姿态去邀请，也并没有什么可顾虑的；对于那些于企业发展丝毫无益的庸才，管理者更要果断将其清除。

微软的成功是多方面的，其中一个重要的原因就是，比尔·盖茨十分注重公司的人力资源管理。在用人问题上，盖茨提出的口号就是"挑选顶尖人才，雇用刚出校门的新鲜人"，这也是他挑选员工的主体思想。

在盖茨的这一思想的引导下，微软考察员工时，只看员工的工作成绩，而不在意员工的资历、学历及职位。这种只重结果、不重形式的做法，也为微软吸引到了大批年轻的毕业生。由于生活负担和压力较小又年轻气盛，这些年轻人不仅不计较微软薪水的多少，反而很容易就对工作产生狂热感。盖茨这种求贤若渴的方法，也确实为微软招揽了大批人才。就连微软最重要的一位领导人吉姆,也是被盖茨礼贤下士的做法打动,最终加入了微软。

当时,微软公司刚刚成立,还没有开发出 windows 操作系统。盖茨听说吉姆是一位软件高手之后,便多次以微软公司的名义邀请他加入,但吉姆却对微软的邀请不闻不问。后来,由于实在是经不住微软公司的一再"骚扰",吉姆决定去参加面试,并当面拒绝微软。

盖茨听说之后,亲自接待了吉姆。然而吉姆对他说的第一句话就是:"我再也没有见过比微软做得更烂的操作系统了。"然而,听了这番话后,盖茨并没有如吉姆所想的那样恼羞成怒。盖茨只是诚恳地表示,正因为微软目前存在着巨大的缺陷,所以才特别希望吉姆能够加入微软,为微软带来新生。听了盖茨的言论之后,吉姆当场就愣住了。他没有想到盖茨居然如此谦虚、如此看重自己,于是当场决定加入微软微软,为其效力。在他的主持研发下,世界上最普遍的操作系统成功从微软公司诞生。

有能力的热情欢迎,没能力的一概清除,上下车法则的这一观点,看起来难免会有些许的"势利"和"无情"。然而,在局势瞬息万变的市场当中,企业的利益问题更为攸关致命、彼此之间的竞争更加无情。如果管理者对人才没有最严格的区分对待,就会成为对自己和企业最大的威胁。

让我们再把目光投注到员工的身上。作为一名员工,理当为公司的发展起到积极的作用,纵然智慧与能力有所不足,但只要能够有所助益,对企业而言,自己的存在就是可以容忍的。怕的是自己不仅缺乏能力与智慧,更缺乏态度与激情。企业与员工的合作本就是建立在互利互惠的基础上,如果员工不能为企业带来利益,这一基础也就不复存在了。既然没有了合作的基础,对员工而言,继续留下也不过是浪费自己的精力。作为管理者,与这样的员工挥别,其实才是真正双赢的选择。

所以,重点就在于管理者们要如何决定一位员工的去或留?既然上下车法则给出的建议是以能辨别员工的优劣,然后区别对待,管理者们也不

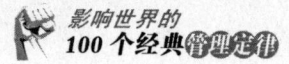

妨听之。在蒙牛集团有一句口号:"如果你有智慧,请你拿出来;如果你缺少智慧,请你流汗;如果你既缺少智慧,又不愿意流汗,请你离开!"这一番话,可以说是一种比较清晰的思路了。不论一个员工禀性如何,企业所需要的也只是对自己发展有力的一部分而已。有智者出智,无智者出力,这是任何一家企业对员工最起码的要求了。如果不能达到这两项要求,管理者还是果断打开大门,毕恭毕敬地"送客"吧。

100. 艾德华定理:领导互信是企业稳定之基

企业是一个讲究团队合作的平台,不仅是团队的下属成员,就连管理层内部,也要保持互信合作的态度。考虑到管理层对于企业的领导作用,我们甚至可以确信:领导层内部要是不能消除分歧、彼此猜忌冲突,所带来的严重后果,完全可以超过普通员工之间由于彼此间的嫌隙给企业带来的困扰。

英国 BL 有限公司的前总裁 M·艾德华,对此也有自己的表述:"高层主管如果不能互相信任,任何集体领导都不会有好的效果。"在管理业界,这句话被称为"艾德华定理"。我们有理由相信,艾德华的这一番话不是随性而言,而是有感而发的。

在企业中,管理层内部的分歧其实并不罕见。很多时候,也正是由于管理层内部的分歧,引发了企业发展的种种波折、动荡。一方面,企业发展的宏观战略都是由管理层拟定的,管理层一旦出现分歧,企业就只能徘徊在道路的岔口,不辨方向、错失良机;另一方面,企业的管理与运行,基本上都是自上而下、上行下效的模式,如果分歧仅仅出现在员工之间,管理者尚有纠治的余地;如果管理层内部也出现裂痕,这一裂痕就会沿着管理层级员工的方向不断扩大,管理者很难腾出手来挽救,最终会使企业陷入绝境之中。

从这一道理上讲，艾德华定理完全可以说是直击要害，一语道破企业兴衰存亡的关键。古今中外，即便是在企业当中，由于高层内部互相猜忌、尔虞我诈、钩心斗角而引发的动荡也是屡见不鲜，最终，他们也只能自吞恶果。

由于老福特晚年时的故步自封，原本占据市场头把交椅的福特公司也随之陷入了危机之中，直至老福特的孙子亨利·福特二世接任总裁之后，才再次有了起色。但所有人都没想到的是，就在福特公司的发展再次处于高峰时，亨利·福特二世又犯了他祖父曾经犯过的错误，甚至走得更远，他非常专横和猜疑。

公司再次振兴之后，福特二世认为公司的生产、经营诸环节已经理顺，如果自己继续留用使公司复兴的功臣，他们迟早有一天会"功高盖主"。因此，在1960年的时候，他找来了曾把福特公司送上美国汽车制造业第二把交椅的功臣布里奇，意味深长地对他说道："尼恩尼，我已经毕业了。"识相的布里奇听懂了话外音，于是找准时机宣布引退，不久就离开了福特公司。其余那些为福特公司的兴旺立下汗马功劳的10位"神童"，后来也都纷纷离去，最后，只剩下了一人。

1968年，福特二世又采取突然袭击的办法，宣布将一直在公司里兢兢业业、并且很有威望的总经理米勒解雇，改由通用公司的前副经理诺森接替。然而，诺森在总经理的位置上也才干了19个月，就遭逢了与前任相同的命运。诺森被解雇之后，总经理的位置又交给了艾柯卡。然而，艾柯卡也遭到了福特二世的猜疑和妒忌，在研发出"野马"这一款曾经创下全美汽车制造业最高纪录的汽车后，他也被福特二世无情地解雇，甚至公司里那些与他保持联系、欣赏他才能的人，也都遭到了福特二世干净利落的清洗。

亨利·福特二世的所作所为，无疑给福特带来了巨大的灾难。尤为讽刺的一点是，当时的克莱斯勒正处在濒临破产的边缘，迫不得已，他们只好向18天前，刚刚被福特解雇的艾科卡递出橄榄枝。在出任克莱斯勒的总经理一职后，艾柯卡充分展现了自己的领导才能——他几乎凭借一己之力，将克莱勒斯从死亡的边缘拉了回来，甚至第一次走在了同行的前列。艾柯卡和克莱勒斯的成功对于福特二世来说，无异于搬起石头砸自己的脚。原本想要清除内患的福特二世，却给福特公司带来了重大的外患，为福特公司造就了一个强大的竞争对手。

与福特恰恰相反的是沃尔玛。在沃尔玛内部，所有经理都佩戴着写有"我们信任我们的员工"字样的纽扣，公司里最基层的员工也被称为是合伙人。正是这种从管理层一直延续到基层的互信之心，成为了沃尔玛成功的一大秘诀。

俗话说，上梁不正下梁歪。如果一个企业内部出现了攸关存亡的巨大危机，员工身上出现的问题，多半也只是表象，而问题的根源，十有八九出在管理层内部。管理层内部的分歧，所影响到的不只是有限的几个人，而是会将整个企业都卷入旋涡之中。从这一点来讲，管理层才是企业的根基所在，只有企业内部的领导者的互相信任，企业的有序发展才能得到最起码的保障。如果领导者缺乏容人之量，一味坚持自己的观点，抑或是私欲熏心，相互之间蝇营狗苟、明争暗斗，最终动摇的还是企业生存发展的根本。